浙江省教育科学规划项目成果（编号2013SCG155）

浙江省社科联省级社会科学学术著作出版资金资助（编号2013CBB07）

浙江工业大学专著与研究生教材出版基金资助（编号2013105）

当代浙学文库

DANGDAI ZHEXUE WENKU

谁的选择

——重要他人对学生阅读的影响研究

高智红 著

SHEI DE XUANZE

ZHONGYAO TAREN DUI XUESHENG YUEDU DE YINGXIANG YANJIU

阅读选择过程是否存在强有力的影响者，即重要他人？

学生喜欢读与「反向」阅读甚至不读，是什么因素在起作用？

帮助孩子「择卷」的人，他们是谁？他们是如何影响孩子「择卷」的？

重要他人给予了学生怎样的精神滋养、怎样的知识启蒙？

重要他人使学生形成了怎样的阅读情趣、代际冲突和选择偏好？

如何使重要他人成为正能量的引领者、激发者、唤醒者、陪伴者和共读者？

人民出版社

读的多个"重要他人"进行深入研究,在教育社会学研究中具有一定的创新价值,并对指导学生的阅读实践也具有积极的现实意义。社会学的追问,是对家庭、学校、媒体等诸多影响者之间关联关系的考量,来解析出在整个知识镜城中无所不在、影响广泛的深层文化内因。如学生阅读中这些"关键人物"的导向,形成了怎样的知识启蒙、阅读情趣和选择冲突?影响的持久度、广度、深度如何?怎样的互动造成的选择倾向与偏好?在家·校·媒介互动的阅读导引中,学校如何发挥核心督导作用,形成强影响力的协同共同体?

书中通过类型化分析,研究了重要他人的不同类型、介入方式、筛选策略、影响途径、影响度、不同群体阅读导引的冲突等,查找解决矛盾的策略和方法,有助于为教育决策部门提供改善学生阅读困境的思路。从情境论的角度,分层次研究了历史情境与现实情境中的影响者。历史情境中重要他人群体的代际差异以及嬗变,展示了研究的纵深感,构成论述的"立体"透析;对现实中学校情境和媒介情境中的探讨,显示出在学生阅读的影响者中,家庭、学校、媒介主体之间的多因素关联、冲突与困境,进一步推进和深化了重要他人影响力的复杂性和层次性分析。书中对学生同辈群体、在场、不在场、隐在等多个重要他人影响者进行了细解,透过现实场域,折射和透视潜在因素的深层影响力,体现出研究的多元视角与深度,一些思考和分析具有原创价值,自呈社会学剖析式的研究风格。

我们的学生跨学科居多,常常被戏谑为"边缘人",但从培育的初衷和能力塑造上,若能融通教育学、文化学及社会学,不被过细的专业条条框框所束缚,兼具复合知识的视野和意识,忠实于自己的独特声音和原创书写,就不必纠结归于何处了。探索之路,在于一路上多有体验感悟,积得流动的新异,漫游的愉悦,灵心与睿思。即是:溪清林非远,云传予新篇。

吴 刚

(华东师范大学教授、博士生导师)

2015 年初夏

序

怀特海曾说:"文化属于思想活动,天下之美,仁爱之情,皆敏于濡染。博物恰闻的一鳞半爪,则无关文化。我们应该造就文化和术业专长兼备的人才。专业知识可为他们提供用武之地,而文化修养则引导他们渐入佳境,深湛如哲学,高雅如艺术。"现实中改变学生"惰性学习"的过程,还原教育应有的文化熏习本意,除了学生自身的因素外,还在于探寻那些引发阅读情趣、构建读书意境的"导引人"。因导语的意趣与力量、导引方式的恰切等而实现的"陶冶文化",是交往、唤醒和自我实现的中介,促动了学生内在精神的复苏。因为,"一个人如果抱着义务的意识去读书,便不了解读书的艺术"。古人说到读书的情调,也说:"书画为丛笺软卷,故读书开卷以闲适为尚。"导引者如能够展现书中的妙善与美境,消解功利阅读、被动阅读,开启闲适阅读、体验阅读的愉悦旅途,就是实践了素养教育、博雅教育。

我的学生高智红在读博期间的调研中,意识到影响学生阅读的因素不只存在于学生本身,也更有着其他多元的关键"他者",这些"准主体"、"隐在主体"、"他者群体"等的多重影响交叠,构成了阅读导引世界的复杂镜像。分析这些多重因子,就不会是阅读研究的简单勾画和先验证明,而是在她走访十多所学校,做了大量基础调研、多人访谈基础上的认真思考和分析。

研究学生的阅读,从阅读者本人的阅读需要、习惯、兴趣、方式等来分析的居多。本书的分析则是基于社会学的方法,着力对影响学生课外阅

目　录

导　　言

引水润花怡景长,书旅共读翰墨香。

遁迹他者音声处,江舟已发待思量。

一、缘起"悦读"导引之问

本书的研究,源于我对学生阅读的非常关注。2013 年国家将"全民阅读"列入国家立法工作计划,2015 年 1 月 1 日全国首部促进全民阅读的地方性法规《江苏省人大常委会关于促进全民阅读的决定》正式施行,呼唤书香社会的真正实现。而使学生因阅读的涵韵而具备人文情怀、智慧和公民素养,需要的是更多人追根溯源,询问营造人人悦纳读书,亲近经典的"阅读情境"究竟在何处?哪些人能够营造此"境"? 哪些人能够通过阅读导引对中小学生的人文养成产生效应,开启精神漫游的愉悦之旅? 因此,本研究寻迹学生阅读的影响者,尝试问询:学生的课外阅读,是自我选择的结果还是他者介入的结果? 阅读选择过程是否存在强有力的影响者,即重要他人? 学生喜欢读课外书与不喜欢读,是哪些因素在起作用? 喜欢读哪一类,不喜欢读哪一类,或者"反向"阅读甚至不读,又是什么因素在起作用? 我们讲课外阅读开卷有益,而"择卷"更重要,那么帮助孩子"择卷"的人,他们是谁? 他们是如何影响孩子"择卷"的?

(一) 探寻影响阅读之"关键人"

通常我们将阅读活动看作是个体化、私人化的活动,认为学生的课外阅读选择,是学生个体选择、自我选择的结果,而当我们在中小学具体调研过程中,更多地感受到的是基础教育阶段学生阅读选择的特殊性。在中小学生自我选择意识相对较弱,阅读独立性发展尚不完善的情形下,来自他人的影响非常显著。因此本研究经过调研试图分析,他人对学生阅读选择是否具有直接或间接的影响? 影响的途径方式是怎样的? 影响的深度和广度如何? 着力于关注对学生阅读选择起到较明显作用的他人,即“重要他人”与学生阅读选择的相关性。也就是试图寻找潜隐在学生阅读选择活动背后的影响主体,哪些人是导引者、促动者、改变者或负作用者? 他们的哪些取向、情感、态度、语言以及文化偏好影响了学生的具体选择方向和选择内容? 这些影响又是通过何种方式进入孩子阅读过程的? 这些影响是潜在的还是显在的? 在不同的情境下(如家庭情境、学校情境或者媒介情境),他者的影响状况,以及有什么样的差异及冲突? 这些“关键人物”,他们对孩子精神世界的建构起到了哪些作用,作用的持久度、广度以及深度如何? 个体的精神成长过程中,镌刻了哪些人为建构的印迹,与哪些群体或个人之间有紧密的关联,给予了怎样的精神滋养、怎样的知识启蒙? 形成了怎样的阅读情趣和代际冲突? 怎样的互动造成的选择倾向与偏好? 本书研究试图分析的是阅读选择中的人为性、主体性的因素,以及主体间关系对少儿阅读选择的构建作用。

(二) 内容及层次分析

在对学生的课外阅读状况作出分析的时候,通常的文本分析,是一种对作品的静态分析,而分析重要他人的影响力,首先需要关注的是重要他人作为影响主体,本身具有的特殊性和作用意义。本书主要包括对重要他人的类型化分析、互动关系分析、主体性因素分析、情境性分析(历史角度和现实角度,包括学校、媒介、家庭),尝试从不同视角分析重要他人对少儿阅读的影响状况,包括不同类型群体的特点、影响度差异、影响方式和各群体之间的互动关系状况,重要他人本身的态度、情感、取向对学生阅读选择的影响度,以及在不同情境中,核心群体的介入和互动特点以及导引度的差异对学生阅读选择的影响。最后从阅读实践出发,提出了改善阅读现状的期待。

一是对重要他人主体的类型及关系性进行了分析。重要他人与学生个体之间、重要他人与重要他人之间,因为角色位置、互动关系不同形成的影响差异,以及各群体之间的耦合与冲突关系对阅读选择的影响不同。不同类型的重要他人在学生阅读选择中的介入方式、互动关系、影响效果以及不同群体在学生不同年龄段影响力度不同。首先依据重要他人不同的角色、位置以及互动关系进行了归类分析。控制型重要他人是单向控制式,对学生阅读的支配、干涉显著,其强制性容易导致学生的阅读抵制行为;亲和型重要他人因为亲切、友善的态度容易得到学生的认同,对学生的阅读活动影响度强;偶像—引领型重要他人因为个体的感召力、吸引力而成为有魅力的导引者,学生的阅读认同和仿效度高,偶像—制造型的重要他人则因为炒作易形成学生的盲目崇拜,产生流行阅读等负影响。通过类型化分析发现,不同类型的重要他人群体有着各自的阅读导引特点,如权威型、亲和型、偶像型的阅读导引有着不同的影响度,而从重要他人之间以及与学生的互动关系上区分,情感密切型、双向频繁型、多元互动型和偶在影响型等不同类型的互动,对学生阅读的影响效力也显著不同。重要他人的介入方式包括单向、双向互动和多元互动式,不同类型和介入方式对学生的影响力度和效果不同,包括正向影响、负向影响、偶在影响以及隐在影响。从影响度的发展变化趋势上分析,重要他人在学生不同年龄阶段的影响度不同,表现为从小学到初中长辈群体的影响力减弱而学生同辈群体影响力增强的现象。

二是对重要他人的主体性进行了分析,即主体本身具有的价值取向、情感、态度、文化偏好等如何影响到中小学生的阅读选择,产生了怎样的影响力,是正向积极影响还是负向消极影响。研究发现,不同类型的重要他人因为自身具有的取向差异,工具取向和人文取向,个体自身的取向冲突以及不同重要他人群体之间的导引冲突等,一定程度上造成了学生阅读选择上的现实困境。而从重要他人的情感影响力分析,重要他人的积极情感对学生的阅读选择具有较强的正向影响力,而消极情感则消解和导致了学生的反向阅读和阅读抗阻。从文化因素上看,重要他人个体以及阶层文化偏好对学生的阅读是以隐在的方式影响到学生的选择,而个体的文化偏好具有代际传递的过程,有着不同群体代际传递的差异性。

三是分析了情境性因素。分析重要他人与所处环境之间的关系:重要他人的阅读取向受到哪些情境中的多元因素影响,如制度因素或者文化惯习因素等。

其次,从代际差异的角度,分析了当代史(1949—1999 年)上重要他人对学生阅读选择的影响状况,阐述了不同时段重要他人群体的差异及影响力度。包括政治化阅读辖制下的阅读单向、地下小群体阅读现象以及私人化启蒙过程等。1978年后偶像型重要他人对时代精神气质的引领,如从代际差异的角度,本书分析了当代史(1949—1999年)上重要他人对学生阅读选择的影响状况,阐述了不同时段重要他人群体的差异及影响力度。1949—1966年(红色阅读时代)体现出政治化阅读限制下童书推荐的选择性规则和阅读的单向度,以及分层阅读所导致的阶层性与实效性。1966—1976年(文化沙漠时代)官方核心人物对阅读具有显著的文化辖制,而与此同时地下阅读、小群体阅读逐渐燎原炽旺,此时期阅读导引走向一种私人化的启蒙过程,阅读导引的潜隐性现象也很显著。1978—1989年(文学黄金时代)呈现出自由而多元的阅读取向,作家等偶像型重要他人实现了对时代精神气质的引领,以及对学生知识启蒙的正向积极效应。1990—1999年这一时段,社会背景化因素如媒介文化等在一定程度上限制或促动了阅读选择的范围和选择变动的频率和程度。这一时期偶像型少年作家具有了显著的影响力,20世纪90年代后学生同龄偶像(少年作家等)的影响力增强及多个重要影响者群体的出现,对流行阅读的开启等。而在90年代中后期,文化商品化过程中,少儿阅读推荐的重要影响者呈现多个文化权力群体的共同参与,展露出流行元素对阅读选择的影响。

从当前现实学校情境中分析,教师、校长、学生等多个群体中的关键人物由于自身的阅读观、态度以及与学生的互动状况等对学生的阅读影响力不同。如教师群体的推荐差异、教师自身的阅读状况差异,不同校长的阅读观以及对阅读文化、阅读测评体系构建的不同;学生亚群体中阅读互动具有从众、易变及多元的现象。而仅从学生群体自身来说,阅读上存在隐在抵制与显在冲突的状况,在学生"核心人物"引领下也形成一定的阅读同化现象。

对校外情境(媒介与家庭)中重要他人的影响方式及过程分析。其中媒介环境中的隐在他者如出版商的显著影响力,主要表现在童书出版上的畅销运作,包括推介方式、力度与策略等,阅读推广人作为重要他人的角色定位和推荐评价状况,网络中的他者在论坛及博客中的推荐共享及同伴互助与潮流的导引;在家庭环境中,父母作为重要他人,其阅读导引的现状和存在的误区,他们的教育期望与阅读启蒙之间的关联状况等。

概言之,本研究对学生课外阅读选择的关键影响者——重要他人的分析,是通过对重要他人与学生、重要他人相互之间的关系特性、情境生成性以及影响过程性的分析来展开的,透过主体关系和主体行为,由于取向差异、情感因素以及文化偏好等,呈现的是师生之间、亲子之间以及媒体—受众之间的冲突与耦合关系,分析了阅读选择在他者介入中的影响度和阅读导引程度。

　　本研究的结论是:(1)重要他人对学生阅读活动具有强影响力,他者的语言、情感、态度对学生阅读具有显著的导引作用。他者的积极情感是学生阅读好奇、阅读兴趣唤醒的重要关节点之一,而消极情感、情感淡漠会导致学生的兴趣封闭甚至导致阅读兴趣转移。(2)各类重要他人对学生阅读活动的影响有显著差异,在一定情境下表现为阅读导引冲突,控制型的重要他人容易导致学生的阅读抵制和兴趣转移,偶像型重要他人具有强影响力和影响广度,但媒体制造的偶像则容易产生负向导引。(3)重要他人与重要他人之间、重要他人与学生之间的互动关系对学生阅读影响显著,在彼此间情感密切、交往频繁、互动程度高的情况下,对学生的阅读同化和阅读提升有直接作用。(4)学生群体自身也是重要的导引者,需要重视学生的小群体阅读现象、隐在抵制和阅读反抗的存在,关注同龄重要他人对学生的阅读风潮、时尚化阅读走向的重要影响力量。除在场重要他人的影响外,隐在、不在场重要他人也有显著作用,媒介人(出版商、作家、编辑、官员、网友等)同样对学生的阅读选择有着强影响力。(5)重要他人的文化偏好以隐在的方式影响学生的阅读选择,长辈型重要他人的文化偏好具有较强的传递性,学生同辈群体的偏好传递则具有情境性和可变性。不同阶层的文化偏好传递中,中间阶层的代际传递性最强。(6)由于存在影响学生阅读的多个重要他人群体,聚合校内校外、在场与隐在影响者的合力,使重要他人发挥正向积极的导引作用,成为学生阅读的引领者、激发者、唤起者、催化者、陪伴者和共读者非常重要。

二、核心概念及研究方法

(一) 核心概念

本书的核心概念是:

一是重要他人。"重要他人是指对个体的社会化过程具有重要影响的具体人物。"①本书涉及的重要他人是指在中小学生课外阅读选择过程中具有重要影响作用的个体或者群体,由于自身的主体特性、角色位置或者互动关系,对学生的阅读取向、偏好产生了关键性影响。本书将重要他人群体依据角色位置、关系位置进行了类型划分,对应不同类型的重要他人,便于分析影响者的具体角色或者互动状况与阅读选择之间的关系。

二是阅读选择。阅读选择是指在文本取舍、阅读诠释、解读中的心理倾向性和实际决策行为。阅读选择受到个体及重要他人理性选择和感性选择的共同作用,如偏好、情感、价值取向等因素的影响,实质是一种文化选择与价值选择。

三是文化偏好。文化偏好是主体具有的文化倾向性,一种文化偏爱,趣味认同上的文化定位,包含着潜隐在个体中的文化品位、风格和趣味偏向。个体的文化偏好,具有稳定性和内隐性,渗透在个体的性情系统之中,成为一种文化无意识来影响阅读选择行为;而群体的文化偏好,主要表现在阶层性的文化差异上,如阶层文化趣味、格调倾向的差异等。

四是阅读互动。是指重要他人相互之间、重要他人与学生之间围绕学生阅读的交往互动。包括长辈群体以及学生同辈群体各个层次的阅读交流讨论和相互影响。互动层次上具有多元的状况,如平行并列关系中的双向互动、多位重要他人影响中的多元互动等,这种多层次交流的关系中如果相互间取向相近、情感密切或者彼此互动频繁,能够对学生的阅读选择产生强影响力,使阅读活动产生趋同性、从众性,但同时因为互动中的多个重要他人的存在,也表现出影响的复杂性和易变性。

(二) 研究方法

本书在研究过程中,主要研究及调查对象包括学生、家长、出版商、教师、校长等人,其中学生群体限定在基础教育阶段,中小学生(小学到初中阶段)。

研究方法上,主要应用了:

一是文献法。本研究在理论方面以教育学、认知心理学、知识社会学、阅读学、文化学、传播学以及行为学相关论述作为理论基础,对影响学生阅读选择的重要他人有关主体性、历史性和情境性(学校、媒介、家庭)的中外文相关文献资

---

① 吴康宁:《教育社会学》,人民教育出版社 1998 年版,第 244 页。

料进行搜集,通过对前人研究的整理、归类、思考,发现有价值的研究成果,找出研究中存在的问题及不足,深化课外阅读研究。二是访谈及个案法。访谈从事相关研究工作的专家学者、教师、学生及家长,选取部分人员做深度访谈。涉及区域包括上海、苏州、杭州等地。通过访谈,了解他者的阅读取向、偏好以及与学生的互动关系状况,对学生及其他重要他人的影响方式和影响途径,以及他者的阅读推介中出现的冲突等。三是比较法。由于重要他人群体的复杂性,需要对研究对象进行分层,比较因年龄、知识累积、情境等方面的差异对学生阅读产生的实际影响。通过比较群体或者个体在阅读偏好、语言态度、互动关系以及行为控制上的不同,来深入研究重要他人影响学生阅读的多重因素和途径。通过历史的、国外的相关资料比较,更深入地了解他者介入中的冲突、主体性特性以及情境差异,以期相互启示与借鉴。四是内容分析法。作为社会学研究方法之一,是指将读物作为文本,进行内容分析。如通过对文本内容中篇目、插图、标题、主角、词语、问题情境等进行频数统计,查找其中的作者偏好及社会文化倾向。五是问卷调查法。设计调查问卷,通过发放《中学生课外阅读研究调查问卷》和《小学生课外阅读研究调查问卷》,了解中学生、小学生课外阅读现实情况。问卷涉及学生及家庭基本情况、学生及家长阅读兴趣、阅读内容、阅读目的以及家长对学生课外阅读的态度等几个维度。具体研究采取分层随机抽样的方法,发放问卷 900 份,其中有效问卷 820 份。主要调查学校包括上海市松江区、闵行区、徐汇区部分中小学,苏州市吴中区、杭州市西湖区部分中小学。包括松江七中、长桥中学、紫阳中学、新基础实验学校、闵行实验小学、松江中山小学、华坪小学、汽轮小学、长桥小学、杭州求是星洲小学等学校。

三、理论回顾

关于重要他人的研究,国外 Fitzsimons 研究了重要他人表征和目标表征之间的关联,[①]米尔斯(C.W.Mills)研究了互动性重要他人对儿童社会化的影

---

① Fitzsimons, G. M., & Bargh, J. A. Thinking of you: Nonconscious pursuit of interpersonal goals associated with relationship partners lournal of Personality and Social Psychology, 2003. 84, 148-164.

响,重要他人随儿童年龄阶段的变化,呈现家长—教师—同辈伙伴—无现实存在的重要他人的演变趋向变化。① 国内的研究中国期刊网(1979—2011 年)检索到论文 316 篇,集中在重要他人对青少年、儿童的社会交往、自我意识等方面的影响。如潘春梅研究关注的是重要他人对中学生英语学习的影响状况,②张玲分析了重要他人对小学生生活机能、行为规范和人格社会化的影响作用,③聂玉玲研究了父母教养方式对中学生自我意识的作用等,④朱海英分析了重要他人与儿童自我评价之间的关联性,⑤陈群研究了重要他人对幼师生社会化的作用机制和类型。⑥ 从当前对重要他人的研究状况看,主要集中在对学生的自我意识、儿童社会化的研究上,对于重要他人对学生影响的程度、影响结果属性、影响方式以及影响过程分析很少涉及。

对于阅读活动的研究,早在 20 世纪六七十年代,国外就有相关分析,我国对阅读的研究起步于 80 年代以后。研究者涉及到阅读的本质、阅读的心理、阅读的动机(需求)、阅读的过程、阅读的环境、阅读的生理机制、阅读的方法等。90 年代起,阅读研究融合了文化学、社会学、传播学、历史学的理论,对阅读史、阅读文化、阅读内容、阅读介质、阅读模式方面有了比较详细的论述;如新西兰学者费歇尔《阅读史》⑦。从阅读"三体"的构架上分析,研究分为阅读客体、阅读主体、阅读本体三个方面。对阅读的理解和分析经历了"作者中心论"到"文本中心论",到"读者(受众)中心论",再到"作者—文本—读者"交互作用、产生互文性理解的发展历程,体现了对阅读主体行为的日渐重视。从接受美学的观点来看,阅读活动不应是文本或作者的独白,而应该是文本、作者、读者在平等基础上的对话、交流,并最终达到几方的"视野融合"。对阅读主体的重视和研究在西方阅读史中可以找到相关论述。如受到韦恩·布思(Wayne Booth)、斯坦利·费什(Stanley Fish)、沃尔夫冈·伊塞尔(Wolfgan Iser)、乔纳森·卡勒(Jonathan Culler)这些著名文学评论家读者反应理论(或

---

① 参见侯爱民:《国内儿童同伴关系研究综述》,《山东教育科研》2002 年第 7 期。
② 参见潘春梅:《初中生英语自我概念的形成》,广东外语外贸大学,2003 年。
③ 参见张玲:《论互动性重要他人对小学生社会化的影响》,广西师范大学,2002 年。
④ 参见聂玉玲:《初中生自我意识及重要他人对其影响的研究》,曲阜师范大学,2008 年。
⑤ 参见朱海英:《儿童自我概念与重要他人评价的相关研究》,华南师范大学,2002 年。
⑥ 参见陈群:《幼师生社会化过程中"重要他人"影响力的研究》,华东师范大学,2002 年。
⑦ Steven Roger Fischer. A History of Reading. Uk: Reaktion Books, 2003.

接受理论)的影响,认为读者(群)对文本意义的诠释起决定作用(意义)是在一个交流系统而非文本中被读者接受和解释的①。从阅读的微观(个体)研究来看,国外偏重于对私人藏书、个人购书登记、借阅登记簿等方面的研究,②从中分析主体的阅读倾向性。

　　研究者也对阅读主体进行了细分研究,划分为阅读主体结构、阅读心理、阅读需求、阅读行为研究。对不同年龄段主体如针对成人、青少年、幼儿、家长的阅读状况也分类分析,比如对青少年的阅读选择倾向的研究,认为"少年读者阅读与教学的关系表现为同步并行异步悖行并行的状况,但与教育异步悖行的倾向弹性很大,应加以引导"。③ 2007 年王余光《中国阅读文化史论》主要从阅读文化、阅读史、书的选择与阅读、网络阅读等四个方面对古今中外的阅读文化和阅读史进行了进一步探讨。从中国期刊全文数据库、中国硕博士论文全文数据库(1979—2010 年)中检索到有关课外读物的论文共有 86 篇,多研究课外阅读的意义、过程、方法;对中小学生的课外阅读研究,主要集中在课外阅读内容、阅读兴趣、阅读过程中出现的问题、阅读模式、课外阅读与教学的关系上。期刊网有关"课外阅读选择"论文 24 篇,研究多集中在家长、教师对学生的具体阅读内容、方法的选择上,如《一年级学生课外阅读内容选择研究》《新课标中如何选择学生的课外阅读内容》;还有些是研究如何培养学生阅读兴趣、选择标准等方面的论述。夏正江在课外读物选择标准中谈道:读物应具有内在的价值如带来理智的快乐、思维的乐趣、精神的愉悦、审美的享受等,并提到了针对个体的心理适应性标准、个体适应性标准等。④ 曾祥芹在《阅读学新论》一书中涉及到了阅读客体、阅读主体、阅读本体研究,以及阅读选择方法、策略的研究。并对阅读价值的特征如潜隐性、阅读价值评估的主观性、阅读价值性能的二重性有一定论述。

　　从以往研究主题的侧重来看,对学生课外阅读的研究主要集中在阅读选

---

　　① 参见金元浦:《接受反应文论》,山东教育出版社 1998 年版,第 302—303 页。

　　② Lyons, Martyn. The History of Reading from Gutenberg to Gates. By: European Legacy, Oct. 99, Vol. 4 Issue 5, 51-52.

　　③ 刘秋玉:《对少年读者阅读倾向的调查与思考》,《儿童图书馆与中小学图书馆》1992 年第 1 期。

　　④ 参见夏正江:《关于中小学生课外读物选择标准的思考》,《宁波大学学报》2003 年第 4 期。

择、阅读过程、阅读技巧以及阅读评价的研究上,还有许多集中在对读物的文本内容分析上,对学生阅读选择的主体性影响因素分析尚欠缺,如主体本身包括取向、语言、态度、情感等对阅读倾向的影响,多类主体间互动关系及影响差异、取向冲突等尚没有深入论述,较多停留在对课外阅读调查现状的描述上。

第一章 谁的选择：他者的选择
是如何潜入个体的

学生的阅读选择是自我选择的结果，还是受到他人的影响？阅读选择过程是否存在强有力的影响者，即重要他人？如果有，是哪些群体或者个人参与其中，影响者是谁？他们的选择又是通过何种方式参与到学生的阅读选择中，构建并型塑着学生的阅读倾向、趣味偏好的？

本章主要分析学生阅读选择中存在的不同类型重要他人，这些重要他人的介入方式、影响效果以及不同群体影响力度的变化状况。

从重要他人的角色关系分析，不同群体由于在社会结构中的位置不同，具有各自的角色需求和位置属性，反映在学生的阅读选择上，是对学生的阅读活动的导引既有相似的趋向，又有各自角色定位的明显特点，如家长群体与官方群体、媒介群体就有差异。从地位关系上分析，重要他人与学生之间的垂直关系、平行互动关系在阅读选择上的影响度也是有差异的。笔者将这种垂直关系分为四种类型：权威—控制型、权威—亲和型、偶像—引领型、偶像—制造型；对重要他人与学生、重要他人相互之间的水平关系互动，分为情感密切型、双向频繁型、多元互动性以及偶在影响型。

从重要他人的介入方式上，将其分为单向介入式、双向互动式以及多元互动式。单向介入式主要是指关系不对等状况下的垂直影响方向，如权威影响和偶像影响，双向互动式主要包括了水平关系上的儿童相互之间、重要他人相互之间以及代际之间的互动，多元互动式则体现了处于复杂社会网络关系之中的多重影响者的交互作用关联，如教师（专家）为核心的互动、家长为核心的互动、学生同龄人之间的互动以及媒介人之间的互动。

在重要他人对学生的阅读选择影响中,还有一个阶段性的差异,如不同年龄段的学生所受到的影响者群体有差异,在小学低年级段,主要是在场的长辈群体(如家长、教师群体)的影响力显著,而在高年级和初中段,同辈群体的影响力增强、不在场的重要他人(如偶像、作者、编者等)的影响力也是呈现明显的上升趋势。因此,不同群体重要他人在学生的不同年龄阶段,影响度具有一定的变动状况,呈现出影响程度上的强弱变化。

第一节　重要他人介入:分类的考察

一、重要他人:概念解读

（一）概念阐释

美国社会学家米尔斯最早提出重要他人(Significant Others)的概念。米尔斯的"重要他人"来源于乔治·米德(Mead,G.H.)关于"自我发展"的论述。米德在《心灵·自我与社会》一书中提出了"泛化他人"的概念,用"泛化他人"说明个体"自我"形成中他者的影响作用。"于是我们得到一个'他人',他是参与同一过程的那些人的态度的组织。"[1]威廉姆·塞威尔(Sewell,W.)提出了"有意义他人"的概念,认为个人的认知、情绪乃至教育成就与"有意义他人"相关,他认为,这种有意义的他人影响并不是一种学校组织的系统和矩阵,也不是某种确定的社会情境,而只是某些个人的影响因素,而且主要是三种人的影响作用,即父母、教师和同伴朋友。[2]

我国学者对重要他人也有相关的论述,如顾明远认为,重要他人是"对个体的自我发展(尤其是在儿童时期)有重要影响的人或群体,即对个人的智力、语言及思维方式的发展和对个人的行为习惯、生活方式及价值观的形成有重要影响的父母、教师、受崇拜的人物及同辈团体等"。[3] 吴康宁认为,重要他人是指对个体的社会化过程具有重要影响的具体人物。并将重要他人划分为两种类型,互动性重要他人和偶像性重要他人。认为"互动性重要他人是学

---

[1] ［美］乔治·H.米德:《心灵自我与社会》,上海世纪出版集团 2005 年版,第 121 页。

[2] 参见谢维和:《教育活动的社会学分析》,教育科学出版社 2007 年版,第 82 页。

[3] 顾明远:《教育大辞典》(第 6 卷),上海教育出版社 1992 年版,第 462 页。

生在日常交往过程中认同的重要他人。偶像性重要他人是因受到学生特别喜爱、崇拜或敬佩而被学生视为学习榜样(或楷模、范型)的具体人物"。① 综上所述,本书涉及的重要他人是指在中小学生课外阅读选择过程中具有重要影响作用的个体或者群体,由于自身的主体特性、角色位置或者互动关系,对学生的阅读取向、偏好产生了关键性影响。

在对重要他人的研究中,还有一些涉及到许多对个体发展有影响力的重要他人概念,如偶像、榜样等,容易在应用阐释上产生歧义,为了具体分析重要他人个体或者群体对学生阅读选择的影响,避免泛化理解,本书将重要他人群体进行了两种类型化区分,一种是以重要他人的角色位置进行划分,一种是以重要他人的关系位置划分,对应不同类型的重要他人,能够在阐释过程中有针对性地分析影响者的具体角色或者互动状况与阅读选择之间的关联度。如依据重要他人的地位—权力关系,划分出权威—控制型、权威—亲和型、偶像—引领型以及偶像—制造型,依据互动程度划分出活动频繁型、多元互动型以及偶在影响型等。

还有部分研究认为,重要他人对受影响人来说是有具体可感形象的。"重要他人对于主体来说是一个具体的可感的形象,不是像'偶像'那样仅仅作为抽象的符号化的象征物。"②本书认为,重要他人不仅包括显在的、具体的个体和群体,还包括不在场的、潜在的重要影响者,这些影响者不是"概括化他人"③所指的制度或者价值标准的总和,而是隐在的个体或者群体,却对少儿阅读产生了重大影响。因此本书在类型化分析中也划分了隐在型重要他人,解释不在场影响者的影响状况。

(二) 阅读导引:他者何以重要?

在个体的阅读选择活动中,通常受到哪些因素的影响? 学生阅读选择是自我选择的结果吗? 在 2008 年第六次"全国国民阅读调查"中,影响读者购书行为的因素依次是:"图书内容简介",占 50.6%;"熟人推荐",占 25.4%;

---

① 吴康宁:《教育社会学》,人民教育出版社 1998 年版,第 244 页。
② 唐彬:《重要他人对大学生社会化的影响研究》,华中科技大学,2009 年。
③ "概括化他人是社会成员尤其是儿童所处社区或社会集团的行为标准和价值的总和。其中的'他人'并非指特定的个人或一群人,而是指社会规范和道德标准。"顾明远:《教育大词典》(第 6 卷),上海教育出版社 1992 年版,第 462 页。

"价格"因素排在第 4 位,占 19.5%。① 成人的阅读选择显然首先受到的是编者的图书简介影响,其次是受到关系密切朋友或者亲戚的推荐。那么在中小学生的阅读中,是否也存在同样的状况? 中小学生的阅读活动中,是否存在强有力的影响者? 如果有,谁可能是阅读选择中的重要他人? 从笔者在中小学的实地调查中发现,少儿在阅读兴趣以及书刊的选择上,也受到他者强有力的影响,如下表:

表 1—1　他者对学生阅读选择的影响度分析(小学 1—3 年级)

重要他人 ＼ 选择状况		A. 不读	B. 读小部分	C. 读大部分	D. 都读	总计
教师推荐	频数	9	57	85	50	201
	百分比	4.5%	28.5%	42.4%	24.6%	100%
家长推荐	频数	6	35	66	94	201
	百分比	3.1%	17.6%	33%	46.3%	100%

从以上数据中可以看出,小学低年级学生在课外阅读活动中,明显受到家长和老师的影响,影响程度达到 96% 以上(读一部分+读大部分+都读的比率合计数)。2009 年第六次"全国国民阅读调查"中,也反映出同样的状况,如家长"喜欢且经常看书"会直接影响孩子对阅读的喜爱程度,有 95.1% 的儿童因家长喜欢且经常看书而喜欢读书。②

在小学高年级以及初中,学生阅读则受到同龄人(同学及朋友)的影响较深,如表 1—2:

表 1—2　他者对学生阅读选择的影响度分析(小学高年级和初中)

比值 ＼ 影响者	家长	老师	同学或朋友	图书排行榜	总计
频数	188	101	268	71	628

---

① 第六次"全国国民阅读调查".http://www.gmw.cn/01ds/2009－04/29/content_914960.htm.

② 参见张旭:《第六次"全国国民阅读调查"成果公布》,《中国新闻出版报》2009 年 4 月 23 日。

续表

比值＼影响者	家长	老师	同学或朋友	图书排行榜	总计
比率	29.9%	16.1%	42.7%	11.3%	100%

其中,问到"谁对你的课外书选择影响最大?"时,同学和朋友的比率达到42.7%,说明了在这一阶段同龄人对学生阅读选择的深刻影响。

而国外的研究中,也证明了少儿阅读活动中重要他人的影响因素,如姬琳·毕尔斯(Kylene Beers)的研究,体现出家长阅读态度对少儿阅读兴趣的影响:

> 不爱看书的青少年在幼年时期的经历差异极大。爱看书与潜力型读者记得小时候家人会读书给他们听,觉得这是一种有趣的经历;无兴趣型及无动机型读者,小时候很少或几乎没有人读书给他们听,因此不认为看书和娱乐之间有任何关联。他们从未参加过暑期班、读书会,也从没有过借书证。①

吉姆·崔利斯从学校的实地教学观察中,发现了教师对学生阅读的直接影响:

> (在一些班级中)我发现学生们读的书都不多,但我也逐渐发现,在一些个别的教室里,孩子们在阅读——大量地阅读。我对此迷惑不解,为什么这些孩子如此热衷于阅读,而走廊对面的班级却完全不阅读? 相同的校长、相同的年级、相同的教科书,这究竟是怎么回事? 进一步探究后,我发现差异就在于站在教室前面的那个人——老师。几乎在每一个热爱阅读的班级中,老师都定期地给学生们朗读。或许老师也与阅读风气有关——不仅是我对自己儿女所做的亲子阅读。②

因此,从调查数据和国外学者的实地观察中我们可以看出,孩子的阅读行为并不是自发的、个体的、私人化的自我建构过程,而是镌刻着无数他者作用的关系性存在。国外学者 Ralph Stacey 认为,知识的获取深植在人与人之间的交流关系中,是一个关系性的过程,知识是一种对话沟通的行为,而学习会

---

① [美]吉姆·崔利斯:《朗读手册》,沙永玲等译,南海出版社2009年版,第28页。
② [美]吉姆·崔利斯:《朗读手册》,沙永玲等译,南海出版社2009年版,第5页。

在人们互动关系中发生改变时发生。① 从主体间的互动关系中,体现出了这些重要他人对少儿阅读的重要影响力。"一个真实的人不只是一个个体,她或他的独立存在,而是一个与其他人在一起的关系存在,他因而在本质上是一个伦理存在。"②处于中小学阶段的孩子,其阅读的建构过程不是自发自然的过程,而在很大程度上受到所处环境中与之有特定连带关系的他者影响。他者可能是一个个体,也可能是一个小群体,或者是一个机构中的核心人物。无论是与他者之间的正式互动关系还是非正式互动关系,由于他者自身在阅读选择中的地位、角色或者影响力、交往密切度等因素,他者成为孩子阅读启蒙中的"重要他人",对孩子阅读的方向、兴趣、偏好及至阅读深度产生特定影响。这些重要他人通常是某类群体中的核心人物,如受欢迎的人物、有权威的人物、有亲和力的人物、有魅力的人物等。他们是孩子阅读生活中的唤醒者、鼓舞者、促动者、激励者,当然从影响的负面效果看,也可能是辖制者、规约者甚至破坏者。他们的介入,对孩子阅读的内容、形式、趣味方向上,都产生了直接或间接的作用。儿童阅读研究者钱伯斯认为:"如果能够有一位值得信赖的大人为小读者提高各种协助,分享他的阅读经验,那么孩子将可以轻易地排除横亘在他眼前的各个阅读障碍。……有协助能力的大人在阅读循环的中心点。"③(参见图1—1)

在这里,我们对少儿阅读活动的形成,选择中的核心因素考察,就不会只局限在文本的内容分析上,而更多地关注影响个体选择中的主体性本身。

　　我小学时候的陈麦种先生,他是从三年级开始担任我的语文老师和班主任的,他喜欢文学,喜欢写作,他的文章也在报纸上发表很多。他总是喜欢给我们读书,并且总是让我们抄写很多优秀的作文,那时候我是语文课代表,就在黑板上抄写他为我们精心挑选的文章,我写一个字,下面的同学跟着写一个字,只记得我经常抄得胳膊疼(那时候没有条件复印)……我的作文一直很好。我的第一篇作文,经陈老师修改以后就在班里当作范文了,我一直认为,我后来喜欢写作文,并且喜欢文学和陈老

① Stacey R.,*Complex Responsive Processes in Organizations*,London:Routledge,2001.
② [美]威廉·F.派纳:《理解课程》(上),张华等译,教育科学出版社1999年版,第423页。
③ [英]钱伯斯:《打造儿童阅读环境》,许慧贞、蔡宜容译,南海出版公司2007年版,第9、90页。

选书

（藏书、近在手边的书、拿得到手的书、陈列方式）

有协助能力的大人

阅读

（阅读时间、听故事、自己阅读）

回应

（"我好想再读一次"、读书会、闲聊）

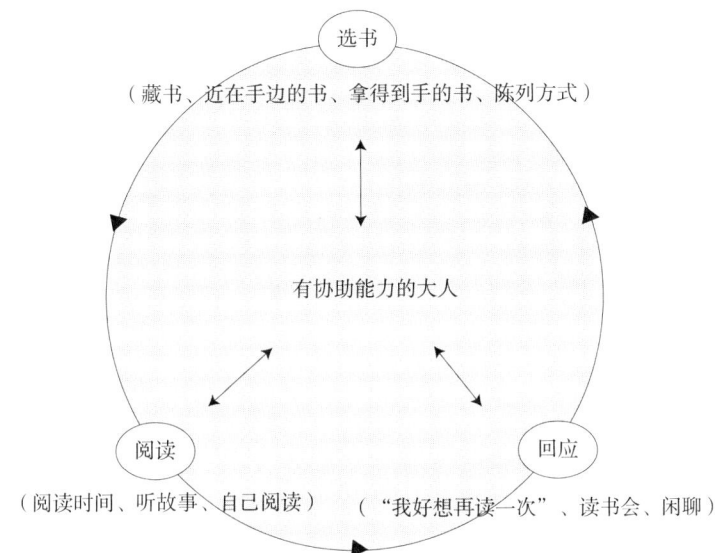

图1—1　钱伯斯阅读循环图

师是有很大关系的。

　　现在想想,在我的求学道路上,或许只是老师的一个背影、一个眼神、一句不经意的话,却温暖过我的心,而那些喜欢读书,有书生气息,引导我读好书,明事理的老师,任何时候我都不会忘记的。①

　　回到影响者主体本身,就是回到重要他人与学生之间的关系性上分析,从主体之间可能存在的对话关系、控制关系、顺从关系或者冲突关系上,从主体间的沟通程度、交往频度、影响方式上,探寻阅读选择发生的深层结构。重要他人本身的思想、情感、态度、取向,以及行为发展、变化的动态过程,不同类型重要他人影响的方式途径差异,都体现了阅读选择所具有的复杂性,需要深入分析和探讨。因此,本书从重要他人的主体性本身、重要他人与学生之间、重要他人与重要他人之间的多元关系如角色位置关系、地位关系、互动关系以及所存在的情境性因素入手,分析主体对阅读选择的影响,并通过重要他人的介入方式和影响效应,分析影响产生的过程和效果,来揭示少儿阅读选择的特殊和存在的问题。

―――――――――――――

　　①　当当网:http://comm.dangdang.com/review/reviewlist.php? pid＝20464064.

二、重要他人角色类化分析

谁是阅读选择中的重要他人？分析学生阅读选择的影响时,不能简单归因于家庭因素或者是学校因素,而需要综合考虑学校、家庭、媒介的叠加影响,因为课外阅读作为沟通课内与课外教育的桥梁之一,是具有复杂性的,其中学校中校长、教师、家庭中的父母及亲朋以及媒介中的出版商等群体,都会以不同方式介入到学生的阅读选择活动中来,各类人物的影响力都是存在的,并且在现实中呈现出影响强度的变化、影响者内在的矛盾困惑、影响者之间因为取向、情感等因素出现的导引差异和冲突,以及在学生不同的年龄阶段,阅读导引都会呈现出群体影响力的差异和变化。为了方便具体分析重要他人影响学生阅读的不同因素,笔者对重要他人进行了分类的考察,包括显在的影响群体以及隐在的影响者,他们的影响差异和力度。首先从重要他人群体的角色位置角度,依据在社会结构中的位置状况以及所承担的角色,区分出不同类型群体的影响者。① 其中包含在场者与不在场者,在场者是指在现实生活中具体的个体或团体,而不在场的重要他人主要包括不在现场的专家、网络推荐人、书中人、作者、编者等。

（一）官方团体:规训与建构

官方团体是少儿阅读中来自社会的重要影响者之一。其中一些核心人物也是主要的文化控制者、文化权力行使者、阅读推荐阈限的制定者。在学生的阅读活动中,行政核心人物作为社会优势团体成员,具有童书选择上最基本、最核心的支配权、决策权、评价权,通过行政命令限定阅读范围,如规定阅读书目、标准,限制部分书刊的发行等,实现阅读控制,规定符合优势集团的文化秩序和话语表达方式。如果发现对方突破阅读阈限,常常会以行政手段处罚受

---

① 在对社会成员的划分中,社会学界是有争议的,是依据不同群体在社会中的位置(地位)来划分,还是依据不同群体的关系模式来划分,不同学者有不同的观点。如拉德克利夫-布朗(Radcliffe-Brown)就认为应当以关系性的存在来分析群体及个体的社会归属状况,而彼得·布劳(Blau)认为还有个体或者群体的属性和地位是划分群体差异的基础,特别是在相对稳定的社会结构中,已经结晶化(crystalized)的社会地位更会影响个体(群体)的存在归属。笔者认为,在重要他人的分析中,是需要两种归类分析的,角色关系划分能从他者的社会角色扮演角度查看不同群体的特定取向对学生的影响,而群体的互动关系划分,应当包括不对等的关系和对等的关系,不对等的关系能够表现出他者的地位差异如权威、偶像等垂直方向上的影响力,对等的关系分析能够表现成员平等互动中关系密度、频度等对学生阅读选择的影响,不同的分析维度能够从不同的视角上更详尽地考察他者的影响方向、力度和深度。

影响者。布迪厄认为:"文化领域中被神圣化的'天赋'、'文化趣味等级'、'创造力'都是通过悬置和忽略它们产生的历史条件,通过掩盖它们和合法的文化形式、文化评价机制的共谋,来达到遮蔽它们维护和强化既定社会等级结构的目标。"①因此官方通过童书选择所赋予受影响者的"文化习性",实际上体现的是官方核心人物的价值取向和文化偏好,因而阅读结构也是被隐在他者"建构成的结构",体现出的是重要他人的文化选择性而不是少儿自身的文化选择。

当然官方团体在阅读文化的建构上也具有双重性,一方面是文化的控制与规训,另一方面则是作为文化的建构者出现的,体现出对少儿阅读某一方面的积极鼓励和推动。如日本官方对绘本的重视,设立多种奖项鼓励本土原创的绘本作品,扩大少儿优秀绘本的选择面:有赤鸟插画奖、绘本日本奖、讲谈社绘本新人奖、讲谈社绘本出版文化奖、产经儿童出版文化奖、小学馆绘画奖、小学馆童画新人奖、每日出版文化奖等等,不断鼓励和奖励开发创作绘本的个人和团体,资助绘本的本土发展。②

(二) 家长群体:导引与冲突

家长群体是少儿阅读在家庭情境中的重要影响者。家庭中的重要他人主要表现为情感性引导、属于关系密切型,这一类重要他人在实际中由于家庭文化背景、文化资本占有量大小以及家长教养方式、教育期望等方面的因素,有较大的差异。从情感性关系上分析,家长群体由于与孩子直接而密切的情感联系,对孩子的阅读影响是深入而持久的。这种影响,也包括正向的和负向的影响。从正影响来看,家庭中良好的亲子关系,孩子在亲密的家庭关系中由于情感上的依恋、关爱和喜欢和亲密的互动等因素,很容易受到家长的影响,形成阅读同步和取向上的同一,特别是在小学低年级阶段,家长和教师的影响力是最突出的。

　　每天晚上给儿子讲故事,儿子无数次伴着童话故事入睡,他渐渐爱上了童话,产生了童话阅读的依赖感。有一回去开家长会,有心的语文老师以课件打出他们班孩子作文里的一些片断与句子,当然也有儿子写下的

---

① 张意:《文化与符号权力——布尔迪厄的文化社会学导论》,中国社会科学出版社 2005 年版,第 18 页。

② 参见李颖清、谭旭东:《论日本绘本的发展历程》,《中国出版》2010 年第 6 期。

充满童趣的句子。那一刻,我觉得儿子这一代是幸福的,他们童年里有童话陪伴,他们的童心在最纯真的岁月里跳动。①

从负影响来看,家长与孩子由于代际隔阂、取向差异形成的关系紧张,也会直接影响到孩子的阅读认同,造成阅读选择中的矛盾和冲突。孩子是不是真的不爱读课外书呢? 我们认为的孩子不阅读现象,实际上是孩子不阅读我们认为有价值的、指定的书、指定的阅读形式和载体。这种状况的形成,一种是因为推荐方式和推荐内容上的问题,如语言、态度以及推荐的内容本身引起孩子的阅读排斥,另一种是由于其他群体的重要他人具有的阅读吸引力超过了我们的力度,造成孩子的阅读倾向转移。例如媒介人日渐增强的影响力,高年级孩子日渐受到同龄人的影响,都削弱了家长以及老师的影响作用。因此,重要他人自身的态度、偏好以及取向,都极大地影响着少儿的阅读行为以及精神成长方向。

另外,不同家长类型在影响上也具有明显的差异。如民主型、亲和型的家长与强权型、冷漠型的家长,对孩子的阅读选择产生的影响效果就截然不同。家长如果表现为权威与控制,对孩子的阅读强行干涉,孩子就会表现出直接的冲突,或者是屈从中的反抗,采取"被动"的抵制策略,转而认同其他人如同龄朋友的阅读选择,排斥家长的阅读规制。

(三) 教师群体:话语权与对话

教师群体是学校情境中的学生阅读的重要影响者。特别是教师作为班级的主控者、管理者,对整个班级的阅读选择、学生的阅读取向、班级阅读文化的构建、学生的阅读深度及阅读层次上都有较大影响。这一群体中两种类型的重要他人如权威控制者和亲和者对学生的阅读选择具有迥异的影响效果。从教师群体本身的身份属性上看,教师在学校中的角色位置一定程度上决定了教师内在的"法定权威"性,容易形成对自己身份地位的隐在认同。达伦罗夫在对权威的解释中说,权威始终意味着一种上下级关系、意味着命令者用命令或禁止的形式规定服从者的一定行为,而命令者有相应的合法权力。② 因此,教师相对于学生而言,首先是身份位置上的优越性和支配性,教师作为知识的

---

① 黄耀红,新浪博客.http://blog.sina.com.cn/s/blog_4b572820010006dr.html.
② 参见谢立中:《西方社会学名著提要》,江西人民出版社1998年版,第263页。

阐释者和班级的管理者,具有课堂场域的文化权力,他们是学校的文化权威、专业权威,因此多数情况下容易形成隐性的话语霸权,构成命令—服从的师生关系。这种关系模式下,教师将自己置于中心地位,忽略学生的话语权,不认为学生有选择的权力和资格,学生的参与意识和主动选择意识被弱化,引起学生的阅读排斥。而当一些教师关注系统化、合法化知识时,就容易形成对学生阅读指导上的专断,忽略学生的阅读兴趣和偏好,表现为一种阅读控制,造成学生阅读中的抵制,这是教师作为重要他人的负向影响。

而在民主亲和型的教师中,师生间以"你—我"关系替代"主—客"关系时,阅读选择的出发点是学生立场,这种支配控制性就会减弱,权威意识的淡化,平等的、对话的教学过程消解了教师的话语霸权,在尊重、信任的基础上给予学生阅读选择的主动权和参与权,学生不再处于失语状态,自然就会内在地认同教师的阅读指导,产生阅读的同步共振,共同构建班级的阅读文化。"真正的权威来自于内在的精神力量。"①当教师成为教学情境中的平等对话者、激励者、促动者时,对学生的阅读影响力必然是深入而持久的。

(四) 媒介群体:畅销运作与启蒙担当

少儿阅读活动中来自社会的影响者之二。其中一些人或团体是影响青少年阅读选择的核心人物或主体,如专家、网络推荐人、书中人、作者、编者等等。表现为两种重要他人:一是潜在的、非在场的重要他人。如未见面的作者、编者、网络推荐人、专家;二是在场、曾经有过交流的重要他人。无论是在场的还是潜在的媒体重要他人,都因为媒介传播介质本身的迅捷和影响力的扩大化效应,对少儿的阅读选择产生深刻持久的影响。

20世纪90年代以来,传媒在技术上的快速更新、规模上的急速膨胀,使媒介群体对大众文化具有了前所未有的影响力。"一切传播媒介都在彻底地改造我们,它们在私人生活、政治、经济、美学、心理、道德、伦理和社会各方面的影响是如此普遍深入,以至于我们的一切都与之接触,受其影响,为其改变。媒介即讯息。"②当传媒与市场进一步携手合作,共同步入工业文化的制造中时,就在大众的视野中网织了现代文化世界消费狂欢的美丽图景。为了实现

---

① [德]雅斯贝尔斯:《什么是教育》,邹进译,生活·读书·新知三联书店1982年版,第70页。

② [加]麦克卢汉:《理解媒介》,何道宽译,商务印书馆2000年版,第33页。

文化的商业逻辑和娱乐逻辑,多数媒体人、出版商、书评人通过广告的温情植入以及畅销运作的谋划,成功完成了对小受众(少儿)的"娱乐阅读引导"和"快乐儿童启蒙"。

当然媒介群体中除了许多迎合商业文化口味的文化制造者之外,还是有部分媒体人在困顿中的文化坚守,抵制阅读启蒙的低俗化、娱乐化趋向。如《儿童文学》《读者》《青年文摘》等刊物的编辑群体,他们的文化取向、守望心灵的从容和优雅的品位,对少儿读者产生着深刻的影响。

> 《读者》所分享的,是看待人生的一种视角,一种心境,一种姿态:用微笑诠释生活,以温润体味人性。澡雪而精神,便有了从容前行的潇洒步履。①

(五) 同辈群体:同龄人的阅读同化

同辈群体是少儿阅读选择中的重要影响人,特别是在小学高年级段和初中段,同龄人的影响力超过了家长和老师,同龄人的阅读倾向成为少儿阅读中的重要参照系,同龄人中的关键人物成为影响阅读的核心主体。"同伴群体作为一种社会化的机制,它的影响将随着青少年的成长而变得越来越重要,而他与成人世界的关系则越来越淡薄。"②同辈群体影响少儿阅读方向和潮流的原因首先在于同龄人构建的小群体具有的群体认同感和文化同质性。在小群体中,由于同龄人交往密切度、情感上的认同,趣味的一致,所以比较容易交流,常常对群体内个体的决策产生直接或者间接的影响,这使他们在阅读文化的同构上具有了可能性。如在私人关系或者非私人关系中建立的读书会、阅读社、学习小组等,形成了同喻文化圈,个体与圈内他者之间的阅读偏好有较高的一致性。

同辈群体对少儿阅读选择的影响,体现在两个方面,一方面是少儿处于对小群体中偶像型重要他人的崇拜,产生的阅读模仿行为。同龄人中的偶像,对孩子具有巨大的感召力和吸引力,孩子对他们的仰慕迷恋和追随,就很容易产生模仿,形成实际的阅读认同。另一方面,同龄人中的阅读同化现象产生于小圈子中互动频繁的"他者评价"影响,一种"交往预期"的效应。在交往密切的

---

① 富康年:《读者卷首语》,《读者》2010 年第 9 期。
② 谢维和:《教育活动的社会学分析》,教育科学出版社 2007 年版,第 280 页。

"圈内"活动里,自我的体认常常来自"他者"的评判,"当学生认知水平未到达全面和深入时,'核心自我'尚未建立起来时,他人的评价和判断往往起重要作用"。① 从个体"自我"的形成过程中,我们也能了解到"社会自我"的建立,是与他人互动中获得的,实际上是"关系自我"的反射。谢维和在《教育活动的社会学分析》中,也提到了同学小群体中"交往预期"对个体行为和偏好的影响。这种互动的预期,相互认同的需要,往往是形成共同偏好的前提。这些影响者,既包括在场的具体交往伙伴,也包括不在场的影响人,如网络社区中的聊天对象。

三、特征性类化分析

依据重要他人与重要他人之间、重要他人与孩子之间的互动关系联结特征(联系的特定性质),也就是依据相互的关系类型来进行分类的分析。"设定和阐明一个本体论,这个本体论不仅强调关系重于实体,而且强调涌现、相互干预作为对象的构成现象。对于它,不是只存在一个关系的形式化的网络,还存在实在。"②在这种关系性的网络中,分析的是主体相互之间具有怎样的情感关系、权力关系、信息沟通关系等,这几类关系模式各自具有怎样的联系属性,是对等的还是不对等的? 是垂直影响还是水平影响? 是强联系还是弱联系,是层级关系还是交互关系,这些联系在阅读选择过程中对孩子的影响是直接的还是间接的,是暂时性的还是长远持久的? 分析的是个体重要他人及其小群体重要他人在孩子阅读活动中的互动过程和影响力度。社会学者Hartup 曾将儿童与成人之间的关系区分为垂直关系和水平关系,垂直关系主要指儿童与成人(如父母、老师等)之间的关系,表现为成人的控制与帮助,而水平关系主要指与儿童平等同位层次上的同伴关系,哈吐鲁还认为,水平关系比垂直关系对儿童的影响更强烈、更广泛。③ 本书对重要他人的群体分析,一方面是从重要他人的地位—权力属性上去看层级化的人际关系对少儿阅读选择的作用,如由于地位、年龄的差异产生的阅读控制状况,是属于权威

---

① 谢维和:《教育活动的社会学分析》,教育科学出版社 2007 年版,第 135 页。
② [法]埃德加·莫兰:《复杂性思想导论》,陈一壮译,华东师范大学出版社 2008 年版,第47 页。
③ 参见侯爱民:《国内儿童同伴关系研究综述》,《山东教育科研》2002 年第 7 期。

强制型的,还是亲和型的,是偶像感召式的,还是制造偶像中的追星效应。另一视角,就是从人际交流的互动频率上去看平等关系下重要他人与孩子之间、重要他人与重要他人交互之间的互动层次和频繁程度对孩子阅读选择的影响。从互动关系分析,主要是从关系的密度和交往的层次上进行区分,体现相互往来的程度,往来个体和群体间的元次。具体分为以下四种类型:因为情感交流较多的情感密切型、因为来往交流多的互动频繁型、不同群体和个体之间多层次互动的多元互动型,以及尽管互动频次不多,但仍然对孩子阅读产生重要影响的偶在影响型。在每一类型中,具体分析因为权力关系、交往关系的模式不同,导致在阅读选择的广度、深度以及影响的持久度上的差异,以及不同关系模式中,由于重要他人个体或中群体的价值取向、文化趣味上的不同,对孩子阅读观念以及具体选择行为的影响。每一种类型从影响效应上看,可能是正影响,也可能是负影响,或者体现为直接影响,或者体现为间接影响,从在场与否来看,也具体体现为在场影响与不在场影响。如互动频繁型,产生的作用可能是积极的,对孩子心灵成长有益的,也可能是消极的、负面的影响。

(一) 地位、权力关系划分

表1—3　重要他人的类型划分(1)

类型	主要群体	主要特征	影响力
权威—控制型	行政管理者、出版人、教师、家长等	单向控制,呈现等级性,与孩子有明显距离感,控制性和支配性,具有决策权和话语权,进行阅读支配、干涉或渗透	距离感导致外在的权威效应,产生阅读顺从,或者由于强制产生阅读抵制,对小学低年级学生影响深入
权威—亲和型	家长、教师、专家等	具有内在的威信、威望,亲切、柔和、愉悦、友善的态度,注重沟通了解、关怀和鼓舞	是少儿阅读中的促进者、关怀者、导引者,孩子的心理认同度较高,具有很强的影响力
偶像—引领型	作家、专家、教师等	人格特质的感召力、吸引力、个人魅力,具有较高的威望	有魅力的导引者,使学生产生仰慕和崇敬之情,认同度和仿效度高
偶像—制造型	少年作家、人气明星等	利用媒体宣传制造感召力和吸引力,依靠包装和人气指数渲染、广告效应等提高渗透力和关注度	引发学生的崇拜和迷恋,产生"追星"行为,造成对流行读物和明星读物的热捧,容易导致负影响

1. 权威—控制型

社会学家韦伯将权威分为传统的权威、感召的权威和法理的权威,本书的权威—控制型重要他人,是指法定赋予和社会角色限定下的权威类型,他们一般与孩子的关系上有明显的距离感,主要是指在年龄、职业、知识累积或者身份地位上具有优势的重要他人,他们在影响少儿阅读中体现出较强的控制性和支配性,会依据自己的判断和偏好制定阅读选择的标准和规范,在少儿阅读选择上具有决策权和话语权,表现为对少儿阅读的支配、干涉、威慑或渗透,使少儿在阅读选择中产生服从、归顺的态度和行为。他们或者是社会制度赋予的法定权威,或者是文化领域的知识权威,或者是家庭中的主导者,如部分行政管理者、教师、出版人、家长等。例如权威—控制型的教师,体现的是教师在教学管理和课堂活动中一贯的权威态度和行为,在学生的课外阅读中,表现出选择上的主控状态,通常不会与学生沟通交流,了解学生的阅读倾向和意愿,而是采用"指定阅读书目"等限定性的方式,规约学生的阅读范围。由于这种师生交往模式本身不太关注学生的倾向和阅读特点,对学生的影响可能造成选择上的顺从,也可能造成表面上的阅读顺从,实际上的阅读抵制,即推荐的书籍学生虽然买了或者看了,却并不阅读或者对推荐的内容产生拒斥。在家长中这一类型的重要影响者也有很多。一些家长在家庭教育中对孩子的控制性教育方式,往往也表现在阅读选择上,对孩子的课外阅读进行限定,可能由于自身的地位优势对孩子产生威慑力和说服力,也可能因为与孩子的距离感导致外在的权威效应,孩子会出现消极或积极的阅读抵抗。

在权威—控制型的重要他人中,也包括潜在的影响型和显在的影响型(或称在场的与不在场)两种类型。如出版者群体,就是一类隐在的却具有重要的导向性的权威—主导型重要他人。他们通过对少儿图书出版的界定,何种书籍可以发行,何种又不能上市,来标定读物的价值性和流通的可能。如2008 年第六次"全国国民阅读调查"结果显示,影响购书因素中选择比例最高的是"图书内容简介",占 50.6%;其次是"熟人推荐",占 25.4%。[①] 这其中影响力最大的"内容简介",或者图书类似的图书广告、图书排行榜等,通常就出

---

① 参见第六次"全国国民阅读调查"成果公布.http://www.gmw.cn/01ds/2009-04/29/content_914960.htm.

自编者、出版人之手,他们对图书的推荐程度如对作者的评价、对书籍内容的"点睛"表达程度,直接影响家长和孩子的购书意向。如评选的"年度十大好书"、"人气图书"奖、"原创新人奖"以及经常更新的阅读排行榜、"热点书事"等等。因此上说,出版者群体是少儿图书选择中第一层次的限定者,重要的隐在影响者。而出版者的筛选,对少儿阅读既可能产生正面的、积极的作用力,也可能由于编者个体或群体的出版偏向,产生负面的、消极的影响,或者是一种有效的优秀读物推荐,或者是出于商业目的的畅销运作。

2. 权威—亲和型

权威—亲和型的重要他人,通常以亲切、愉悦、友善的态度,塑造一种平等、伙伴式的关系。与孩子的交流中会建立一种和谐、融洽的氛围,注重与孩子的沟通和情感交流,由于具有态度上的亲切、柔和、关怀、鼓舞等情感成分,与主导型的重要他人相比,不依靠压服而更具有内在的威信、威望。此类重要他人不将阅读选择看成是应该自己单独掌控的权力,而把选择和推荐的过程看成是相互协商、共同参与的沟通过程,他们会因为孩子的一些态度、意见而修改阅读推荐的内容、形式和呈现方式,能够给予孩子更多的选择自由和选择认同,是少儿阅读选择中的促进者、关怀者、导引者,孩子的心理认同度较高。孩子对他们的信任、依恋、敬慕,使他们的书刊推荐具有很强的影响力。如亲和型的专家,在网络论坛中给家长推荐的《小学生班级读书暨暑期阅读推荐书目》,就以柔和的态度,适合少儿不同年龄分段的分层阅读推荐,受到家长的认同:

分年龄段推荐书目(0岁至初中) 推荐人:阿甲①、萝卜探长

……(推荐内容略)

丹阳妈:非常感谢你的推荐。可帮我们节省许多时间用来淘宝。

lili妈:谢谢筱音爸爸,我都收藏了,感谢你的推荐,节约了许多时间。

洋洋笨妈妈:刚来到这里,发现这么好的帖子!谢谢有心的爸爸了!

wxyz1118:太感谢了!今天刚来,就发现这么好的帖子,谢谢筱音爸爸!非常感谢,受益匪浅。

---

① 阿甲:儿童阅读推广人,著有:《帮助孩子爱上阅读》、《中国父母最该知道的儿童阅读100个关键问题》、《让孩子着迷的101本书》等书。

xcpxpl:女儿 8 岁了,下半年就上二年级了,是个小书迷,虽然买书时也在把关,总感觉找不准点,不太明白这个年龄的孩子该看什么程度的书,谢谢提供了这么好的建议,我希望以后大家多多交流。曾经给女儿买过《绿山墙的安妮》,她不喜欢看,我也不知道该多大的孩子看比较合适,现有个数了,好书还要好时机看才合适,保持孩子最大的阅读兴趣是最重要的。非常感谢,希望今年暑假还有更新的交流更多的推荐作品列出来,参考参考。

cindy_hu73:谢谢! 真在寻找的好 DD。

陈造句:实在是太好了,这是目前所急需的。

VIP(1498621390):正在发愁呢,太感谢了!

chance_dd:真的很不错呢。收下了。

baihuaxianzi823:太好了! 我的宝贝正在上一年级,原来都是感觉如果故事内容、图画印刷适合孩子的年龄就给他买,也没有什么明确的目标。看了您推荐的书目感觉心里有底了,多谢了!

斗斗妈妈来了:这是一个"重量级"的帖子,您看了,就知道,这样的好帖是永远不会过期的! 时间是最好的一个证明,岁月沉淀下来的好作品,几代人都会从中受益。读这样的帖子,视野会开阔很多,受益很多,在茫茫的书海里找到方向。谢谢筱音爸爸阿甲同志。

hilarymeijun:感谢楼主。我一直担心自己操之过急的态度会令自己迷失了方向,乱选书了。现在,我可以参照你的书目和女儿的实际情况,挑选一些合适的书本给她看了。[1]

而亲和型的教师,能够在少儿的阅读活动中通过多次沟通了解学生的阅读现状如阅读层次、阅读水平等,关怀、鼓励他们进行多样化阅读的尝试。学者 Freire 在对师生互动关系的分析中,曾指出了教师身份转换、角色转换对学生学习、师生知识共享的意义,他认为教师身份的转换,时而是指导者,时而则是与学生一样的聆听者、求知者,学习是师生共同求知的过程。[2] 当教师的推荐以柔和、亲切的态度,呈现出一种阅读应有的愉悦体验时,学生感受到了阅

---

[1] 《分年龄(小学)推荐书目》,"亲子论坛",新浪网. http://club.baby.sina.com.cn/thread-1179529-1-6.html.

[2] P.Freire, *Pedagogy of the Oppressed*, New York:Continuum, 1970. 67.

读活动中的主体地位和教师对他们的学习尊重,就会有很高的阅读认同度。

3. 偶像—引领型

偶像—引领型的重要他人,主要是以个人的吸引力、感召力和自身的魅力获得孩子的崇拜、追随、迷恋和追捧的。美国教育家伯顿·R.克拉克认为,感召力是指"一群人追随一个人并接受他或她的命令的意愿,因为这个人具有非凡的性格"。① 孩子对有能力、有威望和有特色的偶像,常常会有仰慕和崇敬之情,对偶像的爱好、选择以及推荐产生高度认同和仿效。偶像身上所负载的时代精神和内在的文化内涵,都涵括在人格特质中产生巨大的感召力,使孩子迷恋并进一步仿效。偶像喜欢的事物如书籍、推荐的读物等对孩子有极强的吸引力,孩子对偶像的崇拜度越高,对他们(她们)推荐或喜欢的读物认同度和仿效度就越高。如 20 世纪 80 年代青少年对诗人海子的崇拜:

> 那时,我们用手抄本,狂热地把他的诗歌一首首摘录下来,在夜凉如水的路灯下,一群人默默地诵读。在诗歌充盈的八十年代,海子像一道闪电,让我们即使身处黑暗,也未曾感到过孤独。②

在这种类型中,偶像虽然没有权威型重要他人的地位或身份优势,不可能对孩子的阅读进行直接的控制和支配,但因为个性魅力所产生的隐在影响力,却是巨大的,偶像的阅读与言谈直接影响到孩子的阅读选择方向。许多孩子在对偶像的迷恋中往往会无条件屈从他们的指引,顺从他们的偏好,以酷似他们为荣。

4. 偶像—制造型

制造型的偶像重要他人,并不是由于自身的能力、真实的魅力而具有感召力和影响力的,而是媒体商业策划结果之一,打造"明星""偶像",通过对某个或某些群体人物的宣传炒作,造出适合市场口味的明星来。"在对明星的认同中,大众绝不可能摆脱商业性的束缚,明星本身也是市场中的一件商品……明星的本质是物化的形象。"③作为体现消费文化的商业品牌人物,媒介打造出的偶像是成功、富有、美丽的代表,他们不需要传统偶像所背负的理想价值追寻,只需要迎合少儿的娱乐消费需要和青春迷惘的补偿。因此由媒介操控

---

① [美]伯顿·R.克拉克:《高等教育系统》,王承绪等译,杭州大学出版社 1994 年版,第 135 页。

② 旷晨、潘良:《我们的 80 年代》,广西人民出版社 2004 年版,第 245 页。

③ 陈刚:《大众文化与当代乌托邦》,作家出版社 1999 年版,第 72 页。

的制造型偶像,在媒介系列化的制造工程中,不断推陈出新产生新偶像,通过电视、报纸杂志、网络的宣传极力扩大影响力,同时又不时运用"粉丝见面会"、"售书签名会"等拉近偶像与"追星族"的关系,诱导少儿对偶像进一步的迷恋和狂热。如出版商为了扩大青春文学的发行量,经常通过媒体进行广告式宣传,打造不少"青春写手"、"少年作家"等,制造少儿的偶像型"品牌作家",并通过对他们作品的极力宣传,吸引家长和孩子购买这些作品,获得巨额的商业利益。

因此,制造型的偶像在商品和消费的裹挟下不可能负载真正的文化内涵和品位魅力,作为一种被外设的模具,对少儿的负向影响作用是明显的。少儿会在与偶像的狂欢、消费文化的幻象中沉迷,陶醉于虚假的偶像完美形象,获得消费与被消费的短暂性快乐,找不到真实的自我认同。

(二) 互动关系划分

主要是从重要他人与孩子、重要他人与重要他人之间的互动状态、往来程度来划分。如交往频次、关系密度、互动元次(双向还是多方互动)等。有些重要他人如编者、作家等,虽然与学生或者家长的交往频次并不多,但由于本身的权威性(地位、知名度等),同样对学生的阅读选择产生重要影响。

表1—4　重要他人的类型划分(2)

类型	主要互动者	互动程度及特征	影响力
情感密切型	家长—孩子 孩子—孩子	情感联结紧密、相互间情感上的依恋、认同、喜欢、亲密;相互间的密切接触	由情感联结上的密切而产生阅读取向、趣味上的趋同,影响程度较深
双向频繁型	家长—家长 孩子—孩子 教师—学生	"趣缘"互动:共同兴趣形成的频繁联系; "业缘"互动:团队、小组活动形成的密切接触	因趣味相投、团队活动频繁形成的阅读互联,影响程度较深,互动越频繁,影响程度越深
多元互动型	家长、孩子、教师、专家、媒介人等	多途径影响,形成了交叉的互动网络,通过第三方或者更多人的交流层次间接互动,既有直接影响,也有间接影响	影响过程和结果复杂,有强影响,也有弱影响;有在场影响,也有不在场影响
偶在影响型	阅读推广人、专家、作者、陌生人	偶然的一两次交往或阅读产生的影响,互动频率很低	交往频度虽然不高,但因为知名度、推荐力度等因素产生了一定影响力

1. 情感密切型

重要他人与孩子,或者重要他人与重要他人之间在互动过程中情感联系密切的类型,这种类型的重要他人,情感联结的密切程度、沟通程度是影响少儿阅读选择的重要因素。学者马克·格兰诺维特(Mark Granovetter)的社会网络分析法,是依据情感强度、互动时间、互惠行动和密切程度几个维度的指标来区分主体间关系状况和强度的。其中的"情感强度",是指主体间互动中的情感紧密性、熟识程度等。主体间的情感越密切、熟识程度越高,关系性就越强,影响力越大。[①]如表现为情感上的依恋、认同、喜欢、亲密等,由情感联结上的密切而产生的阅读取向、趣味上的趋同和实际选择行为。包括成人与孩子、孩子与同龄人等。"这里要区别的是儿童这一年龄段(小学1—3年级)中,由于认知尚未发展成熟,也就是在儿童次级社会化过程中,选择时情感因素的重大影响。"[②]如家庭中的父亲、母亲因为良好的亲子关系,亲密的情感联系对孩子的阅读产生的重大影响。

2. 双向频繁型

重要他人个体或者群体之间、重要他人与孩子之间,有经常的交往关系,交往的频次多,交往密切程度高。主要指家长与家长、孩子与孩子、教师与学生之间的互动频繁类型。在孩子与孩子的互动中有两种情况,一种是因为相互间的趣味、取向相投而交往密切,属于"趣缘"型互动,如阅读兴趣小组、读书会等的互动;一种是因为彼此之间在事务性的活动中联系频繁而产生的互动,属于"业缘"型互动,如学校的班级活动、学校社团等中的互动。从影响效应上看,互动双方的影响可能是正影响,也可能由于个人或者群体偏好产生负影响。

3. 多元互动型

多元互动是重要他人交互影响中比较复杂的一类,表现为多个重要他人的多层次关系的交互作用,既包括直接的影响,也包括通过其他中间人获得的间接影响,展现的是多个群体或者个体形成的互动网络,在网络中可能只是通过不在场的连接点实现阅读活动的网际互联,有些可能并不具有情感连接的密切度或者互动交往的频繁度,但通过互动网络的不同个体"节点"互联,有

---

① Granovetter, Mark, *Getting a Job: A Study of Contacts and Careers*, Cambridge, MA: Harvard University Press, 1974.

② 谢维和:《教育活动的社会学分析》,教育科学出版社2007年版,第268页。

些甚至是网络社区讨论,仍然对孩子的阅读产生了较强的影响力。影响者既可能是在场者,也可能是不在场的导引者。如网络社区成员间的互动,就是一种不在场的互动影响类型。如新浪家长论坛中"安妮鲜花"在博客中与多人关于儿童阅读的深度讨论:

　　HH温哥华　23:45:37　我感觉老外培养孩子学习知识前期很慢很慢,但是他能让孩子学习的知识点掌握得比较牢固,孩子还是抱着一种积极的状态去学,并且孩子积极探索知识的欲望很高。

　　安妮鲜花　23:46:14　对,同感。现在对这个问题越来越有体会,就是内在建构的问题。就是说孩子的敏感期,什么时间能做到什么,所以他们前期慢,不是灌知识,是搭结构。阅读也是啊,是要的内化的效果。

　　我爱阅读　23:55:47　安妮,我经常看到你在说这个内在建构的问题,比如说阅读吧,同一主题的书,你觉得我们国内的中文书有这种体系吗?我感觉没有,一套书就是一套书这样的感觉。

　　安妮鲜花　23:58:02　中文书是有这个问题,这也是我最近选书比较头疼的问题。所以我也在想,同样是阅读,如果仔细看,英文书做得比较好,符合孩子心智发育的东西多。过去我对阅读分级的理解也是觉得是文字上的难易。现在看不仅仅是这个问题。每个年龄段的孩子,他的认知发育什么样,然后就有相应的书来提供,文字的难易也基本符合这个发育程度。而且没有科学的指导,现在就是,看了多少是标准,你说孩子吸收的什么样,每一个环节应该怎么走,怎么去评价,都没有标准,但是在同样的这些孩子当中,反正看得多的还是有优势,说起的东西知道得多些,科学性差,对于文字能力的价值究竟有多大,好像也不好说。记得最开始建群有人就说,为什么读很多书的孩子文字理解力也不行。

　　我爱阅读　0:08:30　嗯,唯一知道的就是孩子把这本书看完了,看得怎么样,吸收了些什么,都不知道。①

4.偶在影响型

偶然的一两次交往(联系)产生的影响。如在网络、论坛、书店、闲谈中的

---

　　①　《同样阅读为啥孩子后劲不一样》.http://blog.sina.com.cn/s/blog_5ff19a2901017psc.html.

偶然推荐,甚至是陌生人推荐。在这种类型中,有些重要他人与重要他人之间、重要他人与孩子之间的交往频度并不高,但却对孩子阅读选择有直接作用,对孩子的精神生活形成了深远的影响,如某些阅读推广人、某些网络中人。在主体的交互影响研究中,通常认为推荐者如果是有意启蒙型,具有情感密切或者互动频繁的性质,就会对少儿阅读产生直接而深刻的影响,而实际存在着另一种启蒙类型:偶然性影响者,也同样对孩子阅读有直接作用。在对行动者互动关系的分析中,格兰诺维特(Granovetter)曾提出"弱关系的强势"(the strength of weak ties)观点,认为在行动者之间存在两种关系类型。一种是强关系,表现在互动时间、情感强度、密切程度等方面连接的强度、频度等,主要是来往密切的相似人群。另一种则是弱关系,弱关系主要连接与行动者相异的个体或者群体,他们相互之间的交往并不密切,但因为彼此间的信息有很大差异,反倒能够带给对方新鲜的、有价值的信息。① 因此,偶在的重要他人,在主体彼此间的互动程度上,虽是弱关联的状态,依然会从某些侧面影响学生的阅读选择。这类影响者主要有两种类型,一种是权威性的重要他人,如一些编辑、作者,虽然是一次性的见面,或者是隐在的推荐,但因为自身的知名度、在儿童阅读领域的权威性等,会对学生产生直接的影响力。另一种则是偶然相遇型,如有些家长或者同龄的学生,在聊天中或者在网络论坛中,偶然性的推荐,虽然互动的次数非常少或者仅有一两次,但因为推荐者的推荐力度、阅读理解深度等,同样产生明显影响。

如部分家长和孩子在偶然浏览网页时,获得的阅读推荐:

> 银绮:书名:《名侦探柯南》;推荐理由:他以天才的推理能力侦破了一桩桩离奇的案件。内容精彩,在看的同时还可以考你的智商,看起来感觉很酷。②

第二节　介入方式与影响效果

他者是如何成为孩子阅读选择中的重要他人的? 通过什么方式、途径、策

---

① Granovetter, Mark, "The Strength of Weak Ties", *American Journal of Sociology*, 1973, 78.

② http://club.lets-study.com/thread-269-5-1.html.

略、方法? 产生了怎样的影响效果? 对重要他人与孩子、重要他人与重要他人之间的介入方式、运作方式做细化分析,能够体现重要他人在孩子阅读选择中的影响途径和具体影响过程,便于较清晰地显示影响的生成性。

从交往方式、互动关系模式上看,本书将介入方式分解为单向影响式、双向互动式和多元互动式。从介入的呈现形式看,包括显在影响和潜在影响,从介入的途径环节分析,有直接影响和间接影响,从影响策略方法分析,包括情感渲染、强化参与体验、主推评价、专家推荐、广告植入、策划互动活动等,从影响力度变化看,表现为影响增强、影响减弱;影响加深、影响失效等。如情感性影响方式通常是:情感渲染→心理共鸣→响应(价值认同)→内化,这样的影响次序,最终转化成为持久的、稳定的影响。从影响效果分析:包括强影响、弱影响;正向影响、负向影响。不同的介入方式具有不同的特点和影响效应,影响强度、深度、广度上也有差异,有些体现为正向的影响,有些体现为负向的影响,有些是直接的强相关,有些则是间接的相关。如出版者的介入,表现出多元的影响策略和植入途径,利用阅读率评价、出版量评价、购买率评价(包括人气指数、好评指数、购买比率、购买人数统计)、好书推荐排行榜、畅销书排行榜、热门书下载率(下载率排行、点击率、访问量统计)、在线阅读评价(浏览人数、好评率、受欢迎指数、受关注度、星级指数、评论数量、统计流量、留言回复数)、链接捆绑、名人推荐、报纸报道等,提高推荐书刊的代表性,引起高关注度,产生强影响力。

一、介入方式:控制与互动

主要从双方或者多方的相互关系模式和影响方向上来分析。包括单向影响式、双向互动式和多元互动式。

(一) 单向主控式

关系模式是 A→B。影响者与被影响者之间的地位不同,角色有较大差异,关系模式是建立在等级基础上的,相互间有明显的距离感。影响方向是单向垂直的,具有控制性和层级化的特点。

1.权威影响式

权威影响由于权威在群体中的地位角色关系,呈现出影响的主导特点,不对称的关系模式。由于权威的法定角色呈现出的支配性,表现为介入中的垂

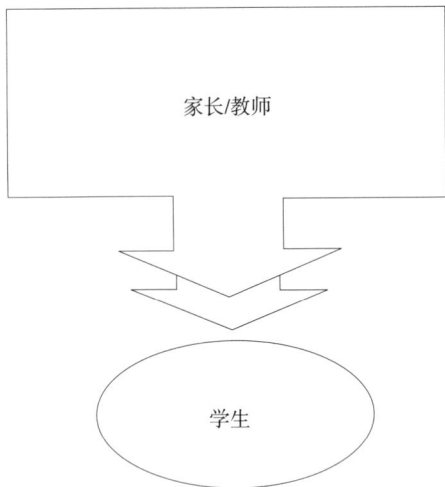

图1—2 重要他人的介入方式(1)

直关系,权威具有少儿阅读上的选择权、决策权,通常会指定阅读书目,控制阅读范围。如权威—控制型的家长或者老师、行政管理者、专家等。由于权威对自己主导者身份的隐在认同,在介入显示出地位上的不对等,表现出层级关系,对孩子的阅读选择直接介入,影响方向是单向的,信息交流仅从一方走向另一方,没有推荐信息的回应(反馈)过程。个体的选择主要是被重要他人左右的,个体本身并没有表现出选择权和选择意愿。介入方式通常表现为:制定筛选标准、指定书目、运用权威评价、借助传媒宣传、重复强调、主力推荐、重点关注等;从负面的影响方式看,包括控制式的筛选干涉、限定范围、删除、禁止发行(禁止阅读等)、焚烧书刊、屏蔽相关书籍信息等。如专家作为权威具有强影响力,他的书刊评价直接影响到孩子和家长的选择,家长或孩子会因为其知识威信而产生选择默认,听从专家的推荐。如编辑在书的内容介绍上对《女生日记》的推荐,卓越网统计显示:76%的人看完编辑的这些推荐语后,买了这本书。

《女生日记(新版)(附杨红樱限量签名照片)》:《女生日记》大事记:2000年8月,由作家出版社出版。引起强烈的社会反响,被誉为"现代女孩子的成长启示录"。2002年12月,获成都市政府"金芙蓉文学奖"。2003年5月,首次登上中国开卷畅销书榜。2003年7月,电影《女生日

记》在北京开拍。2003 年 12 月,获 2003 年中国优秀畅销书奖。2004 年
2 月,部分章节被选入小学语文实验教材。2004 年 5 月,电影《女生日
记》作为国际儿童电影节开幕式放映的电影。2004 年 5 月,入选中国新
闻出版署颁布的"给未成年人的 1000 种好书"。2004 年 6 月,电影《女生
日记》获中国电影童牛奖的优秀故事片奖。2004 年 6 月,电影《女生日
记》在成都儿童电影节上,被孩子评为"最喜欢看的电影"。2005 年 9 月,
24 集电视连续剧《女生日记》在深圳开拍。2005 年 12 月,据开卷数据监
测:在畅销书榜上。《女生日记》连续上榜 33 个月。为原创少儿书之冠。
2006 年 8 月,24 集电视剧《女生日记》在湖南卫视金鹰卡通频道播映。
另据开卷数据显示:《女生日记》是中国原创儿童文学上榜时间最长、印
次最多单品种印数高的作品。①

2. 偶像影响式

影响的关系模式也是垂直关系,偶像由于名人身份与学生之间有一定的
距离感,表现出地位上的不对等和层级关系。具有感召力的偶像在孩子心目
中有极高的威望,孩子对他们的崇拜仰慕使他们的推荐和阅读偏好直接影响
孩子的书刊选择,部分偶像的影响力来自偶像本身的个人魅力、感召力等,有
些偶像的影响力则并不是自身的吸引力,而是来自媒体的"造星"活动。介入
方式包括运用个人魅力或者媒体力量,进行形象包装、广告植入、情感渲染、宣
传策划、主力推荐、重点关注、作品包装、专家推荐和售书签名、重复宣传、及时
报道等方式,获得强渗透力和感召、吸引力,强化影响深度、广度。而随着这些
策略的运用,偶像受欢迎指数和受关注度的提升,加深了孩子对他们的崇拜、
迷恋程度,使孩子形成对偶像推荐读物和偶像系列作品的认同,起到了增强影
响力的效果。但通过媒体操纵炒作的"偶像制造",则常常给孩子的阅读产生
负影响,造成对流行读物和明星读物的热捧。

(二) 双向互动式

影响者与受影响者之间是平行并列的关系:A↔B。在这种关系模式中,
重要他人与孩子、重要他人与其他人、重要他人相互之间是双向互动的,交往

---

① http://www. amazon. cn/mn/productReviewApplication? uid = 477 − 9136702 − 3745152&
asin=B0011CGGW2.

双方互为重要他人双方之间的影响建立在平等、互补的基础上,两两互动,相互间互为重要他人,具有信息的回应和反馈,主要是情感密切和互动频繁类型的重要他人。由于信息交流是双方互动的结果,因此影响力也是双向的,体现出影响力的双方互补性和持续增强。交往时间越长、互动活动越频繁,受到的影响越深、越强。介入方式既包括直接介入,也包括间接介入,既包括在场的重要他人直接的显在互动,也包括通过网络等媒介的潜在互动。

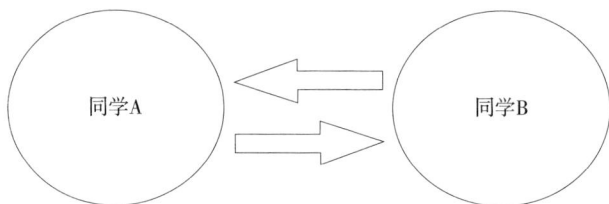

图1—3　重要他人的介入方式(2)

1. 少儿互动

互为重要他人的是同学、朋友、亲戚中的同龄人,这种交往模式本身的平等性和兴趣、爱好的同一性,是产生阅读认同的重要因素。主要是通过课后交流、课堂讨论、朋友聚会、读书会、读书节上的"好书推荐"等阅读互荐方式实现对同龄人、小群体中的成员的影响,体现出亚文化的内聚性和认同感,同喻文化的影响力。

> 我女儿的同学争着跟她借这本书去阅读。她们读完以后还讨论,说希望有一个跟书中一样开明的家长。①

2. 成人互动

成人互动是长辈群体中的重要他人,围绕孩子的课外阅读进行的相互交流。包括家长↔家长、家长↔教师、专家↔家长、专家↔教师、校长↔教师等之间的交互交流,通过平时聊天、网络论坛讨论、读书评价、家长会交流、学校会议、听评课等方式形成相互的影响。一般参与讨论、评价的成人因为对孩子的教育非常重视,因此有关孩子课外书的话题也是经常交流的内容,交互的影响呈现较强的相关性和深度。如有些家长自己读后觉得有价值的书,往往会写

---

① 卓越亚马逊商品评论新版《女生日记》. http://www.amazon.cn/product-reviews/B0011CGGW2? pageNumber=4.

出几百字到上千字的评论,用书评的方式推荐给其他家长。

　　世界上有许多流芳千古的书,但很少有像这样一本来自我们近临的书。因为那个近临在我们心中产生的味道实在太丰富太复杂了。我们也是从孩童时走过来,可是当我们为人父母时,却总是忘了我们曾经犯过的错,闹过的笑话,做过的蠢事,只是一味地、粗暴地指责、训斥孩子,很少能像小林校长那样静静地听你诉说。

　　……我们可以沉迷于麻将、无聊的电视节目,却不能坐下来好好地看看自己孩子的眼睛。在这快节奏的社会中,我们的心似乎也越来越浮躁。她的另一本书《小时候就在想的事》也很不错,我和孩子读时常常感动得泪流满面。①

　　我们凭着家长身份的优势,指导着、强迫着甚至压迫着孩子按照我们的意愿,在现实的压力下,让孩子艰苦痛苦地、被动地一步步向前走着,当然也进步着、成功着,但在进步、成功时,却已经失去了好多好多。爱、成长、尊重、学习,在巴学园里,总处理得那么和谐,成功和快乐一点都不矛盾,个性、自我、团队,一样都不……这本书我在六七年前,一次偶然的机会里看过,几年后的我看到这本书有了更深刻的感受,对它更加喜爱了。推荐给可爱的孩子和拥有童真的大人们。②

3. 代际互动

代际互动包括阅读活动中不同情境里的互动,包括学校中的师生互动、家庭中的亲子互动、专家与孩子的互动、媒体人(成人)与孩子的互动。主要通过情感渲染、共读共享、读后讨论、重复讲述、重复强调、改变关注点、态度倾向等获得相互在孩子阅读选择中的影响力。代际互动中体现的不仅仅是成人作为重要他人对孩子选书的影响,也包含了孩子作为重要他人,他(她)的选择对年长者的影响。从互动的效应看,一种互动是良性互动,长辈并不以权威的意识压制孩子的阅读选择,代际互动中阅读交流形成了融洽关系和阅读认同,体现了阅读取向的趋同性和共读中的情感交流、平等关系的维系;另一种互动

---

①　卓越亚马逊商品评论《窗边的小豆豆》. http://www. amazon. cn/product-reviews/B001142PTI/ref=cm_cr_pr_redirect? ie=UTF8&showViewpoints=0.

②　卓越亚马逊商品评论《窗边的小豆豆》. http://www. amazon. cn/product-reviews/B001142PTI/ref=cm_cr_pr_redirect? ie=UTF8&showViewpoints=0.

是非良性的、负向的互动,重要他人在引导方式上的问题,因取向、情感态度等方面与孩子的对立等造成的代际矛盾冲突等。对成人来说,亲和力强、具有平等意识和文化素养较高的重要他人,具有较强的"与童共读"的参与感,能够通过与孩子的对话沟通,了解孩子的阅读兴趣和阅读渴望,在与孩子的共读中享受共同成长的乐趣。

心情指数:开心 阅读场所:办公室 发表于 2008-11-18 16:21:39

在儿子的极力推荐下,我也手捧这套小册子看了起来。太有趣了!五星级图书确实名不虚传,难怪儿子爱不释手。多可爱的一群小鸡呀!热热闹闹温馨的画面让人好憧憬!爸爸皮迪克,妈妈卡梅拉,儿子卡梅利多,女儿卡门,还有它们的好朋友鸬鹚……这是一个不同寻常的小鸡一家!因为在它们充满个性,充满幻想的世界里,有那么多奇妙的事情发生!

心情指数:开心 阅读场所:沙发 发表于 2009-04-16 21:31:24

在网上看到了对这系列书的评价,然后购买到了这六本书(后来又购到了第七本)。原本我还担心孩子会不想读这样的书籍,因为她刚上一年级,认识的字还不多。我怕识字的问题导致她的不喜欢。可是,我的担心是多余的。书是在大前天晚上八点送到的。我们拿到后就回家开始看了。我很好奇,这些是怎样的故事竟然让那么多的人都喜欢?我首先拿起第一本《我想去看海》读起来,朗读给孩子听。故事中的可爱又特别的卡梅拉很快就吸引了我们。讲着讲着,孩子就说:"妈妈,让我自己来读吧。"她自己很快就读完了。看样子读得很开心!今天读了第六本。孩子说:"妈妈,还有没有《不一样的卡梅拉》?"我告诉她,我又给她买了第七本。她高兴极了。①

我看到好书还常常推荐给妈妈看,妈妈看得也入了迷,没看完的还带到公司去看呢。有一次她把《我要做个好孩子》带到公司去看,晚上却没带回来,看我有点生气,妈妈连忙解释:"这真是一本好书,把孩子和家长写得很真实很生动。有个同事眼巴巴的也很想看,我就借给她了。没得

---

① 《不一样的卡梅拉》,当当网,http://product.dangdang.com/product.aspx? product_id = 9213954.

到你的允许,把书借给别人,你不会怪我吧。明天,明天就还给你。"嘿嘿,妈妈也成了书迷了,我故作严肃地说:"好吧,下不为例哦!"①

(三)　多元互动式

在多元互动关系中,重要他人与孩子之间、重要他人与重要他人之间、重要他人与普通人之间有着多重交叉的交流关系,受影响者接受到的信息是多途径的,形成了多人交流的互动关系网络,影响者介入的方式可能是直接的,也可能是通过第三方或者更多人的交流层次间接进入的。这种多元交融的复杂影响,表现出多层次的影响路径,影响的多向生成特点。但在这种多元交互关系中,间接性的影响并不意味着是弱影响,影响的强度也并不会因为信息传递而递减。

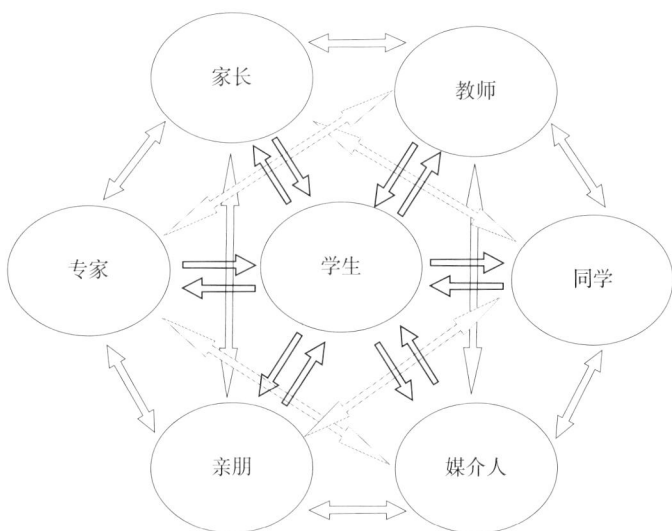

图1—4　重要他人的介入方式(3)

本书将这种多元交互关系分为四类,根据某一类重要他人在互动网络中影响力所占的较高比例,将他们归为教师为核心的互动、家长、学生、专家各自为核心的四类互动。② 以某类群体(或个体)重要他人作为互动核心来分类,

---

① 王雪纯:《我的读书生活》.http://www.wszw.com/article/detail.jsp? articleId=523834.
② 这种围绕某类(某位)影响者的互动,并不一定该影响者是权威或者偶像,而只是在某些讨论中、某些具体情境中,处于中心点的重要他人具有议题优势或者位置优势,影响比率高于其他人的互动者。

能够更清楚地表现该类(个)重要他人在某种阅读活动或推荐议题中的优势地位、活动中的资源占有状况以及议题的主动权等,社会网络分析理论就认为,行动者的互动活动中存在某些中心点,具有中心性(centrality),中心节点上的行动者由于所处的网络位置以及资源权力等方面的优势,[1]在信息传递上具有活跃性、迅捷性和控制性等特点,相对于其他成员而言影响力较强。[2]

1. 教师(专家)核心的互动

以教师为核心的互动,包括教师(专家)与家长、孩子、同事、校长、朋友等多人的互动。影响方式主要是通过课内外交流、参与式共读、书刊评价、网络论坛讨论、重复讲述、重复强调、态度倾向、情感渲染、会议研讨等方式获得影响力的。如在一些教师的博客中,围绕某本书的讨论,其中博主是论题的发起者,其他影响者更多是参与讨论的互动过程,如果讨论较深入,对参与人的影响都是较明显的。如教师安武林的博客中,就儿童读物与其他家长、教师、朋友的交流:

> 安武林:《绿山墙的安妮》是一本让人手不释卷的经典的儿童小说,它是加拿大女作家蒙哥马利写成的。在我看来,《绿山墙的安妮》是一本很阳光的小说,读后让人莫名感动,莫名兴奋。我虽然不是一个实用主义者,但在对作品的判断和选择上,我还是喜欢用价值二字对作品进行评判的。也就是说,这一本书,能给读者带来什么。……我非常愿意承认,心里有阳光的人,才能给别人阳光,如安妮。心里有阳光的人,在我看来也是有力量的人,这种人永远可以掌握自己的命运。
>
> 竹下生 2011-04-10 08:22:09 心里有阳光的人,才能给别人阳光!
>
> 若水 2011-04-10 10:43:41 这本书一直是我的最爱。我女儿安妮到了三年级我也会让她读。很多时候文中的安妮也是我的动力源泉。
>
> 鞠慧 2011-04-10 16:11:20 "心里有阳光的人,在我看来也是有力量的人,这种人永远可以掌握自己的命运。"说得太好了! 不仅仅是对

---

① Friedkin, Noah E., "Theoretical Foundations for Centrality Measures", *American Journal of Sciology*, 1991, 96.

② Freeman, L.C., "Centrality in Social Networks Conceptual Clarification", *Social Networks*, 1979, 1.

孩子,对我们成人,也受益匪浅!

细雨轻寒 2011-04-10　19:42:00　祝愿阳光住进每一个人的心里!一直准备读《绿山墙的安妮》的,从现在开始。

yanping2011-04-12　14:40:07　我和孩子正在读《夏洛的网》,接下来就去读《绿山墙的安妮》。真好,提前拜读了武林老师的文章![①]

2.家长核心的互动

家长与孩子、家长与家长、家长与专家、家长与教师、家长与媒介人等多人之间的交互影响。如许多家长 QQ 群中、网络社区教育论坛中,都有这种形式的互动。介入方式主要是平时聊天、网络讨论、QQ 群等网络社群,也可能是家长聚会、学校家长会、书评等。如网上家长对《不一样的卡梅拉》全部评论就多达 21034 条(2011 年初数据),许多家长把自己和孩子共读的亲身体验感受写下来,热情地推荐给其他家长,实现好书共享的愿望,这种推荐由于自身情感的感染性和网络互动的灵活性,也非常具有影响力。

这套小书的内容也超乎想象,比如第一集,卡梅拉小时候很叛逆,不听爸妈劝告非要去看海,经历一些风浪并认识了住在海对岸的公鸡丈夫,很多年后,她的孩子卡梅利多竟然也像妈妈一样,他说"我想要个星星"而地球上看到的星星是天上的星星,那么外星小朋友看到地球上的星星是什么呢——是海星! 还有点腥腥的味道——这个故事的结尾跑出来"穿靴子的猫"——太天马行空了! 这套书是帮同事代买的,她听其他同事推荐的,翻过之后,我也决定自己买一套,而另一个同事也下了订单。嗯,好东西就靠口口相传啊。[②]

另外在亲子论坛中的家长交流,也有互动中的有效影响力。

近期读书(2010-11-28 15:34:55)

近来读的都是买给畅儿的书。每月三本《儿童文学》,除了读故事外,还关注作者。这几晚读的是《窗边的小豆豆》系列多本,买了两三年了吧,我们娘俩都已经读过了,之前总以为只有《窗边的小豆豆》这一本

---

① 《心里有阳光》,安武林,新浪博客.http://blog.sina.com.cn/s/blog_487dd62f0100qgzd.html.

② 《不一样的卡梅拉》评论,当当网.http://product.dangdang.com/product.aspx? product_id=9213954.

最好,其他几本都不值得买。这些日子读的是这本《丢三落四的小豆豆》,很好玩。书中的黑柳彻子既不像电影明星般耀眼,也不像著名电视节目主持人一样咄咄逼人,更不像联合国亲善大使般高调,普普通通的小事情,让人感觉到纯真友善、乐观积极。如果当时有博客,如果黑柳是中国人,那么她的博客我一定会关注、链接、加好友,呵呵,很喜欢。

畅儿最近在读沈石溪的动物小说,以每天半本的速度狂读,我从卓越网上刚买来没几天,两本快读完了,今天我又下单,买了另一本《狼王梦》,还有《三毛流浪记》和《父与子》。

评论:当当 2010-11-28 17:08:13 陪孩子读书,是种幸福。

唱一歌 2010-11-28 17:12:53 陪孩子读了很多童书,也弥补了自己儿童时光的缺憾。

西西 2010-11-28 17:29:49 窗边的小豆豆我觉得不错,经常有人说起。

小树苗 2010-11-28 18:42:09 是的,每次给孩子买来的书,都是她先看完,我再看,弥补了儿时的缺陷,看到了许多经典的、优秀的书籍,自己在不知不觉中也增加了许多好词好句!

博主回复:2010-11-28 18:49:12 嗯,与孩子一起读最给力,哈哈。

天宇妈妈 2010-11-28 18:46:03 准备与儿子一起读《爱的教育》,这是老师在家长会上推荐的其中之一。

小龙女帆帆 2010-11-28 23:40:25 《狼王梦》是一本不错的书,我们刚看完,孩子看得都入迷了。现在又在看《狼图腾》小狼小狼,也不错的。

lxn75 2010-11-29 12:35:14 我们也只读了《窗边的小豆豆》,《丢三落四的小豆豆》买了也没有读过呢。准备给女儿读读。①

3.学生核心的互动

主要是孩子与家长、同学、专家、教师、朋友、亲戚等多人之间的互动。影响的方式主要是通过相互的聊天、网络论坛、读书会、读书节、读书小组、读书

---

① 畅儿妈妈博客.http://blog.sina.com.cn/wojiachanger.

沙龙等进行的交流影响。这种互动不一定属于在小群体中情感交流密切或者互动非常频繁的交流,有些甚至只是偶然连接,不一定具有亚文化中的取向一致和阅读偏好的趋同性,常常只是一种随意交流中的"偶在"效应,相互的阅读互补过程。如在调查中了解学生相互间的阅读交流影响时,当问到:"和同学一起谈感兴趣的书吗?"回答"经常谈或者偶尔谈"的学生占到89.4%,回答"不谈"的只占到10.6%。

4. 媒介人核心的互动

媒介人(包括经销商、出版商、记者等)与家长、教师、专家、孩子等多人之间的交互活动。介入的方式常常表现为互动论坛讨论、使用阅读排行榜、畅销书排行、广告植入、阅读率评价、出版量评价、下载率排行、点击率(访问量)、专家推荐、售书签名、主力推荐、搭建互动平台、重点关注、留言认同、美化图片、包装偶像、链接度、报纸及时报道等获得较高的影响力。特别是媒体商业运作中的评价体系如人气指数、好评指数、购买比率、购买人数统计、在线阅读人数、好评率、受欢迎指数、受关注度、星级指数、评论数量、统计流量、留言回复数等等,都因为策划宣传炒作的策略,获得了极高的影响度和认同度。

爱猪妮妮:我家女儿上一年级,看书只看图画,不看字,即使是认识的字也不读,就喜欢让大人讲给她听,如何培养自己会看书? 是她太懒呢? 郁闷中……

2006lclaa66:我家儿子现读二年级,感觉小家伙正在由字少的绘本向字多的书过渡,目前喜欢读《晴天有时下猪》《神奇校车》《丁丁历险记》《奇妙的数王国》《淘气包埃米尔》等,但《长袜子皮皮》却没法吸引小子读下去。请教阿甲及各位家长,我家孩子的情况,是否是每位爱阅读的孩子都会出现的情况? 我现在该怎么样引导孩子阅读?

情殷殷:孩子刚上小学,识字量渐大,如何引导孩子独立阅读书籍。

筱音爸爸:倒也不必郁闷呢:这个阶段的孩子属正常的,能喜欢大人讲给她听,就已经有了很好的基础。

可否介绍一下她正在读的书? 比如说正在"只看图画,不看字"的书,如果我们假设"看图画"也是阅读呢? 日本出版家松居直先生,他一辈子都在强调着:请把图画书看作大人为孩子读的书! 我女儿刚过8岁,到现在为止,我还在给她读图画书,那对她是一种莫大的享受,对于我也是乐趣无穷的。这并不妨碍她自己去读白话本的《西游记》《丁丁历险记》……而且乐在其中。……我想，帮助孩子学习语言最好的"处方"就是：爱与诗意。可以通过亲人的日常絮语，也可以通过美妙的亲子阅读。

我是女儿的朋友：谢谢筱音爸爸的指导，看来我们也要搬家来这儿了。筱音爸爸的女儿真是幸福啊！①

二、重要他人的影响效果分析

从影响的价值性上判断，以及从影响的介入途径来分析，笔者将重要他人对孩子阅读选择的影响效果分为四类，包括正向—直接型，正向—间接型；负向—直接型、负向—间接型。

（一）正向—直接型

正向—直接型的影响，主要是包括权威这种垂直关系上的正面影响，也包括平行关系中的互动频繁、情感密切者的影响。如权威的正影响表现为指导、通过对优秀读物的推荐，选择符合少儿年龄特点和心理发展需要的书籍，进行有意义、有方向性的阅读启蒙，对少儿知识结构的搭建、精神成长的滋养具有直接催化作用。

我们的班级每天都有固定的"阅读时光"，有那么一回，静寂的室内猛地爆出一阵欢笑，是个胖乎乎的小男孩。看着四面诧异的目光，他搔搔头发，不好意思地抿住了嘴。谁知才隔一会，他的笑声又抑制不住地炸响。什么书有如此的魔力？我来了兴趣，凑过去一看，原来是梅先生的"曹迪民先生的故事"。班上同学的心也都痒痒起来了，干脆，让小胖子每天读上一段吧。于是，那些个日子，"阅读时光"成了名副其实的"欢笑时光"。笑吧，那是真正童年的声音，笑吧，那是真正童年的表情。②

（二）正向—间接型

正向—间接型的影响，主要包括多元互动类型中的第三方或者其他参

---

① 8日儿童阅读专家阿甲谈. http://club. baby. sina. com. cn/viewthread. php？ tid = 1179915&page＝1.

② 《梅子涵其人其文》，《中华读书报》2009 年 1 月 7 日。

与者的正面积极影响。是通过某些中介获得的影响。虽然是间接的或者是潜在的(不在场的)影响,但并不一定是弱影响,有些间接积极影响,由于彼此的取向、阅读趣味的一致,反而会产生强相关,体现为持久稳定的作用力。

　　在新浪亲子阅读圈潜水有大半年了,真是越潜越开心,越离不开。在这里我经常被一个个爱书、爱阅读、重视亲子阅读的小家庭打动着。这里也是我理论与实践学习的阵地……自从《好妈妈胜过好老师》在我心底种下培养孩子阅读能力的种子后,这颗种子在新浪亲子阅读圈找到了肥沃的土壤,一直在疯狂地生长蔓延着。

　　就像一副多米诺骨牌,引起了连锁反应,一连串幸运的事情接踵而来。先是发现了"蓝月亮图书馆",而且就在我们公司对面;然后是发现了"安妮鲜花"的博客,开始思考并实践双语教育;接着是发现了"皮卡书屋",一个英文图书馆……更重要的是,在这里我找到组织一般,发现了那么多爱书、爱阅读的家庭。每次看到他们分享的一本本熟悉的书,就仿佛看到亲人一样亲切。①

(三) 负向—直接型

　　负向—直接型的影响,体现在交往中垂直关系和平行关系中的显在消极影响,如权威控制型的家长、教师等。由于影响者以权威角色自居,在态度倾向上具有专断强制色彩,情感表达上的疏远冷漠,在阅读取向上的灌输、强求,在阅读活动中的干涉、限制、强制、禁止等对少儿产生消极的、反向的影响,如阅读抗阻、阅读排斥等,强影响甚至引发相互间的冲突。如由于权威型重要他人对阅读的控制限定,导致学生亚群体的颠覆性阅读、反向阅读等逆向阅读活动。

(四) 负向—间接型

　　负向—间接型的影响,体现在多元互动类型中的第三方或者其他参与者的负面消极影响,或者是通过某些中介环节对学生阅读产生的影响,其中的重要他人是潜在的、不在场的他者,对学生的阅读活动是以隐在的方式产

---

　　① 《在新浪亲子阅读圈潜水着、感动着》,新浪博客.http://blog.sina.com.cn/s/blog_6f97791d0100qj9g.html.

生反效果或者负诱导作用,如网络中的他者进行的不良阅读诱导和推荐,媒介人利用广告等进行阅读促销活动等,有些负向—间接型的影响虽然是隐在的,却因为持续时间长、重要他人的推介策略得当而获得了较强的影响效力。

第三节 影响力度转移:从长辈群体到同辈群体

重要他人对学生阅读选择的影响,除了影响者之间的关系因素、不同类型、群体之间的差异之外,学生由于不同年龄阶段自身生理、心理成熟程度不同,重要他人对其阅读选择的影响程度也有差异。笔者将这种差异进行了分年级段的考察,分为小学低年级(1—3 年级)、高年级(4—6 年级)和初中段三部分,表现出重要他人从长辈群体到同辈群体的影响变化(家长、教师→同龄人)和影响程度上的差异。长辈群体在学生阅读选择上影响力的减弱,与学生个体自我意识的增强有关,也与长辈群体的态度、方式、媒介人的阅读导向有关。

一、小学低段:长辈群体的阅读框限

在小学一到三年级,由于儿童这一阶段的自我意识尚未完全建立,在价值判断和情感上非常依赖成人,需要家长和老师在学习上、交往上的指导,无论是课内学习的内容还是课外知识的获取,以及学习方法等都非常依赖成人的帮助,因此受成人的影响非常深。表现在课外读物的选择上,许多孩子都是由家长选择购买或借阅,由老师开列阅读书单或者指定阅读材料,进行课外阅读的。

> 学校每个学期都有一个读书节,读书节之前我们会推荐一些书目,推荐一些适合学生需要的书,我们不要求他们必须读哪些,只是要求他们每天阅读一点,家长做一个评价。
>
> (访谈 Y 老师:2010 年 10 月 17 日 上海 A 小学)

问:您会建议他们读哪些? 答:建议低年级读一些故事类的,但我不建议读童话类的,这些童话距离现实生活太远了,经典的可以读,如《百

年百部儿童经典》类的,或者历史题材的,比较传统的。

　　问:但这些书他们是不是也会觉得跟他们的生活不接近,他们也不愿意读啊? 答:我认为这些必须让他们读,应该让他们了解历史是怎样的,如果我不再让他们读的话,他们就会忘记这段历史,尽管说历史教育说起来是比较空的,但我觉得是他们需要的,就要指导他们去读。

　　　　　　　　　　　　　　(访谈 H 老师:2010 年 9 月 25 日　上海 H 小学)

　　家长、教师作为权威管理者,在孩子心目中具有相当的威望,因此在低年级小学生的阅读选择上具有控制性和支配性,拥有决策权和话语权,对孩子的阅读选择进行督导、介入具体的阅读选择过程,成为有力的影响者。如通过制定筛选标准、指定书目、运用权威评价、重复强调、重点阅读方式,进行阅读督导和干预,影响效果显著。从实际影响的比率看,亲和型的重要他人由于建立了融洽的关系,注重共读中的情感交流、比较了解孩子的阅读兴趣和阅读渴望,影响力更显著。

　　我妈妈经常给我买故事书,《少儿百科全书》《十万个为什么》《海洋里的秘密》《小王子》《神奇宝贝》《365 夜故事》,好多吧,她常和我一起读,我觉得有些故事蛮有趣,我挺喜欢看。

　　　　　　　　　　　　　　(访谈 A 学生:2010 年 12 月 11 日　杭州 Y 小学)

二、小学高段:同辈引领的增强

　　在小学四到六年级,儿童的自我意识开始萌芽,自我的兴趣爱好与成人逐步出现差异,而同龄人由于趣味偏好的相近、互动接触的频繁,逐渐显示出对儿童阅读选择的影响力。美国社会学家哈吐鲁(Hartup)认为,在儿童社会化过程中,同龄人之间由于平等和互惠的平行关系,能给儿童提供学习技能和交流经验的机会,对儿童的影响更强烈、更广泛。[①] 从实际调查中发现,在小学高年级儿童的阅读选择中同龄人的影响比率已经超过了成人,与低年级成人主导的状况相比,形成了明显的对比,表明成人的作用相对减弱,同辈群体影响增强的趋势。

---

①　参见侯爱民:《国内儿童同伴关系研究综述》,《山东教育科研》2002 年第 7 期。

表1—5 各类重要他人在学生不同年级的影响度变化

影响者 年级		家长	老师	同学/朋友	排行榜等	总计
小学 1—3年级	频数	81	36	62	22	201
	%	40.2%	17.8%	30.7%	11.3%	100%
小学 4—6年级	频数	90	32	69	35	226
	%	39.9%	14.2%	30.6%	15.3%	100%
初中	频数	70	71	184	77	402
	%	17.4%	17.7%	45.8%	19.1%	100%

同辈群体作用的增强,原因是多方面的,一方面是由于成人在阅读取向、情感态度、引导方式上的问题导致的,①另一方面是儿童自我意识发展、人际交往作用增强引起的。在10—12、13岁的孩子中,由于同伴间人际交往的逐步增多,同龄人之间的交往日益密切,同伴间情感上的相互支持、人际关系上的日益密切,产生从众心理和模仿行为导致的。心理学研究表明,儿童对于自我概念、自我评价以及人格发展都与他者特别是同龄他者的交往、评价密切相关,同伴交往对儿童的学习以及行为方向有直接的强化作用。② 这在阅读选择活动中,表现明显的就是为了获得同龄他者的认同,寻求"同伴接纳"而对"参照群体(个人)"的从众行为和阅读模仿,产生阅读趋同化的现象。

> 最近我们班在疯传的书《笑猫日记》《马小跳系列》,大家都很想看,我买的几本拿去和同学换,就差不多看了全部系列了,哈哈,很过瘾啊……

> (访谈B学生:2011年3月23日 杭州Y小学)

三、初中段:亚文化导引与阅读反抗

初中段的学生,自我意识明显增强,个体选择的主动性和能动性逐渐显露,同辈小群体的影响力进一步加深,这一年龄的学生对于读什么,主要追随

---

① 有关重要他人的取向、情感态度等方面的影响力,在本书第二章、第四章第三节中有详细阐述。

② 参见侯爱民:《国内儿童同伴关系研究综述》,《山东教育科研》2002年第7期。

小群体的偏好,因此亚文化中的流行和时尚读物成为主调,同辈群体的影响力显著增加,而长辈群体中如家长、老师等的影响力进一步减弱。当然,这种减弱并不意味着家长和老师的影响完全消失,而是相对于孩子同龄人的作用力有较明显的下降。这一时期,还有一类不在场的影响者进入了孩子阅读选择的决策领域,他们就是受到孩子崇拜的偶像。

孩子追随亚文化的导引,呈现小群体阅读现象的繁盛,原因也是多方面的。一方面是教育体制中考试导向的压制,家长、教师为了孩子升学有意转向"应考式阅读",对考试的高度关注收缩了孩子广泛阅读的自由空间,引起了孩子的阅读阻抗和阅读排斥。如对中学生的统计显示(2010 年数据),教育部、教师等人推荐的系列书,有八成学生冷淡其中的名著,因为与考试没有直接关系,而网络文学成了学生阅读首选,在当前的课程设置中,也几乎不见"名著导读"之类的课程。①

> 现实中是素质教育喊得高,喊得响,应试教育是抓得实,抓得紧。初三的作业量很大,现在问题是老师留作业,家长也留作业,教辅资料也多,家长就会去买,家长还是考虑孩子的升学,孩子的分数,所以让孩子读的主要是教辅书,学生一般就不会去主动阅读一些我们推荐的课外书。
>
> (访谈 L 老师:2010 年 9 月 25 日　上海 G 中学)

另一方面,这种阅读压制更进一步强化了学生在同龄人中获得的文化认同,使他们更趋向于小群体亚文化的导引,因此当家长与初中生在产生阅读选择冲突时,埋怨代沟的存在,实际上是长辈的阅读控制与学生亚文化共同作用下的结果,体现为一种显在的或者是潜在的阅读反抗,或者颠覆性的阅读。而学生亚文化中对偶像文化的追捧和迷恋,因为偶像的感召产生更多的从众阅读和阅读模仿,也就加深了不在场的偶像型重要他人的影响力。

---

① 《八成中学生冷淡名著》.http://www.chinanews.com/edu/edu-dxxy/news/2010/04-12/2220253.shtml.

第二章　重要他人的本体性分析：
取向、情感与文化

念书给孩子们听，就好像和孩子们手牵手到故事国去旅行，共同分享同一段充满温暖语言的快乐时光。即使经过几十年，我们仍然以自己的方式，将这些宝贵的经验和美好的回忆珍藏在内心深处。

——[日]松居直①

启蒙的观念应该理解为一种总体的精神气质或态度。

——[法]福柯②

在研究重要他人影响力时，重要他人群体之间、个体之间的互动关系是重要的视角，能够反映彼此间的对话关系、控制关系、顺从关系及冲突关系对学生个体阅读选择的影响力，分析主体间的动态性形成的影响方向、力度、深度等。但除了主体间交往关系的影响，还有一个维度也是容易被忽略的侧面，就是影响者本身的情感、态度、价值观等因素的作用，个体的选择行为是如何受制于这些他者"人为存在"因素的影响，被潜在地建构、潜在地逐渐默化成个体自身的选择倾向性的？因此，回归主体本身，从重要他人自己的态度、情感、价值观、信念等方面的分析，能够更全面地了解他者本体性因素对学生的作用力。这些潜在的或者显在的倾向性如何更深入和细致地介入到个体的阅读场景中去，完成他者启蒙的过程？

本章从重要他人各群体不同的取向差异、取向之间的耦合和冲突，以及影

---

① [日]松居直：《幸福的种子》，刘涤昭译，明天出版社2007年版，序，第67页。

② [法]福柯：《什么是启蒙》，汪晖译，陈燕谷编写：《文化与公共性》，生活·读书·新知三联书店2005年版，第441页。

响者的积极情感、消极情感的影响作用,个体以及群体的文化偏好、偏好的代际传递强度、传递差异等方面,做了相应的考量,分析可能存在于重要他人本体的影响因子。

第一节　谁之取向? 取向的耦合与冲突

> 心里有阳光的人,才能给别人阳光,如安妮。心里有阳光的人,在我看来也是有力量的人,这种人永远可以掌握自己的命运。
> ——安武林(新浪博客:《读〈绿山墙的安妮〉》)①

学生选择课外读物,从选择行为本身来说,就是一种价值判断,体现的是"什么是值得阅读的、最重要的、值得追求的"? 因此个体的价值倾向性就直接决定了自己可能的阅读品味和心灵成长方向。但中小学生个体的价值取向形成,是否受到了他者的影响? 如果产生作用,是否他者的取向在一定程度上改变或者取代了学生个体的价值判断和价值倾向? 或者只是部分影响?

关于重要他人对个体价值观的影响,米德(Mead G.H.)曾有过相关论述:"作为社会的自我,他通过语言过程使自己采取他人的态度,在这个意义上他成了他人,而他人的价值观成为他自己的价值观;自我扮演了泛化他人的角色。在这个意义上,他的价值观即该社会过程本身的价值观。"②米德"泛化他人"的论述表明了重要他人对个体价值取向的覆盖式影响,当个体因为互动频繁或者权威作用时,会逐渐内化影响者的价值倾向和观念,形成与他者一致并同步的价值取向。这种取向趋同的现象,在学生的阅读选择中也体现得非常明显。作为影响阅读选择的核心理念,重要他人的价值偏向对孩子阅读产生方向性的标定,重要他者具有的限制性选择标准和隐在的选择偏好,决定着阅读活动的整体走向和阅读期待目标的直接达成。因此,当我们关注影响孩子阅读选择的因素时,重要他人的价值标准和选择指向性,显在的或者隐在的态度、立场和标准限定,是极为重要的分析点。

---

① 《心里有阳光》安武林,新浪博客.http://blog.sina.com.cn/s/blog_487dd62f0100qgzd.html.
② [美]乔治·H.米德:《心灵、自我与社会》,上海世纪出版集团 2005 年版,第 20 页。

从课外阅读本身的特性来看,课外阅读与课程不同,课程作为社会控制的主要工具,体现和反映的是主流意识形态的价值取向,国家认可的法定价值标准,而课外阅读处于学校教育与社会教育相连接的中介点,必然受到多方群体互动的影响,既表现出各方价值倾向上的耦合,也包含相互间的冲突。因此由于重要他人群体或者个体本身复杂的主体性因素,无论群体间还是个体间,个体自身在不同时段、不同情境下都会出现取向的差异和变化,价值倾向呈现出多元性和变动性的特点。

一、谁之取向? 何种取向?

价值取向,是指"主体在价值选择和决策过程中的一定的倾向性"①。也有学者认为,价值取向是主体在价值选择中具有的行为趋向:"主体按照当前的认识水平,以一定的客观价值标准为依据,在价值实践过程中表现出的心理倾向与行为趋向。"②作为主体价值选择的前提和关键依据,价值取向决定着主体的选择方向和选择标准,是主体进行价值判断的根基和决策控制核心点,主体具有怎样的价值倾向性,就会有怎样的选择意向和相应的选择行为。在中小学生的课外阅读选择过程中,学生个体的价值倾向不仅仅是个体自身价值判断的结果,而往往还受到来自他者的价值判断影响,这些影响部分是显在的,部分则是隐含的。但无论是显在还是潜在的价值倾向,都体现了社会不同群体对学生的价值观念、价值趋向的关注和导引,使学生的价值倾向更符合自己群体本身的价值评价和认同,通过自己"价值赋予"的启蒙活动,促使学生接收和吸纳该群体的主导价值标准。

不同群体的取向,由于群体自身在社会中的结构性定位,具有不同的价值倾向性,呈现出各自的选择方向。如官方群体,更多为实现社会控制而具有的集体本位取向,媒介群体因为媒介集团利益而具有的商业化取向;在各个群体内部,不同的亚群体中,或者个体之间也存在着价值取向上的差异,表现为一定的取向矛盾,如成人取向和儿童取向之间的矛盾,工具取向和人文取向之间的张力,等等。不论是官方群体、家长群体,还是教师群体、媒介人群体,都存

---

① 李德顺:《价值学大辞典》,中国人民大学出版社 1995 年版,第 286 页。
② 王德如:《课程文化自觉的价值取向》,《教育研究》2006 年第 12 期。

在着这些矛盾,如家长群体中,就表现在家长在孩子心灵成长需要和实际发展方向上的摇摆;在出版人群体中,表现的就是少儿内在的阅读需要与市场利益需要之间的困惑;体现在教师群体上,就是关注儿童长远发展还是关注当前考试导向? 这些取向上的矛盾始终纠缠,是构成阅读选择现实世界中代际冲突、师生冲突以及媒体与受众冲突的本源。

(一) 官方取向:集体本位、阶层复制

谁是"合法读物"的规制者? 在学校的教学内容选择上,首先体现的就是官方的主流价值取向,核心政治人物(群体)的文化倾向和价值判断。劳顿认为,"教育不可能与价值无涉,不同的价值系统或思想会产生不同的课程"。[1]课程的最终呈现结果,是社会优势群体政治权力和文化权力共同作用的产物,课程标准的判定,首先和最核心的就是价值倾向问题。这种课程上的政治规约,进一步延伸到学生的课外阅读中,课外阅读中学生也不可能享有完全的自主筛选权,正如课程内容的选择背后是社会文化权力与政治权力作用的结果一样,儿童启蒙读物的筛选同样渗透着社会文化主控制者以及政治权力者的辖制,并在媒介权力的介入的过程中,呈现出一幅更为复杂的筛选过程。哪些推荐并出版? 哪些被屏蔽剔除? 淡化? 修改? 因而虽然是课外读物,依然镌刻着正规知识与法定知识界定下的选择阈限,镌刻着当时情境下知识选择的主流价值取向。读物被推荐、允许流传与否,是与特定社会群体的利益以及价值标准、文化偏好相一致的。从这一点上分析,看似繁荣热闹的童书市场,在其生成过程中已经被依据一定选择标准规制过了,体现的是主流文化的特性和知识呈现序列,并不是标识中的"大众文化",而是"法定文化"的"普世"标准。

从筛选的具体倾向标准来看,政治核心人物首先将"集体本位"思想经过长期灌输成为大众的集体潜意识,使这种群体性思想渗透在社会生活的方方面面里,因此当社会优势群体在筛选哪些内容进入学生课外读物的范围时,自然也首要体现的是这种传统文化沉淀下来的"社会本位"旨趣,传递"社会标准第一"的取向,遮蔽对个体自主意识的内容。"统治阶级使民众心甘情愿地遵循由统治者钦定的道德观念、价值体系、认同统治者的审美趣味、行为规则

---

① Danenis Lawton. Curriculum Studies Planning .Hodder and Stoughton. 1983. 2.

和思维习惯,认可现存的政治和社会秩序,从而自愿地服从国家的控制和管理。"①这种选择倾向,经过课外书传递给学生,就会对学生的思维方式、阅读趣味和精神内核产生直接作用力。由于"集体本位"取向本身具有双重属性,从积极意义上说能够助化学生的社会责任感和帮扶他者的伦理情怀,从消极意义上看也有可能成为政治权力的思想控制工具,强化"法定文化"的权威性。因此这种取向的影响力,需要具体情境的分析。

从政治核心人物的文化价值偏好来看,在筛选中强化主流文化的趣味和阅读偏好,也就相应地削弱了其他阶层的亚文化传承,因此实际体现的是阶层本位的价值取向,造成在文化资本运行中的阶层复制。如在课外阅读中强调和体现中产阶级的文化趣味和格调品味,完成文化选择过程中的阶层再生产,实现最终的阶层再制。

(二) 家长取向:亲情分享还是实用阅读?

家长作为家庭的权威型重要他人,常常会由于身份角色的原因直接或者间接参与或者干涉孩子的阅读活动,无论是控制性的还是引导性的介入,家长的价值倾向性会对孩子产生重要的影响。家长与孩子在长期的亲子互动过程中,一种情况是家长能够在融洽的亲子关系中通过心灵分享式阅读,逐渐将自己的价值倾向潜移默化为孩子的阅读偏好;另一种情况是,由于家长的功利取向,在对孩子的"过度启蒙"中,孩子排斥家长的阅读观念,转向认同其他人(如同龄人)的阅读偏好,形成取向背离下的"反向阅读"。但无论家长的取向产生的正影响力还是负影响力,都会因为双方在家庭中的情感联结、密切接触和频繁互动,对孩子的心灵成长和文化品位构成直接而深远的作用力。

家长自身的取向常常体现出两种不同的倾向性。当家长倾向于人文性的阅读、儿童本位的阅读时,选择的书籍就会考虑孩子的快乐、心灵成长、情感情绪和品行等方面的内容,关注孩子精神生活的需要、个性发展的需要以及家庭亲情的体验,并以自己的阅读感受,与孩子的共读分享实现取向的认同和渗透。这种关注儿童本身的倾向,会因为孩子与家长的亲情快乐共读体验产生取向上的逐步一致,形成比较明显的阅读认同。如日本阅读专家松居直所说:

① 黄忠敬:《知识·权力·控制》,复旦大学出版社 2003 年版,第 135 页。

念书给孩子们听,就好像和孩子们手牵手到故事国去旅行,共同分享同一段充满温暖语言的快乐时光。即使经过几十年,我们仍然以自己的方式,将这些宝贵的经验和美好的回忆珍藏在内心深处。

父亲每天晚上念图画书给他听,是多么快乐的事! 这个父亲对孩子一定有很大的影响。我相信这个孩子一生都不会忘记念图画书给自己听的父亲,以及父亲那双温暖的大手。我深信图画书在这种温暖的人际关系中才能发挥力量。①

而当家长在社会文化浮躁的氛围中,面对社会竞争加剧的状况时,家长对社会竞争的压力和忧虑就常常体现在教育上,产生的是功利导向和工具主义的阅读观。在应试主导一切的前提下,多数家长就是以"不能输在起跑线上"为名,对孩子进行"过度启蒙"。这种所谓的"启蒙",从孩子幼年开始,就有名目繁多的识字、算术、唐诗、外语、舞蹈、乐器、绘画等,到了中小学,更有诸多培训班排着队,这些严重挤占了孩子的自由阅读空间,灌输式的培训使很多孩子很早就失去了学习的兴趣,自我探究的乐趣。另一方面,是由于家长的高教育期望值,体现在阅读选择上就是明显的工具取向。在国内优质教育资源缺乏的条件下,家长为了孩子的考试分数不得不制定"应试阅读"体系,这一体系就是教辅资料系列,用无数教辅书覆盖了孩子的课外书。这一强制的教辅阅读,偏离了儿童内在需要的工具阅读取向,使孩子根本就产生不了阅读兴趣,导致家长与孩子之间的关系紧张。从家长本身来说,家长面对社会竞争压力表现出教育的焦虑,常常会在功利阅读与人文阅读之间摇摆,一方面希望孩子读一些促进综合发展的优质图书,另一方面又迫于教育竞争的严酷,不断逼迫孩子阅读教辅书、参加各种培训班考级班,造成许多孩子的阅读排斥,甚至是反向阅读。

表2—1　家长在孩子课外阅读选择上的取向

比值＼类型	教辅书	文学经典	科普书	报纸杂志	其他	总计
频数	317	196	131	147	35	826
百分比	38.4%	33.7%	5.8%	17.8%	4.3%	100%

---

① [日]松居直:《幸福的种子》,刘涤昭译,明天出版社2007年版,序,第67页。

　　我妈妈给我买的书,《少年百科全书》我还爱看,可还有好多作文书、同步训练之类的,很没意思,我还是自己攒钱买漫画、魔幻书悄悄看,不能让她知道的……

(访谈 Z 学生:2011 年 5 月 2 日　杭州 Y 小学)

(三) 教师取向:知识控制还是诗意生存?

　　教师取向对学生阅读选择的影响,包括两个维度,一是教师个体的价值取向与社会价值取向之间的契合与矛盾,二是教师自身多重角色本身包含的不同取向间的冲突。在学校情境中,教师是将教学过程看作权威管理还是合作学习? 是知识控制还是成长式学习? 在具体教学过程中,教师的态度、倾向和观念作为一种"潜课程",渗透在教学环节的方方面面,影响到教学本身的效果和学生的发展趋向。如日本学者佐藤学认为,教师的实践性知识更多是作为隐性知识来起作用的,教师的决策行为中无意识的思考和暗含知识、信念发挥着巨大的作用。[①] 教师具有怎样的学生观、课程观、评价观,就会有怎样的阅读观,教师有怎样的自我角色定位,就会有怎样的师生关系和课外督导模式。因此,教师的取向是影响学生阅读选择的一个关键点。如不同教师的不同教学观,就会产生截然不同的阅读影响力。权威—控制型的教师往往会将自己定位在教学管理者的位置层次,认定自己是知识权威、教学过程的控制者,以法定知识的代言人形象出现,自己的权威就是社会的权威,学校管理的权威,是教学中的主控者,学生是被管理的对象。但这种管理意识侵入到教学具体环节,就会出现"管理式教学",以支配、干涉、强制等硬性方式处理教学过程。教学过程就变成了管理演练过程,教师展现出外在的权威,设定全部的阅读范围,指定阅读书目、指定课外阅读参考书、指定阅读段落、必须写读后感等。阅读目标也就等同于课程拓展的目标,如指定学习参考书、同步阅读材料等。并通过自己对某些书的权威评价,表达自己的趣味、态度,潜在地影响学生的阅读方向和兴趣。而当教师将课外阅读看成是师生共同的知识分享、共同体验的过程时,阅读选择就不会只局限在教辅上,导向心灵阅读和情趣化的阅读,关注点是学生的心灵成长,书籍怡情养性的内在作用,通过文字促动人际间的沟通、承载情感交流、趣味导向、审美培育等方面。如教师推荐《绿山

[①]　[日]左藤学:《课程与教师》,钟启泉译,教育科学出版社 2003 年版,第 228—229 页。

墙的安妮》,就是认为这部成长小说能够导引孩子具有阳光、快乐、坚韧等美好个性:

> 世界经典的儿童文学作品,是无法比较优劣的,只能说风格不同,就看读者的审美趣味了。但在我看来,《绿山墙的安妮》是一本很阳光的小说,读后让人莫名感动,莫名兴奋。我虽然不是一个实用主义者,但在对作品的判断和选择上,我还是喜欢用价值二字对作品进行评判的。也就是说,这一本书,能给读者带来什么。我尤其喜欢那些阳光的、能给人激励的、能给人力量的、鼓励人积极向上的经典文学作品。

> 《绿山墙的安妮》中的安妮,唠唠叨叨的性格让人非常难以忘记。她虽然是个孤儿,但她善良,喜欢想象,向往美好和浪漫。我非常愿意承认,心里有阳光的人,才能给别人阳光,如安妮。心里有阳光的人,在我看来也是有力量的人,这种人永远可以掌握自己的命运。①

从教师本体的价值取向分析,教师自身的多重角色本身就具有多重价值取向,这些取向之间部分是相容的,部分则是充满了矛盾和对立,形成教师内在的取向冲突。教师既是法定知识传递的执行者、社会标准的代言人,又是学生心灵成长的育人者,当法定知识传递落脚在应试体制上,教师作为具体执行人操作者,就不得不顺从现行教育体制的规约,将考试目标定为课程目标乃至课外阅读的标准,对学生进行知识训导和阅读限制。但许多教师的培养责任感、教育自觉意识又使他们不断体验到"规训式教学"、"圈定阅读"对学生心灵成长的危害,产生教学实践中的困惑和态度摇摆。

这种困惑本质上是社会价值取向的冲突,即工具取向与人文取向冲突在学校情境中的具体展现。工具取向将课内与课外阅读割裂,阅读成为语言学习手段、应考的知识点,而人文的取向则关注课内阅读与课外阅读的贯通,重视的是蕴含在文字中的审美情趣、性情陶冶以及文化传承等内在价值。它关注的不是作为生存性知识的单向传递,而是"作为一种培育意义上的文化,它尤其关注灵魂、精神与意义,强调对学生的陶冶、解放与生成。它不仅将个体视为文化的建构者,而且着力培养其文化建构的意识与能力",②是期待通过

---

①　《心里有阳光》,安武林,新浪博客.http://blog.sina.com.cn/s/blog_487dd62f0100qgzd.html.

②　郝德永:《走向文化批判与生成的建构性课程文化观》,《教育研究》2001 年第 6 期。

阅读来吸纳、理解和建构学生内在的文化气质和精神自在自为的能力,这与工具取向的"实用性阅读"是截然不同的。而在当前教育转型中,这两种取向之间的矛盾与冲突体现的更为突出。当教师为了获得相应的教学评价,让渡人文精神而将考试成绩放在首位时,就会对学生的阅读选择产生负面的影响,出现显在或者潜在的阅读抵制。

(四) 媒介人取向:阅读启蒙还是娱乐儿童?

20 世纪 90 年代后期,随着现代传媒的普及和网络高密度的覆盖率,媒介以前所未有的速度和广度进入了社会各个领域,媒介人的影响力日益增强,在中小学生的阅读来源中,媒体的影响已经明显上升,具有了较强的影响力。如本次调查了解到的学生网络阅读状况,参见表 2—2:

表 2—2 网络阅读对学生的影响

经常上网读书吗?						
	经常	偶尔	不读	没时间	其他	总计
频数	207	434	112	52	19	824
百分比	25.1%	52.6%	13.6%	6.3%	2.4%	100%

数据表明,学生在网络上的阅读已经达到了 77.7%(A 经常在线阅读+B 偶尔在线阅读的合计数),媒介人对学生的阅读影响力日渐提升。在引入市场机制的作用下,媒介人如出版商、编辑等本身的取向走向多元,群体之间、个体自身不断呈现出取向的差异和矛盾,徘徊在人文与商业利益之间,展现出复杂的传播心态。部分媒介人选择童书商业化、利益导向、文化工业制造的少儿启蒙方向,传递"文化就是商品"、"娱乐就是启蒙"的价值判断,其中渗透着实用色彩、娱乐消费的浅阅读、快乐阅读意识,追求的是文化商品价值和利益的短期效应。麦克·扬(Michael F.D.Young)认为,"知识的官僚主义,技术性的意识形态,服从的是'工业的需要'"[1]这样商业运作的导向,也就衍生出系列作品如"魔幻文学"、"青春文学"、动漫阅读等符合娱乐的"酷炫"产品,在不

---

① 麦克·F.D.扬:《知识与控制》,谢维和、朱旭东译,华东师范大学出版社 2002 年版,第102 页。

断系列化、时尚化的运作、包装中渗透给孩子"可消费性的阅读"观念。据中国少年儿童新闻出版总社的统计显示,有三分之一的中小学生家长、近四分之一的老师不允许孩子读"闲书"(课外书),原因之一是目前儿童读物内容充斥妖魔鬼怪、恐怖暴力,既误导儿童行为、危害儿童心理健康,又影响正课学习。① 这里需要说明的是,读物本身应该具有快乐元素并没有错,孩子的天性需要有趣幽默探险的作品,但愉悦的内容并不等于过度"媚儿童"的文字制造。我们看到,部分出版商实际上是以"儿童的兴趣就是一切"为遮掩,实现的却是丰厚的商业利润和精美包装下的文化贫弱。儿童文学作家秦文君认为,"孩子们对一个作品感兴趣的时候,首先是认为它有趣。但笑声过后,必须留下东西才有意义"。作家张之路也表达了同样的观点,"让孩子哭也好,笑也好,都不是儿童文学的最高境界。当一个孩子看了你的书,思考了一会儿,体会了一些人生的况味,这才是最理想的"。② 因此,在快乐之中传递怎样的文化内涵和思考价值,是值得深思的。

在消费主义的取向下,除了"媚儿童"的取悦读物外,部分媒介人以更为酷炫的"造神"运动,实现阅读的娱乐化工程。部分少年作家、偶像派作家就是媒体热捧出来的典范,如青春派作家郭敬明:

郭敬明是一个什么样的人? 在以自己为原型的小说《夏至未至》中,郭敬明将自己描写成了一个帅气、温柔、"眼睛里弥漫着经年不散的雾气"的男孩。他有着白皙的皮肤,在参加湖南卫视的电视节目时,坦言自己洗脸有十个步骤。在如此精心的营造下,香港导演王家卫也称郭敬明为"日本漫画中走出来的美少男";郭敬明的粉丝狂热地说:"小四,我们永远和你在一起。"③

那么这些制造型偶像,具有怎样的取向呢?

郭敬明说:"比如说看小说,我就想他为什么会红,这个选题,我们公司可不可以操作;看电影的时候,我会去捕捉刺激大众的点是什么? 能不能复制,可不可以用杂志的方式去呈现?"④

---

① 中国逾三成家长不许孩子读闲书.http://news.sohu.com/20100309/n270671551.shtml.

② 陈香:《儿童文学:要"艺术",还是要"大众"?》,《中华读书报》2009 年 5 月 13 日。

③ 《南方周末》,《80 后偶像作家的商业路径》.http://www.infzm.com/content/32346.

④ 《南方周末》,《80 后偶像作家的商业路径》.http://www.infzm.com/content/32346.

这种取向,来自于他的多重角色,不仅是作家,还是主编、董事长、艺人、出版社副社长等,集作家与文化商人为一体的偶像,取向自然是复杂多元的,而浸透在商业运作中的价值判断,更是影响了诸多的粉丝,实现着对年少受众的无意识熏陶,他们的取向日渐渗透进崇拜者的思想意识。如七堇年对郭敬明的评价:"是个了不起的人,他不仅自己能出来,还能带出其他新人,共同支撑80后的文学市场。"①可见,对偶像的欣赏不是针对偶像作品的艺术性和文化内涵,而是崇拜偶像对作品商业化的运作能力。

虽然在商业文化的侵蚀中,为了实现市场竞争的成功,一些出版者呈现出取向上的偏离,但依然有不少媒介人对文化的坚守,对少儿阅读内在品格的关注。这种推荐表达出对阅读高度和深度上的认同,引导着孩子的文化塑成,滋养他们的精神世界。如出版人对梅子涵作品的推荐:体现出的诗意,一种精神的沐浴与享受:

> 他是一个在黄昏来到孩子窗边的点灯人。
>
> 用文学点亮灯柱,
>
> 于是窗外的路上亮了,
>
> 孩子和父母的生活里有文学了。
>
> 他讲着的时候,很多的人欢喜了,又落泪了,
>
> 他也落泪了,他喜欢,大家称他是一个诗意的演说家,
>
> 平凡的一天,小小的一朵花,一杯清茶,一个陌生人,甚至仅仅是一道光影,一缕甜香,一抹遥远的往事,敏感的他都会留意到并赋予其别样意义,神思由此飞荡起来,于是那红尘烟火里的琐碎生活,也平添了斑斓的色彩,成为一篇童话。
>
> 他会在讲台上,模仿童话书中小熊走路的样子,头扬着,手臂前后摆动,嘴巴里还配合自己的动作,发出"咔、咔、咔、咔"的声音。
>
> 他这样写着:"有些东西会在以后的日子慢慢记起。感谢这样一个下午。感谢所有的目光所有的笑脸。感谢童话。"大家低头读信,体味着先生回赠的诗意。写作这样作品的人,一定有颗活泼泼的心;阅读这样作

---

① 《南方周末》,《80后偶像作家的商业路径》,http://www.infzm.com/content/32346.

品的人,活泼泼的心一定也会属于他。①

又如钱理群在《新语文读本》中的人文性导读:

《精神明亮的人》:或许更值得注意的,是作者提出的"精神明亮"的概念,这是全文的点睛之笔。有诗人说:"为了看看阳光,我来到世上。"人无论生活在怎样阴暗的环境里,总应该追求"明亮"的"精神"生活,如一位作者所说:"体验阳光,体验美,体验幸福,体验纯净,体验温馨,体验柔情,体验思念和怀想,这样的精神生活,这样的心理空间,实在太有魅力。"一个"健康"的人,他既正视并且敢于反抗现实的黑暗,但他更是能够"充分体验阳光的明朗和温暖的人",这就是"精神明亮的人"。请认真琢磨,并和你的朋友一起讨论。②

二、介入中的张力:取向的耦合与冲突

在重要他人对少儿的阅读取向影响中,不仅仅是各个群体内部呈现出取向上的差异,对孩子的阅读产生正影响或者是负影响;还有因为取向差异过大而进一步导致的激烈对立与冲突。如重要他人个体自身的取向就常常会因为不同角色扮演中的取向落差过大导致的内在心理冲突,群体之间由于各自的权利或小群体利益而与其他群体产生对抗性冲突。如官方决策者与民间实验者之间、教师与学生之间,以及媒体与阅读推广者之间、家长与教师之间等主体间的冲突,还有家长自身、教师以及媒介人等自身的内在冲突等。这些冲突实际体现的就是各群体或个人在价值取向上的摇摆或对立,要社会价值还是个人价值?要人文性还是工具性?要成人标准还是儿童标准?

(一)官方与民间的取向张力

官方作为阅读文化的主控者和规制者,在阅读取向上不仅表现为"集体本位"、核心阶层的价值判断和趣味倾向,还在取向的持续时长上表现出保守性和一定的稳定性,这种稳定性有利于维持文化的传承,但并不一定有助于创新和变革。而民间小群体③则因为有研究推广的自主和兴趣,会有多种的尝

---

① 《梅子涵其人其文》,《中华读书报》2009 年 1 月 7 日。

② 钱理群:《语文教育新论》,华东师范大学出版社 2010 年版,第 240 页。

③ 民间群体是指不在官方体系中的自发阅读推广人、童书评论人等。

试和变革的意向,在较少束缚的条件下产生灵动火花,形成一定的创新成果。如《新语文读本》中对童书《小飞侠彼得·潘》的导读,就很注重引起孩子的阅读兴趣:

> 本文选的是小说的第三章。一开头就很有意思:"温迪的灯眨了一下眼睛,打了一个大大的哈欠,惹得那两盏灯也打起哈欠来。嘴还没有来得及闭上,三盏灯都熄灭了。"而这一章的结尾,屋里却突然"灯火通明","窗帘上映出三个穿睡衣的小身影,绕着房间转圈儿",而且"不是在地上,而是在半空中",而且"不是三个身影,是四个"。在这灯灭和灯火通明之间,这间育儿室里,发生了什么稀奇古怪的事? 请用自己的语言讲给你的弟弟妹妹或小朋友听。①

但这种创新经常也会遭遇到反对。

> 他和我当时大概都没有想到,我们正要为这"打破垄断"的努力付出代价。我们却没有意识到,这会触犯一些人的既得利益,而引起强烈的反弹。倒是一位中学语文界的朋友来信提醒:"既得利益者力求维持现状,而超前思维要冒风险。"果然有人打电话质问:"你不是中学语文界的人,你有什么资格来谈论中学语文?"这就意味着,我们所遭遇的,不是我们所期待的正常的学术争论和批评,而是由于触犯既得利益而引发的非学术的权力干预。于是终于发生主编与部分编委不能在《新语文读本》上署名的事件。可以说,《新语文读本》是顶着巨大的压力,冒着风险"出世"的。②

民间力量的聚合,实际表达的是对语文教育多元化的期待和探求,是对阅读从合法性向合理性的尝试纠偏,体现的是民间对少儿启蒙的热情和对多元路径的探索,必然会存在与官方取向不一致的地方,一种价值偏离或者超越的可能,都会引动一定的价值冲突。但无论怎样的不合体规,部分民间小群体在阅读启蒙上的价值导向和文化自觉,还是受到了家长和学生的认同,产生了相应的影响力。

(二) 价值困境:多重标准冲突

重要他人的价值困境,多表现在对价值取向上的矛盾冲突,如是人文取向

---

① 钱理群:《语文教育新论》,华东师范大学出版社 2010 年版,第 209 页。
② 钱理群:《语文教育新论》,华东师范大学出版社 2010 年版,第 189 页。

还是工具取向? 是成人本位还是儿童本位? 是知识取向还是生活取向? 具体
体现在家长群体中,就是家长的实用阅读取向与孩子兴趣取向的冲突,在教师
群体中,是儿童发展取向与考试取向的冲突,体现在出版者群体中,是童书人
文性与市场利益需要间的冲突。这些取向映射在群体或个体间的关系上,就
呈现为阅读选择中的代际冲突(如师生冲突、亲子冲突)、媒介人与媒介人之
间的冲突。如钱理群在《新语文读本》中谈到的民间阅读推广者与出版商之
间的取向冲突:

> 当《新语文读本》通过市场推向社会以后,它的命运就不是我们自己
> 所能掌握的了。它既能使我们的读本通过商业的运作成为社会的公共读
> 物,又会对我们的理想追求形成制约,以致伤害。比如,销售的需求经常
> 会和我们的某些理念发生冲突,从而形成压力,如何在二者之间取得平
> 衡,就是我们必须面对的问题。而由于市场竞争的无序性,一些人或出版
> 社,根本不关心《读本》的基本精神,完全出于商业目的的模仿、搬用,是
> 另一种形式的伤害。而我们对此同样也几乎完全无能为力。①

民间阅读推广者期待通过发行新的启蒙读物,来倡导阅读的人文价值、提
升作品的文化内涵和拓展少儿阅读视野,但出版商市场取向的结果,主要是利
润驱动,或者是强调销售的"量化",或者是诸多出版商瞄准畅销的迹象,不断
制造仿版、摹写的作品,造成阅读市场的同质化阅读、雷同书泛滥,这种出版理
念上的差异与对立,常常形成童书市场的紊乱无序,直接影响少儿和家长的
选择。

而在诸多重要他人群体取向的冲突中,家长与孩子的冲突是比较明显的,
如家长在育儿理念中的双重标准,代际文化差异等形成的阅读"代沟"(gener-
ation gap)现象。② 一方面家长希望人文性的阅读为孩子的精神成长提供良好
的滋养,但另一方面,家长面对孩子的升学压力不断强化实用性阅读要求时,
就会产生代际冲突。

具体到家长的不同类型特点分析,权威—专制型家长相比较亲和型的家
长,容易与孩子产生冲突,冲突也比较激烈,主要表现在家长的实用取向与孩

---

① 钱理群:《语文教育新论》,华东师范大学出版社 2009 年版,第 191 页。

② 代沟通常指代际差异、代际隔阂,也有翻译为代际冲突的。

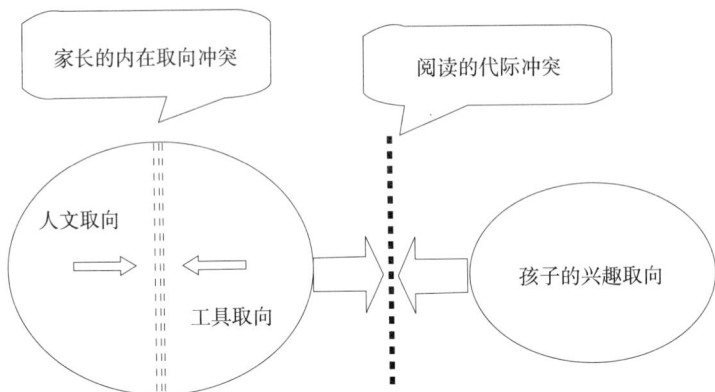

图 2—1　重要他人的取向冲突

子的兴趣取向上的尖锐对立。这类家长在教养观念上倾向于专制,对孩子严加管束并过度控制,不重视孩子的情感、意见和态度,而由于当前升学体制的压力,专制的家长为了孩子的升学更是直接介入孩子的阅读领地,封杀家长认为的"闲书",这与孩子的兴趣形成了极大的反差,因此也就冲突不断。

> 老师说儿子的作文差,我就去买了几本《好词好句好段》、《小学生优秀作文》之类的书给他看,为了让儿子写好作文啊。也买过《十万个为什么》《西游记》。可买了他动也没动,说没意思。……我发现他看的是什么玄幻盗墓小说,我不让他看,他就跟我吵起来了,几天都不理我。
>
> （访谈 Y 家长:2010 年 8 月 23 日　杭州）

> 一位妈妈带着孩子到书店,孩子拿起《冒险小虎队》看得津津有味,妈妈夺过去说:"要看点有用的书,这些乱七八糟的不要看! 我刚给你找了几本作文书……"孩子生气说:"那你自己看去吧!"就从书店跑出去了。
>
> （观察记录:2010 年 11 月 1 日　杭州 F 书店）

阅读选择的"代沟"现象也体现出不同时代文化观的矛盾。周怡在《代沟现象的社会学研究》中认为:"所谓代沟是指由于时代和环境条件的急剧变化、基本社会化的进程发生中断或模式发生转型,而导致不同代之间在社会的拥有方面以及价值观念、行为取向的选择方面所出现的差异、隔阂及冲突的社会现象。"[①]在当代社会转型中,随着"新媒体"对生活世界的全面入侵,"e 时

---

① 周怡:《代沟现象的社会学研究》,《社会学研究》1994 年第 4 期。

代、飘一代"的孩子在观念取向与上辈人有巨大的差异,如孩子的阅读兴趣常常会从纸质的文字型的转向电子的、多媒体的(电视、网络等),出现"视听"阅读的倾向,但家长不认同这种阅读方式,就会产生冲突。有些家长不注意引导,认为凡是网络上的、电视上的少儿内容都是没有阅读价值的,而孩子却喜欢这些图像阅读、网络阅读、动漫阅读,家长如果进行强制和干涉就会造成亲子矛盾加剧,代际隔阂加深、形成阅读上的"代沟"冲突。玛格丽特·米德在《文化与承诺:一项有关代沟文化的研究》中对代沟的研究,也指出了代际互动、同辈互动中的文化介入特点,如前喻文化、并喻文化和后喻文化,而在少儿阅读选择互动中,后喻文化由于文化的倒置介入,观念上的巨大差异,更容易造成一定程度上的代际冲突,因为长辈群体在文化观念的更新和吸纳上,并不像同辈群体那样容易具有文化认同。表现在阅读问题上,孩子"反哺"给家长的穿越小说、魔幻书籍,或者是网络阅读、手机阅读等,许多家长常常持反对态度。

(三) 均衡阅读还是兴趣导向?

在学界以及教育实践活动中,一直有两种不同阅读取向的争论,是对孩子进行均衡化的阅读培养,还是依据兴趣实现个性化阅读? 一些儿童阅读推广者将童书分为四类:玩着看的书(比如幽默漫画、卡通漫画、故事书等)、学着看的书(比如科普图书、教学辅导图书、外语书等)、想着看的书(比如经典名著、寓言故事、人物传记等)、赏着看的书(比如图册、画报、诗集等)①其中这些"玩着看的书"、"赏着看的书"属于兴趣类,就常常与"学着看的书"、"想着看的书"产生冲突,呈现两类书不同取向之间的矛盾。

> 家长苦恼的不是我们给孩子推荐了多少书,苦恼的是推荐了那么多有价值的书(指名著等),孩子没看。"我们每天也让他看的,他为什么不看? 为这也常常跟孩子急!"我就建议家长让孩子自己挑一两次,他们阅读的兴趣会高一些。就选一本,哪怕这本书是没有文学的含量啊,但会有兴趣。

> (访谈 L 教师:2010 年 10 月 17 日　上海)

---

① 　参见《我的"阅读食谱"》,新浪博客.http://blog.sina.com.cn/s/blog_4953fadb0100q4ey.html.

这些年,因为职业的关系,常常会收到很多的童书,大都是幽默的,搞笑的,嘻嘻哈哈的,我女儿看了,会读个不亦乐乎,一边读一边会大笑起来,一开始我很犹豫,不知道要不要把她手中的书拿开。因为她读的时候是快乐的,我拿开,是不是等于剥夺了她的快乐?

不过有时我还是会给她拿开。我会拿一些经典性的作品让她读,也许她读这些的时候,无法一目十行,无法立刻就刺激到她的笑神经。不过,我必须让她明白,童年的阅读是要有比例的,经典的阅读必须在整个的阅读计划中占到一个相当的比例,等她长大了,她的精神才不会缺"钙"。①

均衡阅读取向会从学生的发展需要出发,综合多种类型的读物,考虑推荐的关注点是读物的文化内涵和阅读品味层次,希望通过多类型、多风格的阅读,提升孩子的全面阅读素养如科学素养、人文素养等。应该说,均衡阅读是阅读教育追求的理想目标,教师和家长也常常采用多种方法和策略来实现阅读上的综合性。但在实际阅读活动中,阅读是否达到了家长教师期望的均衡状态?从本研究的实地调查中发现,学生容易受到小群体阅读风潮的影响,形成一定的个体阅读倾向性或小群体阅读模仿现象,呈现出实际中的阅读偏离。有些阅读偏离会明显表现出偏科现象,如某些学生偏好文学、历史;有些学生偏好科学。

孩子的阅读偏向,在一定程度上限制了他们的阅读范围。比如说孩子喜欢看科学类的书,他就常常会一直去看这一类的,对其他类的不感兴趣。像女孩子,喜欢看童话,就一直看这类的。一方面是因为孩子的年龄,另一方面是因为引导不够,家长、老师没有及时去纠正他的这种偏向。家长很重视,但可能重视的是将来应用的,考试类的。

(访谈 Y 老师:2010 年 10 月 9 日   上海 D 小学)

小学低年级学生由于受长辈群体的影响较大,阅读的综合性、均衡性相对较好,而小学高年级段和初中段,随着同辈群体影响力的上升,阅读追随的是小群体中时尚和流行的元素,常常出现亚文化的阅读偏好。如小学高年级段,学生喜欢的是科幻、武侠、悬疑、探险、幽默类的书,如《冒险小虎队》《怪异小

---

① 李东华:《娱乐化时代的童年阅读》,《中华读书报》2009 年 5 月 27 日。

说集》《亚马逊丛林历险记》《淘气包马小跳》《龙漫》《龙少》《福尔摩斯探案集》《火影忍者》《守护甜心漫画集》《女生贾梅》《男生贾里》《名探柯南》《天龙八部》《非常小子马鸣加》《小帅哥和他的死党》《剑灵》《仙剑奇侠传》等等,其中有些是有文化内涵的,多数则只是娱乐消遣读物。作为孩子阅读导引者的家长或教师,常常忧虑这些书的负面影响去纠偏或者封杀,就会引起冲突。这些冲突实际上显示的不只是家长(教师)与孩子之间的冲突,而是深层的群体性取向冲突,包含了隐在的媒介人群体取向(如娱乐倾向、消费文化倾向)和少儿同辈群体取向(流行与时尚倾向、青春阅读需要等)两类的共同作用,与家长教师群体取向之间的对抗。也因此,阅读纠偏因为实际操作中诸多群体较量的复杂因素影响,常常很难完全实现。纠偏的过程,往往也是代际冲突发生的过程。

第二节　他者的情感是如何嵌入阅读选择的

我相信这个孩子一生都不会忘记念图画书给自己听的父亲,以及父亲那双温暖的大手。我深信图画书在这种温暖的人际关系中才能发挥力量。

——[日]松居直[1]

当我们将阅读不仅仅理解为一种知识的例行化输入过程,而是将阅读视为一种主体间的互动活动,透析阅读兴趣的激活与转移,内化与排斥发生的内在过程和关联因素时,呈现的是阅读中人际互动的状况。情感融入、互动频繁的主体间关系,往往是阅读好奇、阅读兴趣唤醒的重要关节点之一,而情感淡漠、公式化的阅读推荐,只能导致孩子的兴趣封闭,或者是产生兴趣转移。某些群体(或者个体)的重要他人在读书推荐上的导入失效,既反映了重要他人自身情感、态度等方面的偏差,也展现出了消极情感导入对学生阅读选择的反向作用力:学生的阅读兴趣转向受其他类型重要他人的影响(如同辈群体,媒介人等)。因此,某些情况下学生阅读选择的改变,反映的是内嵌于个体与他

---

① 　[日]松居直:《幸福的种子》,刘涤昭译,明天出版社2007年版,序、第67页。

者之间的互动关系的变化,体现的是不同重要他人影响力上的变动过程。

一、学生的自主阅读选择:理性与感性

在对重要他人的本体性分析中,除了他者的取向对学生的阅读选择有重要影响外,还有哪些主体性的因素也是重要影响因子? 学生的"自主"选择,的确是"自主"的吗? 国外学者曾有一些相关研究,分析学生阅读选择的多元影响因素,如 Croy① 开设书籍介绍讲座,研究学生选书是否受到讲座影响。结果表明,学生听讲座之后选书时,并不随自己的兴趣而是依据讲座的介绍来选书。Wendelin 和 Zinck 的研究则显示了学生愿意选自己比较熟悉的作者写的作品,因为喜欢他的写作风格,理解上也容易。② 从这些研究中可以看到,学生的自主选择并不是理性的,而是感性选择成分居多,同时并不"自主",而是受到了来自他者的明显影响。这些影响者中,部分是显在的重要他人,如家长、教师、专家、阅读推广人等,部分则是隐在的、不在场的重要他人,如作者、出版者、图书设计者等。③ 那么这些重要他人,从主体本身来看,是什么因素对学生产生了作用力,改变了学生的选择方向? 首先可以从推荐的表述和具体过程进行分析,如家长在网上的推荐:

> 而小王子的故事,从一开始就如同一层厚厚的潮水,忧伤的心事连绵起伏,然后缓缓将你淹没,令人伤感得无法呼吸。我自知笔触拙劣,从不对仰慕的文字妄加评论,以示尊重。这里只简单陈列几点浅见,而我对《小王子》的喜爱绝不仅此,相信真正深刻有力的感触,对于每个小王子的读者来讲,都在内心里珍藏着,难以用言语来诠释。
>
> 它就能用这样简短几字,直击你的心脏,它要告诉你的,是生活中最显而易见,又必定早已被你忽略遗失的,微小而珍贵的东西。④

社会学家彼得·伯格(Peter Berger)就认为:"在初级社会化中,儿童并不

---

① Croy, S., "Technological and non-technological supports aimed at increasing voluntary reading: a review of the literature", Retrieved July 25, 2003.

② Wendelin, K., & Zinck, R., "How students make book choices", *Reading Horizons*, 1983, 23: 84-88.

③ 隐在的影响者虽然不与学生直接接触,但通过书籍中的内容简介、个人风格、封面设计等间接方式影响学生,也同样具有显著的影响力。

④ 《浅读小王子》,豆瓣网.http://book.douban.com/review/4063504/.

把其重要他人视作是制度功能,而是将其视作现实最高的传递者;儿童将其父母的世界内化出唯一的世界,而不会将这个世界与某种特别的制度背景联系在一起。"①这就意味着,在儿童年幼时的初级社会化时期,家长的情感性作用最为显著,这种状况不仅是体现在儿童的个体行为对他者行为的认同模仿,而且同样也是体现在儿童的知识学习过程中。儿童是以情感性的认同来获得自我认同和知识获取的,家长就是儿童知识获取的重要权威和知识获取的方向性导引者,这种知识认同主要来源于情感因素,也因此说,这种阅读的知识建构是通过他者的情感性导引获得的,体现出感性选择的成分。如家长的影响更多在频繁的亲子互动中:

　　"你会读到狗救助主人或救助溺水儿童的故事。有些人称之为忠诚,但我不会这么说。也许我错了,但我称之为爱——最深沉的爱。"

　　儿子看了第二遍后,说:"书上关于狗的描述,没错吧?"

　　"老爸,你是真心喜欢读书,对不对?"当我们在章节之间停顿时,他问道。"没错!"我说。的确,我爱书,就像我爱夏日里的冰品、秋天里的棒球一样。其实,我是为书而活的。现在,我儿子也在发掘书中的奥妙了。仿佛偶然间,这个12岁的小孩在简单的阅读中找到了乐趣。这种与书为友的亲密感是很难形容的。现在每当要就寝时,他就会拿一些书来找我,我们肩并肩,一页一页一起读。"老爸,你在听吗?"有时候他会问。"嗯?""该你读了!"

　　如今他对阅读的热爱已经不可遏制了。他甚至读报纸,从体育版开始看,一步步渐入佳境。他尤其爱读晦涩的内容,他认为只有他才能发觉其中的奥妙。②

从以上的例子来看,无论是在场的或者是不在场的重要他人,他们本身的情感、态度等对孩子的选择产生了显著影响,情感的介入与孩子形成的阅读认同之间有着内在的逻辑关系,融入情感体验、阅读的愉悦感、温情和关怀等,会产生相应的阅读趣味认同,激起阅读的向往和阅读期盼。因此,重要他人在阅读推荐中对书籍本身的热爱、阅读的愉悦、快乐感受、情感上的赞赏、共读中的

---

①　[美]彼得·伯格:《现实的社会构建》,汪涌译,北京大学出版社2009年版,第117页。

②　[美]吉姆·崔利斯:《朗读手册》,沙永玲等译,南海出版社2009年版,第10页。

亲情支持等积极的情感体验等等,是激发孩子阅读好奇和兴趣的重要因素,在学生的知识选择中,情感因素起到了重要影响作用。社会学家伯格(Peter Berger)就认为,在儿童初级社会化过程中的认知学习过程是在情绪高度受控的情境中发生的,如果没有这种对重要他人的情感依赖,学习过程很难进行下去。① 这种认知的情感依赖,使儿童的阅读选择首先体现为一种对他人的情感认同,通过他人的情感性阅读导入而产生的阅读顺从,是维系在情感互动的基础上的,因而感性的成分比理性的成分要多。国外学者 Ford 认为:"感情绝不是简单的动机的'附加物'或'马后炮',它们主要在引发和塑造目的与个人作用信念模式上发挥影响,这种影响似乎在特定的行为事件上相对短暂且不稳定,但实际上从持续的动机模式来看,每一点影响都同认知、加工一样。"② 指出了情感因素对学生的学习动机、个人信念的影响作用,感性的影响表现虽然具有随意性和不确定性,但对学生的深层学习机制和个人价值系统却有着较持久的作用。经济学家阿马蒂亚·森在对个体的选择行为进行分析时,也认为感性选择与理性选择是并存的,他指出了感性选择以过去经验的直接理解力、直接的知觉和感觉上对个体选择产生影响。③ 阿马蒂亚·森指出的感性选择和理性选择,是从个体的一般意义上分析的,而我们在研究中小学生这一特定群体时,更需具体分析学生实际年龄和主体认知发展阶段状况,如学生在自我意识发展不完善的状况下,表现出认知上的高度情境化、他者化的特征,常常容易受他人意见和情绪的影响,表现出选择上的冲动、盲从、随意和模仿等非理性行为。这种情感影响包括两个方面,一方面是重要他人自身的情感表达(积极情感或是消极情感),积极性情感如对书的热爱、期待、欣赏、渴望等,容易激发学生的阅读好奇和兴趣等;另一方面则来自重要他人与学生间的互动关系状况,如因为交往互动频繁关系密切形成的情感认同,这种情感认同常常在学生的选择上默化为阅读认同,如家长与孩子之间的融洽亲情交流就容易形成阅读的趋同行为,孩子也会喜欢家长选择的书。

---

① 参见[美]彼得·伯格:《现实的社会构建》,汪涌译,北京大学出版社 2009 年版,第109 页。

② Ford, M. E., *Motivating humans: Goals, eynotions, and personal agency beliefs*, London: Sage Publications, 1992, p.147.

③ 参见[印]阿马蒂亚·森:《理性与自由》,李风华译,中国人民大学出版社 2006 年版,第34 页。

二、他者的情感导入:阅读兴趣激活与转移

(一) 积极情感:深度好奇的激活

在他者的情感介入过程中,积极的情感会对学生的阅读产生正向影响,激活学生的阅读兴趣,引起阅读的好奇心,而消极的情感就会造成负面的影响,造成阅读抵制或者兴趣转移。国外学者 Ainley 曾对学生的好奇产生的情境进行过测验,从兴趣的两个维度"兴趣的广度好奇"和"兴趣的深度好奇"分析,认为兴趣的深度好奇与情感体验有密切的关系,并进一步认为,深度好奇是一种复杂的感情—认知结构,包括兴趣、快乐和惊奇等,它的激活与情感有密切关系。① 从 Ainley 的分析可以看出,情感性因素在个体的认知结构中具有重要意义,认知结构的运行不是独立的理性思维活动,而是情感因素相伴相生的同作用过程,需要以感情—认知结构的综合分析框架来细究个体认知活动的复杂运行状况,积极的情感对兴趣的激活、好奇的唤起具有正强化的作用。因此,关注情感对学生阅读兴趣、好奇等的影响度,是分析影响个体阅读决策行为的重要部分。当然,在具体分析重要他人的情感性因素对学生阅读选择的影响力时,并非各类重要他人的影响度都是均衡的,不同类型的重要他人影响力也有明显差异。如权威—控制型重要他人,由于他们与孩子有距离感,在给孩子的推荐中常常会出现态度强硬、情感联系淡漠、疏远等消极情感,就不容易激活学生的阅读好奇感、兴趣等。而亲和型的重要他人,则善于营造融洽的氛围,能够及时给予孩子阅读中的情感支持、共同分享阅读愉悦体验等,是通过自己的积极情感去唤醒、激活学生的积极情感体验,并将自己的阅读感受、体验等渗透在阅读评价之中,来唤起学生的阅读热情和阅读渴求,让孩子体验阅读分享、交流中的快乐。

> 当大人从图画书中获得喜悦和共鸣时,一定会将这种心情与孩子分享。大人以喜悦的心情念图画书给孩子听,自然能把这种情绪传染给孩子,使孩子也陶醉在图画书的世界里。读的人最喜欢的那一本图画书,通常也是孩子最喜欢听的那一本,这可能就是感情传递的力量所造成的。②

---

① Ainley,"Interest in learning and the disposition of curiosity in secondary students: Investigating process and context",In L.Hoffmann,A.Krapp,A .Renninger j.Baurnert(Eds.) ,*Interest and learning:proceedings of the Seeon Conference on fender and interest* ,Kiel,Germany:IPN,1998.

② ［日］松居直:《幸福的种子》,刘涤昭译,明天出版社 2007 年版,第48—49 页。

积极情感的导入,的确能够激起学生阅读的激情与探求的渴望,那么怎样的情感导入能够真正展现出作品的韵致,使听者体验到那些来自文字深处的关怀、温暖的感受以及思考中、激辩中令人目眩的知识魅力? 怎样的情感导入触动了孩子的心灵,使他们产生了不能够遏制的阅读热望? 考察重要他人积极情感的导入方式和过程,可以了解到学生阅读兴趣是如何被激活与唤醒的。在阅读史上,阅读导引者(如作者等),常常通过朗读,以手势、动作、语气、表情等进行情感性的氛围渲染,调动听众的情绪激起阅读的渴望,如在 19 世纪的欧洲,作者当众朗读自己的作品就是一种时尚,狄更斯、卢梭等作家更是以公开朗读而闻名。朗读者在朗读过程中所运用的情感性的阐释方式,都对听众的"聆听阅读"产生了震撼的效果:

> 为了这些巡回朗读会,狄更斯特别编辑了"朗读书"——作品的副本,"朗读书"的页边有他所做的记号,提醒自己朗读时所要使用的语气,如"欢欣……严厉……哀愁……神秘……加速",以及姿势:"低下……战栗……惊吓张望……",根据在观众中产生的效果而修改段落。但是,如他的一位传记作家所注记的:"他并未将场景表演出来,而是用示意的方式、召唤、暗示。他还是一个朗读者,换句话说,不是演员。没有造作,没有手段,不矫情。他以一种方法的经济,不知如何,就创造了惊人的效果,真的好像这些小说本身是透过他来说话。"①

实际上,朗读的惊人效果并不只是方法处理上的结果,其中的情感渲染更是产生效果的重要因素。因为这种情感非常投入的演说式阅读,情感贯穿其中的感性导读,使无数人迷恋而追捧作者的作品,阅读兴趣得以激活。

> 狄更斯对家人谈到他朗读《圣诞歌声》时说:"但愿你能看到昨晚的马克雷迪,我朗读的时候,他竟丝毫不加掩饰地哭泣,哭倒在沙发上——你会感觉到,拥有权力是多么奇妙的一件事。"他的一名传记作家补充道:"感动与震撼他人的权力。他写作的力量。他声音的力量。"有个人当众哭泣,然后双手掩面,趴在他前面的座位椅背上,情感真正受到撼动。②

---

① [加]阿尔维托·曼古埃尔:《阅读史》,吴昌杰译,商务印书馆 2002 年版,第 318 页。
② [加]阿尔维托·曼古埃尔:《阅读史》,吴昌杰译,商务印书馆 2002 年版,第 317 页。

在重要他人的情感性导入中,构建一个人人可以融入其中、不由自主沉浸其中的"情感场",获得情境体验,是激活孩子阅读好奇、兴趣的重要环节。

如李吉林老师就认为,打破被割裂的课程与课外阅读、连接知识与社会的有效途径,就是创设情境。以情感导入激发学生的感受、体验、思维与想象,以情境中的感性启发渲染来引导学生"入情"——获得知识的"移情体验",这样的导引过程,知识、情境与个体是融合为一的。"因为情境的美感和情趣,促使师生情感的参与,使情感链接在儿童、知识、社会三者之间。这种最佳的情绪状态,势必激活儿童的潜能。创新是激情产生的直觉思维。"①

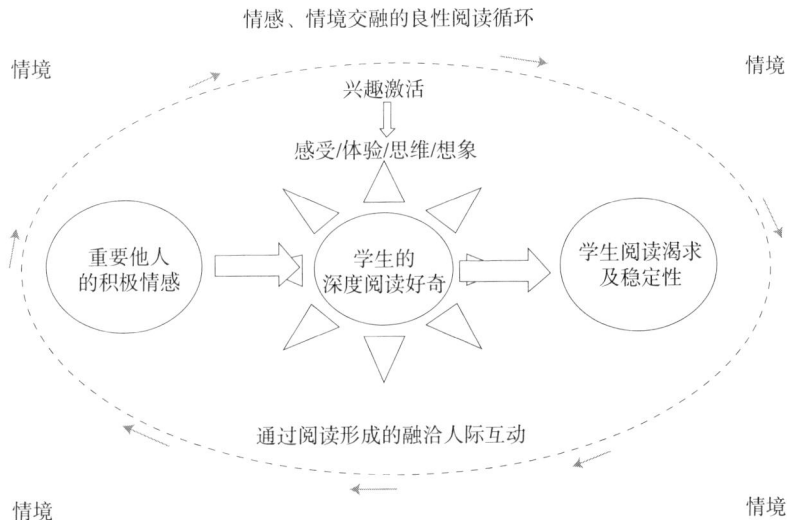

图 2—2　重要他人的积极情感与良性阅读循环

这种引导孩子阅读中的"入情"、"入境",是通过教师构造的"阅读情境",调动起孩子积极的情感、情绪,与阅读的内容相协调共振,产生情感认同的过程。因为"知识镶嵌在情境中,知识与情境相互依存,儿童与情节互动"。② 在情境与情感交融的师生互动中,不需要生硬的阅读推荐,就会有学生迫切的阅读眼神,急切的阅读冲动,在这里,积极情感起到了温暖柔和而不可抗拒的推动力量。

① 李吉林:《情境教育的诗篇》,高等教育出版社 2004 年版,第 201 页。
② 李吉林:《情境教育的诗篇》,高等教育出版社 2004 年版,第 200 页。

因此,重要他人正是通过调动孩子的情绪,将他们的注意力引向书中构造的世界,去体验、发现和理解他人与自我;而在推荐过程中渗透情感因素,实际上是透过阅读这一中介,重新勾连了人与人之间曾经疏远的关爱和内在的温暖,形成人际之间最基本的情感连接。如无数阅读推广人提倡的"亲子共读""师生共读"等阅读方式,就是试图通过阅读中的温情陪伴,来还原亲子之间的亲情世界、师生之间的情感连接等。这种感性的柔和力量,正是唤醒孩子阅读向往的关键。如严凌君老师在推荐给学生《穿裤子的云》(马雅可夫斯基的作品)时,深情地写下了长达五千字的"导读",回忆马雅可夫斯基的诗如何陪伴自己度过"惶惑的青春";推荐海涅只有十六行的诗《你是鲜花,你是亲爱的孩子》时,写下了两千余字的《海涅——爱神悲悯》。① 正是重要他人以自己真实的体验、阅读的激情来激活学生内在的感受,阅读才具有了生命的力度,也因此能够透过阅读,给予学生贴近心灵世界的生活方式。

(二) 消极情感:抗阻与兴趣转移

与积极情感给学生的快乐、愉悦以及不可抑制的阅读好奇、渴望相比,消极情感则给予的是阅读中的负面暗示,由于重要他人的推荐态度淡漠、例行化、公式化的推荐,挫伤了学生的阅读兴致,产生了阅读倦怠和阅读抵制,而有些强制性的推荐,则进一步导致了阅读抗阻和阅读兴趣的转移。②

消极情感传递的是负面的心理暗示,在语气、态度的表达上,是与积极情感的表达截然不同的。积极情感常常表达为一种肯定和支持、建议和协商的方式,如"我建议(我希望)大家读读这几本书……""我期待大家读后有新的感受……""我觉得这本书非常有趣,值得一看!""这本书中的人物太有特色了! 建议你们都看看!"导引出学生阅读好奇和阅读愿望;而消极的情感如淡漠的语气、强制的表达,就会削弱学生的阅读兴趣,如一些家长的方式:

> 有些家长在孩子阅读中,会在旁边指导让孩子每天读一点,然后口述,绝大部分家长会说:作业做完了,那去看书(课外书)吧,为完成任务似的。(家长觉得,这是老师布置的,应该完成)……家长说孩子怎么总

---

① 参见钱理群:《语文教育新论》,华东师范大学出版社 2010 年版,第 84 页。

② 这里的兴趣转移是指:重要他人 A 的影响力减弱,一定程度上导致了重要他人 B 或者 C 的影响力增强。展现的是学生阅读选择中的多群体互动关系,一个阅读互动网络中影响力的变动状况。

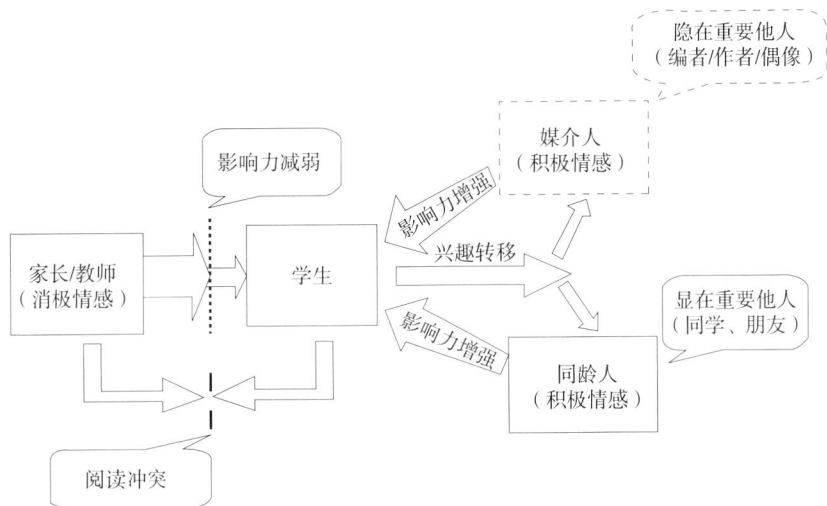

图 2—3　重要他人的消极情感影响

爱看闲书,其实有的孩子是被家长逼的,像有的家长就规定孩子今晚必须看十篇(家长推荐或者老师规定的文章),孩子很不乐意,你让我看十篇,那我就看好了,看到一半,就喊:妈妈,时间到了! 这一类的孩子也不少。

(访谈 M 教师:2010 年 10 月 17 日　上海 D 小学)

这里家长的消极情感表达有两种情况:一种是情感淡漠,课外阅读是老师布置的"作业",需要完成,显示不出家长自身对阅读的愿望和兴致,另一种则是强制性表达,如我规定……我要求……你必须……等。淡漠的表达本身就显示出家长对兴趣培养的忽视,当重要他人将阅读看成是老师的作业任务,是"规定动作"而不是"自由体验"时,阅读就已经丧失了品读的乐趣和书海漫游的轻松感受,导致的就是对家长规定书籍的兴趣封闭。在强制性的表达中,缺乏柔和亲切、关怀友善的行为,强硬的陈述使孩子感受不到平等互动给予的愉悦体验,反而产生逆反心理,出现厌恶、排斥、回避,并进一步形成兴趣转移,对其他重要他人推荐的书籍产生兴趣。这种转移,通常表现为两个并存的方向:一是从长辈群体向同辈群体转移,如从受家长、教师的推荐影响转向主要受同学、朋友推荐的影响。二是从在场的重要他人转向不在场的重要他人,如在家长、教师的消极情感作用下,不愿读他们推荐的,而通过内容简介、编辑的推荐语等转向隐在重要他人(作者、编者、名人、偶像等)的推荐。隐在的重要他人虽然没有与孩子直接接触,不会通过直接的情感交流产生影响力,但依然通过渗透在内容简介、导读、封面设计、出版广告、书籍评价等之中的情感表达,对学生的选书产生明显影响。如《绿山墙的安妮》中编辑的导读"在阅读中寻求感动,在感动中感受温暖":

> 阅读每一个文字你都能感觉到温暖,那温暖就像一缕阳光触及着你心底最软的那块地方,如此的恬静。你会发现安妮是个幸福的孩子,渐渐地你会由衷地羡慕她,而不是同情她。甚至你会跟安妮一起,追逐着生活中的美好,而少了许多对不如意的埋怨。①

因此,透过阅读选择,我们看到的是长辈群体与学生之间因为消极情感的作用而出现的反向影响力,学生因为厌恶、逆反心理,反而强化了对其他人推荐的认同度,如学生 Z:

> 我妈妈总要我读名著、同步训练的书,我都烦死了……我们同学给我的《淘气包马小跳》《笑猫日记》我觉得很有趣,最近班里正流行《冒险小虎队》,很有意思的书,里面还有解密卡,可以看小虎队的探险秘密记录!

> (访谈 Z 学生:2011 年 4 月 2 日　杭州)

可见,通常认为孩子没有阅读习惯、不读书,并不总是书籍本身的问题,很多情况下恰是家长、教师这些重要他人,在导读的过程中的情感表达问题。主体的情感投入与阅读期待目标之间的这种密切关联,可以使我们认识情感因素对阅读目标导向的重要作用,重要他人的情感投入程度、情感性质(积极情感还是消极情感)都直接影响着孩子的阅读行为,是接受还是回避,是认同还是转移。而分析不同群体重要他人的情感因素对学生阅读兴趣、阅读好奇的影响差异,就能通过阅读本身,去透视各个重要他人群体与学生的人际互动关系状况,以及各群体此消彼长的影响力度变动程度,理解学生的阅读选择行为是多重主体共同影响的复杂过程。当家长、教师的阅读导入失效时,需要反思的是导入中的情感态度表现,如何进行情感调节,改变无效推荐的状况,而不是抱怨学生的阅读逆反,埋怨媒介人和学生同龄人在阅读中的强力介入。

---

① ［加］蒙哥马利:《绿山墙的安妮》,孙静改写,少年儿童出版社 2010 年版,第 1 页。

第三节　他者文化偏好的植入

在学生的阅读活动中,常常体现出不同个体的选择差异、小群体与小群体在选择上的不同。如同一年龄段中,学生 A 与学生 B、学生 A 与学生 C 有差异,班级 A 与班级 B 的阅读选择差异,学校 A 与学校 B 的阅读选择也有差异。这些差异显示出阅读活动的复杂性,显然除了重要他人的取向、情感因素的影响外,还有其他因素也影响到了学生的阅读选择。

在经济学中,选择的偏好通常是指对几个事件或结果时,选择其中某事件或结果的一种倾向性。① 传统的决策理论研究认为偏好是对价值和效用的择优判断,是一种理性偏好,但实验经济学家和认知心理学家的进一步研究,则发现了理性偏好作为一种价值判断,并不与实际情况相符,而主体的直感判断也是决策偏好的重要组成部分。如 Edwards、Kahneman、Taylor 等人的系统实验就证明了存在于个体直觉中的选择倾向性。美国社会学家汤普森(James.D.Thompson)又对情境中的不确定性因素与决策偏好间的关系进行了分析,指出了情境对偏好的形成有相应影响。② 各领域学者对偏好的综合研究,显示出偏好作为主体自身的倾向性判断,是受多方面因子影响的,因此分析学生的阅读倾向性差异时,除了关注重要他人的价值判断(价值取向)、情感因素对个体或者群体选择行为的影响外,还需要对个体潜隐着的深层文化选择的倾向性进行分析,查看有哪些个体或群体的文化偏好,偏好之间是否有差异?这些文化偏好是如何渗透进学生的阅读选择的,这种偏好是否具有传递性,传递的强度如何? 他者偏好与学生偏好之间有着怎样的关联度?

一、个体文化偏好:倾向性与传递性
个体文化偏好是个体自身具有的文化倾向性,一种文化偏爱,趣味认同上

---

① Slovic P.,"The construction of preference",*American Psychologist*,1995,50:364-371.

② 参见张茉楠:《不确定性情境下行为决策研究之综合述评》,《现代管理科学》2004 年第 11 期。

的文化定位,包含着潜隐在个体中的文化品位、风格和趣味偏向。① 个体的文化偏好,由于渗透在个体的性情系统之中,内化成为一种文化的无意识,因此常常容易被忽略,但这些根植于个体认知结构和行为系统中的无意识因素,更能标示个体选择倾向的原发动力。

(一) 文化偏好:惯习及特征

在学生的阅读选择中,常常出现对某一类书籍的偏爱,这种偏向性,除了重要他人的积极情感作用、相互间的互动频繁引起的选择偏向外,还有更深层次的文化偏好对孩子的影响,如家长、教师、书籍的作者等,都会以特定的文化倾向性来影响学生的选择行为。当分析个体的行为导向时,布尔迪厄(Bourdieu)认为,行动者的活动是在惯习(habitus)的支配下进行的。"惯习是指一种性情倾向,表明了一种习惯性状态(尤其是指身体上的)、倾向、秉性、嗜好。"②他特别强调了惯习是一种倾向(disposition)系统,这种倾向显示出一种趋向(tendency),一种行动的可能性:是预定倾向(predisposition)。从惯习的"倾向性"内涵出发,我们可以看到惯习作为一种内在化、身体化的文化倾向,能够规约个体的文化偏好,使个体的选择趋向符合自身的性情系统,它引导个体在适当时作出选择的"预定性"判断,"是持续的、可以转换的倾向系统,它把过去的经验综合起来,每时每刻都作为知觉、欣赏、行为的母体发挥作用,依靠对于各种框架的类比性的转换,使千差万别的任务完成成为可能"。③ 这种预定的行动倾向性,由于是内化在个体性情之中,成为一种文化无意识的存在,因此不易被辨认,个体的某些文化偏向,往往会被认为是偶然性选择的结果,而实际是潜隐在个体性情之中,稳定化为身体部分的文化无意识的导向作

---

① 这里的文化,是指狭义上的文化。雷蒙德·威廉斯(Raymond Williams)认为,文化有三个方面的涵义:(1)指智力、精神和美学发展的一般过程。(2)指一群人、一个时期或一个群体的某种特别的生活方式。(3)指智,尤其是美学所创造的作品和实践。(参见[英]约翰·斯道雷:《文化理论与大众文化导论》,常江译,北京大学出版社 2010 年版,第 2 页)而文化学者甘斯(Herbert J.Gans)则强调了文化与趣味之间的关系,认为存在着"趣味文化",主要体现的是趣味和审美的价值与标准。(参见[美]约翰·霍尔:《文化:社会学的视野》,周晓红等译,商务印书馆 2004 年版,第 26 页)

② Bourdieu, Pierre, *Outline of a Theory of Practice*, Cambridge: Cambridge University Press, 1977, p.214.

③ 宫留记:《资本:社会实践工具——布尔迪厄的资本理论》,河南大学出版社 2010 年版,第 174 页。

用。当然布尔迪厄认为惯习作为潜隐着的文化资本,主要是存在于家庭成员
之中,家长的兴趣倾向对孩子选择某种风格、类型和层次的文化产品,有明显
的影响力。但在中小学生中,除了家庭情境中的家长对孩子的阅读趣味偏向
有重要影响之外,在学校中教师通过课程和课外书的推荐,同样以自己的文化
倾向性和阅读的品位,对学生阅读倾向产生重要影响。如老师 G 自己非常喜
欢散文,常常阅读和摘抄一些,也经常推荐给本班的学生(初中)来读:

　　　　"它来自时空的深处,来自山林泉瀑与江湖的月影中,是大医家的名
　　手把着生命最失意的那根脉,柔柔地叩动,抑扬着纷纷如落花如鸟翅如月
　　华落地又盈盈远浮的轻音,仿佛红尘外隐约传来的耳语。"是啊,无论《胡
　　笳十八拍》的哀婉、《江河水》的沉郁,还是《渔舟唱晚》的恬然,都如人的
　　呼吸一样,传达着心灵的温热。而擅于用那些最普通、最平淡的文字来记
　　述最琐屑的心事、家事、轶闻趣事,在汪曾祺、叶兆言、张中行等大家眼里,
　　不也正如"空山无人,水流花放,倚石抚琴,悠然一曲"一样是最绝妙的表
　　达吗? 无需豪华的铺陈,不必炫耀高妙的技法,一切都归于简单质朴,却
　　又处处搔到心灵的痛痒,令真实的情绪和无边的哲思如飞鸿轻羽融入深
　　远的碧天。

　　　　在隔过久远的时间之后,我们再去读那些如沉入水底的美丽珊瑚的
　　书,已不再是普通的阅读。这些文字的年龄与生命力,使我们升起由衷的
　　敬畏感。如同啜饮一樽百年陈酿,每一滴不曾挥发的汁液,都是与时间抗
　　争的结果。所以《诗经》里蒹葭、白露的痕迹依稀可辨;骆宾王的"西陆蝉
　　声"依然如丝如缕;陈子昂的幽州台、温庭筠的五丈原慷慨悲凉之气未
　　改⋯⋯楚天千里清秋,无言独上西楼,浓睡不消残酒——就让我们在"葡
　　萄美酒夜光杯"中沉沉睡去吧,好好地做一个流光溢彩的奢侈的梦;经历
　　了一场美丽的发酵,我们不能不对那些被历史尘封的书产生由衷的
　　敬意。①

　　学生 H 说:"以前不怎么读散文,G 老师有时会给我们读几句她喜欢的散
文,有时也会给我们复印几篇让我们读读,现在开始喜欢读散文了。"

　　从上面的例子看,重要他人的惯习作为内化了的文化性情和修养系统,展

---

① 王涛:《读书三味》,《当代人》2007 年第 2 期。

现为个体的文化偏好来影响学生的阅读选择，显然不是通过一两次的主体间的互动活动就能够产生作用的，而是长期的、稳定的渗透和濡化过程，因此，相比于偶然性的、非连贯的影响，个体的文化偏好具有以下的特征：

一是内隐性。也就是文化偏好具有潜在性、内在性（内生性）。文化偏好是一种文化倾向性，它内化在个体的性情之中，因此具有潜在性和内生性的特征，会在个体选择过程中以无意识中的"喜好模型"来潜在地诱导个体的决策行为，而个体并不能直接解释选择 A 而不选择 B 的原因。从惯习对文化偏好的影响来看，由于惯习本身是个体长期积累的深层文化系统，因此惯习的潜在性也形成了文化偏好的内隐性。

二是稳定性。重要他人的文化偏好在自我性情系统（惯习）的导引下，表现为一种选择上的稳定倾向性，产生决策中的路径依赖，如对某类作品的偏爱、对某位作家写作风格的喜好等，经常阅读此类作品或与之相关的文化产品。这种稳定性体现出对所偏好的文化类型具有高度的信赖、忠诚度和选择上的风格类似、格调统一的状况。当然这里所说的稳定性，主要是指重要他人中的年长者（长辈群体），如家长、教师以及隐在的作者、编辑等人，而并不包括同辈群体中的重要他人，因为长辈中的重要他人自身的文化素养已经相对确定、比较稳固，因此也就相应地具备文化偏好上的稳定性，而同辈群体（学生同龄人）则因为年龄和阅历的缘故，文化习染的可塑性较强，因此并不具有偏好上的稳定性，而是容易受到多元影响，具有可变性和动态性。

三是文化无意识。文化偏好内隐在个体的性情系统之中，常常表现为一种选择上的文化思维定势，个体在行为上不经理性思考而"自然决策"的状况。但"自然决策"实际上并非自然或偶然的结果，决策的自动化过程内在地包含了个体已有的文化积淀和文化惯习的"图式"，这种内刻在个体思想意识之中的"文化图印"、"文化模式"常常会导引个体倾向于某种类型的偏向。无论是个体的知识选择、认知理解和分析过程，都镌刻着这种文化框架的痕迹。如伽达默尔就认为："一切理解都必然包含某种先见"，"这种超越了主体控制之外的但又决定着理解和解释进程的微妙因素正是前见（前理解，前结构）。"①某种作品能够引起个体的情绪反映使他能够选择并持续关注，就是因

---

① ［德］伽达默尔：《真理与方法》，洪汉鼎译，上海译文出版社 1999 年版，第 4 页。

为这类作品所蕴含的倾向、格调、品味契合了个体已有的文化图式,唤起了个体内在惯习的认同感,达到了现有内容与头脑中已有结构的"视界融合",因此个体无需理性判断就会进行选择上的决策。这种文化上的无意识,康德解释为"先验图式",胡塞尔将其称为"意向性",海德格尔叫作"前有",各种表述都指向的是个体已内蕴其中的"先在"文化结构和倾向性。"问题不是我们做什么,也不是我们应当做什么,而是什么东西超越我们的愿望和行动与我们一起发生。"①因此,个体的文化偏好就是以文化无意识型塑成了稳定的"原型性心理结构",在个体决策中以惯性的力量制造选择偏向和筛选意愿,导向已有文化图式能够认同的部分。

四是偏好的扩散性及增强效应。社会心理学者 Brehm 的研究证明,个体的偏好不仅体现在对象的选择上,而且还存在偏好的强化现象、扩散效应,如对已经选择的事物会做出较高的评价,而对未选择的做出较低的评价,从而导致选择扩散效应(spreadingalternativeseffect)。② 我国学者曹文、陈红等也认为,偏好的这种加强型扩散状况,是因为个体为了避免体验到决策后认知失调产生的负面情感,因此对已选择的呈现出更多的偏爱和积极评价。③ Becker 从消费者的消费倾向性分析,认为个人偏好具有成瘾性特征,选择某种产品往往会沉迷其中,并在下一次的决策中再次选择相同或者类似产品。④ 因而文化偏好由于个体有意识地增强喜好程度而导致了"增强效应"(reinforcement),也就人为地强化了偏好本身,使偏好呈现累积式的增长。这种扩散性体现在阅读的文化偏好上,比较明显的是因为对某位作家作品风格的欣赏,而阅读他创作的其他一系列作品,如有些家长喜欢读聂华苓、泰戈尔等作家的作品,就会寻找这些作家的系列作品来读,有些家长喜欢凡尔纳的作品,会买一系列的凡尔纳科幻作品集,与孩子一起读。因此,系列阅读常常是一种偏好的加强塑型,可能会有利于深度阅读和提高品味,也可能因为过度偏食导致阅读的营养失衡。

---

① ［德］伽达默尔:《真理与方法》,洪汉鼎译,上海译文出版社 1999 年版,第 4 页。

② Brehm J. W., "Postdecision changes in desirability of choice alternatives", *Journal of Abnormal and Social Psychology*, 1956, 52(3):384-389.

③ 参见曹文、陈红等:《选择扩散效应研究的回顾与前瞻》,《心理科学进展》2009 年第 17 期。

④ Becker, *Accounting for Tastes*, Cambridge:Harvard University Press, 1998, pp.50-77.

（二）偏好强度及传递性

重要他人的文化偏好如对某类风格和趣味的偏向，不仅会以内隐和无意识的状态左右到自我的阅读选择，而且也会渗透在学生的阅读选择中，影响学生的选择方向。因为"行动者的惯习势必会影响到身边其他行动者惯习的生成"，①他者如教师、家长的文化图式会在家庭、学校中以潜移默化的方式进入学生的思维框架，产生相应的传递性。但具体来说，重要他人的偏好是如何传递给学生的？在学校情境中，在同一班级、同一教师的状况下，或者是同一学校、同一年级而教师不同的情况下，学生阅读选择上的差异从何而来，是否他者的偏好度（偏好度是指重要他人自身的偏好强度，如对某类型作品的喜好强烈程度）越强，学生的偏好也更强烈？在同一班级中，尽管是同样的教师，同样的同学圈，但不同学生在阅读上的差异，是否主要来自家庭中的重要他人影响，特别是家长自身的文化偏向？

笔者在对某几所学校的对比、某几位家长的对比中，证实了长辈群体中的个体如家长、教师偏好对学生的影响，学生阅读偏好产生的他者影响因素和情境性的特征。②

首先，长辈型重要他人的文化偏好具有较强的传递性。在同一学校同一年级，不同班级由于不同教师的文化偏好，会对学生的阅读倾向产生相应影响。在家庭中，家长对某类型读物的偏好，常常也是影响孩子阅读选择的重要因素，家长的偏好越明显，孩子的偏好越强烈。如有些家长喜欢文学作品，常常给孩子读或者看的主要是这一类书籍，孩子在家长的偏好阅读中，就会形成自己的阅读偏好。

> 在我的成长中，我觉得我叔叔、我爸爸给我的影响很大。像我叔叔，就喜欢看文学方面的，什么红楼梦、三国演义等，我爸爸喜欢看报纸，所以我也是喜欢看文学书和报纸。我叔叔还喜欢一边看一边做笔记，我也是很受他的影响，到现在看书还是要圈圈画画，要不就觉得没有读。

（访谈 T 教师：2010 年 10 月 30 日　苏州 C 小学）

---

① 宫留记：《资本：社会实践工具——布尔迪厄的资本理论》，河南大学出版社 2010 年版，第 194 页。

② 这里的偏好分析剔除了长辈群体因效用性的偏好产生的功利阅读倾向内容，主要集中在对文化类型、风格以及品味的分析上。

　　其次,同龄人的文化偏好传递具有情境性和可变性。如同龄人之间的互动程度也是影响偏好传递程度的重要因素。情感越密切的状态下,互动越频繁,偏好的可传递性越强,影响越深,互动时间越长,偏好传递性越强。这种状况在小学低年级更为明显。可变性在小学高年级和初中表现明显。在小学高年级以及初中,长辈群体偏好的传递性出现了不明显的状况,这从侧面反映了同辈群体影响力增强的状况,同时也反映了同辈群体的文化偏好本身具有可变性和不稳定性,体现出学生亚文化的复杂和多元状况。学者杨春学认为,个体的偏好作为一种主观的倾向,会随情境的变化而变化,[1]在理论界,决定论者认为偏好是预先确定的、不变的,[2]而建构论者则认为偏好是在过程中不断建构形成的。[3]　文化偏好是否随情境的变化而变化,笔者认为需要对不同层次的个体做具体的分析,如在长辈型的重要他人中,文化偏好相对具有稳定性,而当重要他人是同龄人时,这种变动性就比较明显,学生的偏好呈现出不稳定的状况,容易受到他者的暗示、诱导和导引出现偏好易变性,在高年级小学生中和初中生中,由于受到同龄重要他人及媒介重要他人的多元影响,偏好的可变性体现得更为明显。

表2—3　课外书选择偏好的情境性因素分析

选择状况 年级		按计划买 (借)	到书店等 随意挑	没找到就 找类似的	看排行榜 (畅销榜)	看同学朋友 常说的借(买)
初中1—2 年级	频数	204	125	99	79	82
	%	35.1%	20.4%	17.5%	13.3%	13.7%

　　从数据中可以看到,初中生在购买或者借阅课外书时,不确定的情境性因素占到了64.9%(随意性选择20.4%+找类似的17.5%+媒介重要他人的推荐13.3%+同学朋友的推荐13.7%)。出现这种不确定、随意性的状况,主要是两方面的原因,一方面是学生个体自身稳定的文化偏好尚未形成,容易在选择

---

　　① 参见杨春学:《当代西方经济学新词典》,吉林人民出版社2001年版,第260页。

　　② Tversky A., Kahneman D.,"The framing of decision and the psychology of choice",*Science*,1981,211:453-458.

　　③ Payne J., Bettman J., Jolurson E.,"Behavioral decision research: A constructive processing perspective",*Annual Review of Psychology*,1992,43:87-131.

中具有感性选择的倾向,另一方面来自他者的因素,如媒介人和同龄人的多方介入,使偏好传递具有了不确定性。媒介中的重要他人在书籍推荐上的广告宣传具有很强的渗透力,媒介的文化偏好就会渗透在广告主力推介的排行榜上,干扰学生个体的选择方向,而同龄人如同学和朋友的文化偏好本身就具有不稳定性和变动性,因此都会对学生个体的选择产生随意性的影响。

二、群体文化偏好:区隔与传递差异

群体文化偏好是指不同群体在社会关系中处于不同的位置和层级,具有本群体特定的文化倾向,表现出群内在趣味、格调偏好上的相似性,而在群际间则呈现出趣味上的区隔及排斥。这种群体间的偏好差异,体现在语言运用、文化风格、文化资本类型和数量上,都与其他群体有一定差别,具有阶层文化的特性。具体在阅读选择上,就呈现出层级化的阅读偏好。

群体文化偏好在代际传递上,体现的是比个体文化偏好传递更为复杂的传递关系,部分阶层的偏好传递具有多元性和强传递的性质,而部分阶层的传递则呈现弱化和单一的状况。

(一) 阶层文化:群内偏好与群外排斥

在分析重要他人的文化偏好时,不仅个体自身的趣味倾向、品味追求影响学生的阅读选择倾向,而且由于个体作为群体成员,在与其他成员的互动中必然受到所属群体亚文化的规制和熏染,因此群体性的文化偏好也是不可忽视的影响因子。不同群体具有亚文化的文化差异和文化特质,在品味偏好、文化格调和情趣倾向上是有差异的。文化学者霍尔认为,不同阶层成员的文化品位、文化消费等的不同,与其他阶层之间有距离,文化偏好成为区分阶层的象征符号系统,是"地位符号"或"社会分层符号"。[1] 文化学者甘斯(Herbert J. Gans)曾依据不同阶层的文化趣味偏好划分出五类文化:高雅文化(high culture)、上中层文化(upper-middle culture)、下中层文化(lower-middle culture)、下层文化(low culture)、准下层文化(quasi-folk low culture),认为不同层次的文化具有相异的趣味倾向。[2] 这些倾向内在于阶层的价值取向、文化品位以

---

①   参见[美]约翰·霍尔:《文化:社会学的视野》,周晓虹译,商务印书馆 2000 年版,第 190 页。

②   Herbert J. Gans," Popular Culture and High Culture:An Analysis and Evaluation of Taste", *Basic Books*,1999,95.

及生活方式等之中,在文化的认同上就会显示出群内偏好与群外排斥的现象。阶层文化的这种区隔,标示出文化在不同群体中的等级性。

在对阶层(class)的划分中,以什么来分辨群体与群体间的不同? 什么样的差异是划分各个群体的标准? 传统的研究是以社会成员的垂直等级关系来区分阶层的。如社会学家韦伯是以经济、权力、声望作为分层的依据,区分出社会各个不同的阶层;布尔迪厄则是从群体的经济资本、文化资本和社会资本的占有状况来区分群体间的差异的,他将社会各群体分为居于统治地位的阶级、中间阶级和普通阶级。① 陆学艺曾对我国各社会阶层进行了细化分类,包括:(1)社会上层;(2)中上层;(3)中中层;(4)中下层;(5)底层。② 也有学者将阶层区分为精英阶层、知识阶层、中产阶层、新富阶层和大众阶层等几个层次的。从群体的阶层文化偏好呈现的特征上分析,阶层的文化倾向有层级性,表现为群内(阶层内)的文化认同、趣味类似、风格的接近,而在群体之间呈现出文化区隔和文化排斥。在我国社会转型中,中间阶层的人数在不断扩大,中国社科院发布的《2011 中国城市发展报告》统计,到 2009 年我国城市中等收入阶层规模已达 2.3 亿人,占城市人口的 37% 左右,其中北京和上海的中等收入阶层规模较大,分别达到了 46% 和 38%。③ 中间阶层的增多,已经使不同阶层的文化偏好呈现出更细微的差别。如中产阶层在经济资本④上低于精英阶层但又高于知识阶层,文化倾向上偏好追求奢侈的文化商品、追逐流行文化、时尚元素,而知识阶层则在文化资本上优于白领,他们的文化偏好表现为注重文化内涵、知识视野和个体风格的独特上。具体来说,阶层文化偏好具有以下特征:

1. 区隔性。

体现的就是文化偏好的分层性特征,群际间的文化倾向具有的差异和排斥的现象。区隔(distinction)原是指区别、差异,布尔迪厄在他的著作《区隔:

---

① Bourdieu, Pierre, *Distinction*: *A Social Critique of the Judgement of Taste*, Cambridge : Harvard University Press, 1979, p.345.

② 参见陆学艺:《当代社会阶层研究报告》,社会科学文献出版社 2001 年版,第 9 页。

③ 近四成城市人迈进中产阶层. http://www. voc. com. cn/Topic/article/201108/201108051138243630.html.

④ 布尔迪厄将资本划分为经济资本、文化资本(品味、修养、惯习等)和社会资本(关系、组织、社会网络等)。

品味判断的社会批判》中进一步深化了"distinction"的意义,他认为"distinction"包含三层内涵:(1)区别,以及区别于他者;(2)高贵、有格调;(3)关系性。而在法语中"某人是差异化的"就表示他是"高贵和有格调的"。这里的"distinction",表达的是上层的优雅举止、文化品位和高贵气质等属性。①从布尔迪厄的词义解析中就可以看出,"区隔"首先体现的就是阶层关系上的区别、不同群体之间的文化差异,处于社会上层的群体以文化趣味、惯习上的"格调、高贵"来区别于其他阶层,"distinction"本身就内涵了阶层关系中的文化层级差别。因此,上层群体的文化偏好,就会以具备"卓越的品位"、"格调上的高贵"来呈现自身阶层文化的优越,与大众阶层形成明显的文化距离,从趣味偏好上实现"阶层我"与"他者"之间的间距。保罗·福塞尔(Fussell,P.)曾在《格调》一书中分析美国中上阶层的阅读偏好时认为,中上层主要爱读的杂志是《时代》《新闻周刊》《财富》《福布斯》和《商业周刊》等;而中产阶层偏好的则是《国家地理》《房屋与园艺》《今日心理学》《纽约客》等;大众阶层喜欢的是《读者文摘》《电视指南》《明星周刊》《纽约每日新闻》等报刊。② 甘斯从各阶层的阅读分层差异上认为,下中层的报刊阅读主要集中在《生活》《观察》《星期六晚邮报》《读者文摘》《世界》等畅销杂志上。③ 这种距离,当被上层以"合法趣味"标定后,就具有了文化的"象征权力","上层我"的文化偏好受到重视,给予了"经典、品味"的标签,而大众阶层的偏好往往会被标示为"平常"或"流俗"。因此,文化偏好上的区隔,反映的就是不同阶层以文化惯习构建的差异化阶层文化系统,呈现出偏好的阶层等级关系。

区隔表现在语言上,是中、上阶层的精致语码偏好与大众阶层的限制性语码之间的差异。不同阶层语言符号使用上的区隔,体现和反映的是阶层文化上的差异,因为"语言不仅是交流的工具,而且是行动和权力的媒介,是财富和权威的象征符号"。④ 伯恩斯坦(Basil Bernstein)曾对不同阶层的儿童使用

---

① 参见朱伟珏:《象征差异与权力——试论布尔迪厄的象征支配理论》,《社会》2008 年第 3 期。

② [美]福塞尔:《格调》,梁丽真等译,中国社会科学出版社 1998 年版,第 222—229 页。

③ Herbert J.Gans,*Popular Culture and High Culture:An Analysis and Evaluation of Taste*,Basic Books,1999,pp.107–112.

④ Cushla Kapitzke, "Information Technology as Cultural Capital: Shifting the Boundaries of Power",Education and Information Technologies,2000:50.

的语言符码(*codes*)进行了考察,认为不同阶层的儿童使用的语言符码存在差异,[1]中上阶层的孩子使用的是精致语码(elaborated code),语言具有系统性、逻辑性、文学性、抽象化等特征,而工人阶层的孩子使用的是限制性符码(restricted code),语言具有口语化、描述性、非文学和非逻辑的特点。那么孩子使用的不同语言体系从何而来? 伯恩斯坦指出,两种不同的语码体系的出现关键在于孩子所处的家庭文化环境,不同阶层所具有的文化背景不同,孩子接受的符码表达就有差异。而中上阶层对精致语言表述的习惯和偏好,通过日常的家庭熏陶传递给了下一代,使他们的孩子具有精致语码表述的特征,工人阶层的孩子就不具有使用精致语码的环境和习惯。这种存在于语码体系中的语言区隔,也是阶层文化偏好的一个侧面,体现在阅读选择上时,中上阶层中的重要他人给孩子选择阅读的书籍时,就会注重阅读类型上的广泛性、内容上的文学性、逻辑性等,通过阅读对孩子进行精致语码训练和品味层次上的传承。

　　表现在阶层格调的差异上,是文化内容评价上的差异,雅致趣味与大众趣味的区别。布尔迪厄曾区分了三种阶层文化品味:合法品味、中产阶级品味和大众品味。[2] 一种是上层追崇奢侈、自由的品味。偏好非世俗的文化鉴赏,在品味上体现"美学秉性",这种雅文化倾向在艺术鉴赏中得到了充分的展现。[3]而大众趣味则倾向于选择实用的、物质化的文化消费品,中产阶层倾向于奢侈炫耀的品味。中产阶层由于对上层文化的崇尚,一定程度上也追随上层的高雅品味偏好,因此具有部分的雅文化特征,但又流于表现上的拘谨或炫耀。在社会转型中,随着我国中间阶层的兴起和力量增强,中上阶层的文化偏好通过媒介的热捧,日渐成为被型塑的文化时尚。这种文化偏好的追随,体现在阅读活动上,就是阅读日益中产阶级化、贵族化,以中上阶层的阅读偏好来确定"普世化"的阅读格调和选择倾向。

　　表现在文化资本上,是不同阶层在文化资本占有量上的不同,以及拥有的

---

[1]　Bernstein, B., Class, *Codes and Control* (volume 1) : *Theoretical Studies Sociology of Language*, London : *Routledge*, 1971.

[2]　参见[澳]马尔科姆·沃特斯:《现代社会学理论》,杨善华、李康译,华夏出版社 2000 年版,第 209 页。

[3]　Bourdieu, Pierre, *Distinction* : *A Social Critique of the Judgement of Sociology*, Cambridge : Harvard University Press, 1984, p.376.

文化类型是单一还是多元上的差异。布尔迪厄曾将资本的概念进行了扩展和深化，认为资本不仅仅是经济上的增值概念，还包括文化、社会关系上的增值，包括三种类型：经济资本、文化资本和社会资本。文化资本（culture capital）又分为三种形态：（1）具体的状态，以精神和身体的持久"性情"的形式；（2）客观的状态，以文化商品的形式（图片、书籍、词典、工具、机器等等）；（3）体制的状态。① 而无论是身体化的文化资本，还是以实体形式或者制度化的形式存在的文化资本，在各阶层中的拥有量是不均衡的，呈现出文化资本拥有量上的差别。如中上阶层在实体性的文化资本占有上，就比大众阶层要多，家庭中拥有的书籍、艺术品、古董等在数量、品质和类型上，都优于大众阶层。中国社科院的调查显示，我国中产阶级的阅读，体现出类别上的多元和内容上的多层次，除了喜欢阅读文艺、财经、自然科学等类别的书籍外，还喜欢看一些周报或周末报，这个比例几乎是其他群体的两倍。他们平均每周上网时间达到 15 小时，阅读的是《参考消息》《南方周末》和经济类报纸。② 因此中上阶层通过文化累积，拥有了比大众阶层数量上更多、类型上更多元的文化资本，因此上层的文化多元与大众的文化拥有的单一状况，显示出文化资本的区隔作用，"在经济资本、社会资本差异不显著的情况下，是文化资本的多少决定了群体在社会结构中的地位与声望，文化资本丰富的群体在文化消费上表现出与其他阶层差异明显的品味区隔"。③ 可见，文化资本作为中上阶层的符号象征权力，一方面具有强化阶层偏好的作用，作为上层文化标准和文化偏好的"标签"与"符号"，不断塑造着本阶层的品味和格调；另一方面，阶层文化偏好又以群内认同、群外排斥的倾向进一步加深了阶层间的区隔，以不断呈现在群体之间的"象征差异"型塑着阶层趣味，并不断固化成本阶层的惯习特点和风格，升级阶层之间的文化隔阂。

阶层文化的区隔也体现为集体性的文化无意识。这种阶层化的文化偏好往往会以惯习和某种象征性文化符号，内化在群体的思维方式和行动导向之

---

① 参见［法］布尔迪厄：《文化资本与社会炼金术》，包亚明译，上海人民出版社 1997 年版，第 192—193 页。

② 文佳：《中国新富人群的基本特征》，《大公报》2004 年 8 月 19 日。

③ Bourdieu P, *Distinction. A Social Critique of the Judgment of Taste*, Cambridge. Massachusetts: Harvard University Press, 1984.

中,成为一种集体的文化无意识。"它们一般以控制意识的习惯形式而存在,而这些习惯自身就是无意识的。最有意识的思想和艺术的选择总是由他自己的文化和鉴赏力支配的,这些选择本身就是一个特定社会、年代或阶级的客观文化的内在化。"①个体的文化无意识常常是个体自身的修养、格调和文化图式,而阶层的文化无意识则是群体性的文化惯习,一种阶层习性,内嵌在群体的生活方式和趣味倾向之中,成为阶层的生活风格和默认的文化评价系统,左右着群体中的成员,而他们的选择倾向由内在的阶层偏好导引,体现的是阶层文化的"品味"属性,与本阶层文化偏好不符的文化产品或者文化消费行为,都会受到无意识的抑制或排除。

2. 从众性。

在不同阶层之间,文化偏好差异显著,体现为一种品味、阶层文化的隔离;而在同一阶层(群体)中,则由于类似的文化熏陶,具有了偏好的趋同性和从众性。在同一阶层中,首先体现的是个体作为影响者,对他人选择的影响:"他人的偏好选择往往会影响到周围人的选择,成为前提经验。"②其次,体现的是个体之间交互的影响,互为影响者:"个体之间相互影响,使该相关群体的偏好具有大众趋向性,从而具有类似的口味。"③在群内的从众现象,是将某种文化作为时尚与流行,进行模仿,形成一种群内的文化认同。体现在阅读选择上,是某一类型的书籍受到某一阶层家长的推崇,相互的推荐。如在中间阶层中,家长共同偏好的是国外引进版的童书,相互间推荐的也是这类书居多。

(二) 文化偏好的代际传递差异

从阶层文化的特征来看,由于各个阶层自身的文化偏好,在趣味、格调以及文化资本的拥有上有着相应的区隔,这种文化屏障也会通过代际传递,影响到下一代的文化选择。"文化资本最重要的方面是文化被作为资源使用,在一定的条件下,可能从一代向另一代传递。④ 但不同阶层的文化偏好,是否在传递性上具有差异? 哪些传递是递增的? 而哪些则受到牵制,呈现传递上的

---

① 麦克·F.D.扬:《知识与控制:教育社会学新探》,谢维和等译,华东师范大学出版社2002 年版,第 181 页。

② 谯旭:《决策偏好的理论与发展》,《统计与决策》2007 年第 4 期。

③ 谯旭:《决策偏好的理论与发展》,《统计与决策》2007 年第 4 期。

④ Annette Lareau and Elliot B. Weiningre, "Cultural capital in educational research: A critical assessment", *Theory and Society*, 2003, 32:567-606.

弱化趋势？哪些阶层的偏好传递在呈现出数量和质量上的优势，哪些阶层则比较单一？

从不同阶层文化偏好的传递差异上分析，能够看到不同群体亚文化的变动状况，部分群体的文化偏好得到强化，部分群体的趣味则受到贬抑，呈现边缘化的状况。如在当前中间阶层日益增多、力量增强的社会情境下，中间阶层的文化偏好就日益受到重视和强化，大众阶层的趣味倾向受到削弱。在对不同群体的文化资本量分析中，李煜的研究也表明了个人的高层文化资本量的大小与阶层归属、教育等显著相关。①

笔者认为，阶层文化偏好的代际传递差异，包含了三种状况：一是特定阶层的偏好受到强化，成为受追捧的主流文化趣味，其中中产阶层的文化偏好传递最为明显，传递性和影响力最强。布尔迪厄认为，行动者在社会中的位置（地位）是受三方面因素影响：（1）拥有资本的总量；（2）资本的构成比例（拥有不同资本的相对数量，特别是经济资本和文化资本的相对数量）；（3）资本的数量在时间上的演变。② 在我国自 20 世纪 90 年代末开始，中产阶层人数日益增多，中产阶层的壮大，在社会活动中的影响力也日渐增强，一方面他们所拥有的经济资本与文化资本量上的积累，使他们有能力实现经济资本到文化资本的转换，并且能够通过多元的文化投资，实现对下一代文化资本的增强性传递，也就是说，他们的文化偏好在代际传承过程中，具有了强传递和扩大传递的效能；另一方面，由于后现代社会中媒介的消费文化观念不断增强，为了刺激有经济实力和文化消费习惯的中间阶层去"消费文化"、"购买文化"，中产阶层的文化趣味和格调就受到媒体的推波助澜，被不断扩大社会认同度，中产阶层的生活风格、趣味倾向错觉成为社会众层的文化时尚和文化情调代表，这是客观上社会文化对中产阶层偏好的强化。以上两个层次的原因，使中产阶层的文化偏好扩大了社会影响力，而在偏好的传承上具有了相应的优势。如近几年出版的儿童绘本书籍，基本定位是中产阶层的趣味偏好。参见表2—4：

---

① 李煜：《文化资本、文化多样性与社会网络资本》，《社会学研究》2001 年第 4 期。
② Bourdieu，Pierre，*Distinction*，*Cambridge ： Harvard University Press*，1979，*p.*114.

表2—4　童书的中产阶层文化偏好

名称	价格	版本	包装	出版社、出版时间
《感动世界经典绘本·分享篇》朱迪丝·克尔	32.20 元	引进版	套装全 2 册	吉林出版集团公司 2010 年版
《世界儿童文学经典拼音美绘本第 3 辑》	79.00 元	引进版	套装共 5 册 小学 1—2 年级	北京少年儿童出版社 2009 年版
《猜猜我有多爱你》麦克布雷尼	32.80 元	引进版	一册 美绘本	明天出版社 2006 年版
《世界名著拼音美绘本》李雁等	79.00 元	引进版	套装共 5 册	北京少年儿童出版社 2008 年版
《海底两万里·凡尔纳经典》儒勒·凡尔纳(Verne.J.)	18.80 元	引进版	一册 美绘本	北京出版集团公司 2011 年版
《牛津经典童书·分级阅读第 3 级:山羊和毛驴系列》西蒙·普托克	40.50 元	引进版	套装共 3 册	现代教育出版社 2011 年版
《暖房子绘本·关于爱的故事:亲情篇》艾莉森·埃奇森等	59.40 元	引进版	套装共 6 册	中央编译出版社 2010 年版

　　这种偏好,体现在精美的装帧(精装大开本),系列化(以套装系列出版售卖,并不单册出售)、价格也是倾向于中产阶层的消费层次(简单十几页或是几十页书,价格都在几十元左右),绝大多数绘本是受中产阶层喜爱的国外引进版本(许多还是中英文对照版,适合家长同时进行英文教育),还有许多书主要是在网络上的销售,适应的是中产阶层的网购选择,符合他们的消费习惯和文化趣味。因此,从阅读选择的中产化倾向看,中产者的格调借由媒介的促成,通过文化资本的增强性代际传递,既实现了阶层文化的增值再生产,阅读偏好的再生产,也实现了本阶层文化的扩大效应。

　　二是不同阶层的文化资本传递上呈现多元与单一的区别。如表现为中上阶层传递给子女的文化趣味具有多样性,而大众阶层的文化趣味传递具有单一性。这种单一性,特别体现在城乡文化累积的差异上,大众阶层中的农民阶层,文化资源匮乏,文化传递上就体现出一定的单向度。

　　比如我今天讲海洋这一课,讲到海底世界,就问学生们,海底都有什么呀?学生就不说话,他们很多都是外来务工人员的孩子,没有去过海洋馆,也很少读这类的书,没有这方面的感受和体验,没见过呀,就会影响课程本身的进行。

　　家长对比较高层次的东西,没有要求。他们觉得送孩子到学校,学的就是课本上的,学会了,就已经很不错了,已经满足了。当然其中一部分是因为经济因素,觉得买那么多课外书是浪费。维持的是最基本的生活需要。这种视野上的欠缺,造成我们的课程局限和困难。因为要在课内不断地补课。

　　　　　　　　　　　　(访谈 F 老师:2010 年 10 月 9 日　上海 R 小学)

中产阶层与大众阶层在孩子阅读选择上的对比,具体如表 2—5:

表 2—5　中产阶层与大众阶层的文化偏好差异及传递度

阶层	选择类型	选择倾向	偏好传递程度
中间阶层	科学类、文学类、艺术类、外语类、教辅类较多	关注名著、经典、艺术修养提高、个人兴趣提高、外语提高、中外文化贯通,重视孩子的综合阅读均衡阅读和深度阅读	强传递:传递意识强、传递类型多元、传递数量较多
大众阶层	文学类、教辅类居多	关注与学业成绩相关的阅读或者教师推荐的书籍	弱传递:传递意识弱、传递类型单一、传递数量少

　　由于中间阶层自身拥有较多元的文化资本,因此在下一代的文化传承上,表现出非常重视对子女综合文化素养的培育与熏陶,在给孩子的阅读选择上,也就具有综合性和全面性的特点,多元化的文化传递意识非常强,如注重经典作品对培养孩子诗书气质的意义,同时,为使孩子具备中西文化修养,许多家长选择外语类读物或者国外经典童书给孩子读,使他们具备中西文化视野。如家长 D(杭州某大学教师)说:

　　我给孩子选的书,有《长袜子皮皮》《窗边的小豆豆》《秘密花园》《亲爱的汉修先生》《时代广场的蟋蟀》等等吧,①主要是给他开阔视野,还有些是中英文都有的,我可以和他一起读时再教教英语,给他打个好的外语底子,以后学外语会轻松些。

_____

　　① 《长袜子皮皮》([瑞典]林格伦著)、《窗边的小豆豆》([日]黑柳彻子著)、《秘密花园》([美]弗朗西斯·伯内特著)、《亲爱的汉修先生》([美]贝芙莉·克莱瑞著)、《时代广场的蟋蟀》([美]乔治·塞尔登著)都是国外引进版。

　　而大众阶层由于自身经济资本以及文化资本的匮乏,在文化偏好的传递上显示出弱势状态,较少关注阅读类型上的均衡和综合素养的培育。因此,不同阶层在文化资本占有量与质上的差异,就导致了各阶层文化偏好代际传递上的必然差异,中上阶层在文化资本上的优势,使他们在代际文化再生产中更容易地实现偏好继承、阶层地位的隐在复制。而从文化偏好的传递性程度上分析,由于中间阶层的文化资本在代际传递上的强传递性,因此对孩子的阅读偏好有显著影响力。

　　三是大众阶层文化偏好的代际传递中出现异质性和非连续性,表现出文化传承上的文化异化状况。这种文化非连续性的特点,在城市底层、乡村阶层中体现得更为明显和突出。如新华社对农民工子女的调查:87 份有效调查问卷中,35 名农民工表示自己"一本书都没有",占总数的 40.2%,另外有 30 人表示自己的书在"5 本以下",只有 22 人说自己的书在"5 本以上"。① 笔者的调查也显示,在城市郊区,这种文化传递失调的状况也比较明显(参见表 2—6):

表 2—6　市郊家庭中的文化传递状况②

家庭藏书量(本)		A.≥100	B.≥300	C.≥500	D.≥1000
学校 G	频数	40	28	5	2
	%	44.9%	31.5%	5.6%	2.2%
学校 R	频数	42	25	9	2
	%	43.3%	25.8%	9.3%	2.1%

　　从统计数据看,农民工家庭中藏书不足 100 本的达到了 44.9% 和 43.3%,即使有,也是成人杂志和流行书刊居多,文化资本拥有量很低,文化传递的单向甚至断裂就很难免。

　　因为我们这里外来务工人员多,家长的经济条件有限,或者有些家长本身就不重视课外阅读,认为课外书没什么作用,像订报,比如说学习报,一年 18 元,他们都舍不得。学校为了提高学生的阅读水平,都是学校自

---

① 《关注农民工精神文化生活》,《法制日报》2005 年 2 月 2 日。
② 学校 G 和学校 R 是 H 市市郊两所学校,学生家庭主要是农民工家庭。

己筹费买书给孩子看。比如说我们开展的书香童年,很多孩子在家没有书,布置了常常完不成。

（访谈 T 老师:2010 年 10 月 29 日　苏州 T 小学）

一方面,在农民工群体中,家庭中的重要他人本身文化偏好单一,导致了代际传递上的文化弱势。由于农民工群体本身的实体文化资本拥有量就很少,在对下一代的文化传承上,出现单一化、非连续性的状况。如教师所反映的状况,家长偏好的是与考试相关、能够迅速提高成绩的教辅书,对于综合培养类的书籍,并没有选择的愿望。而在家中即使有一些书刊,基本上也是成人的消遣娱乐杂志,这些成人书刊,本来就不适合中小学生阅读,因此也就无法实现家庭中的文化传递。另一方面,学校在学生的阅读培养上迎合的是中产阶层的趣味和城市偏好,①对农民工子女来说,具有一定的异质文化属性,也就必然产生了文化传递中的困难。农民工子女在学校接触到的无论课内还是课外书,都是以精致语码构建的阅读内容、中产阶层的趣味倾向,这对他们来说,"前理解"结构中不具备接纳的"解码",就会出现阅读障碍,呈现阅读上的异质状况和文化吸收困境。

---

① 阿普尔认为,学校知识的"选择性传统"(selective tradition)与阶层文化之间有密切关系,"在显在知识的水平上,选择性传统和合作的作用导致某些价值和实践得到重视(常常是中产阶级的一部分)而另一些价值和实践则被忽视、排除、淡化或者重新解释。中产阶级创立的共识,已经变成为社会和智力可能性的唯一解释。"参见[美]迈克尔·W.阿普尔:《意识形态与课程》,黄忠敬译,华东师范大学出版社 2001 年版,第 95 页。

第三章　历史情境中的他者：
代际差异的视角

　　置于流动的历史之中去看少年儿童的阅读生活，是关注阅读选择的历史生成性，回归到阅读存在的历史语境和文化土壤中去查找成因。少儿阅读呈现出代际上的差异，反映的是不同时代文化的特殊性，几代人因为成长环境的不同，在价值取向、选择行为上的时代文化烙印，呈现出迥异的阅读内容、方式和获取途径。翻查现代历史不同时段中个体的童年、少年阅读记忆，寻找的是影响一代人精神成长的关键人物，这些导引了个体阅读倾向的重要他人是谁？他们的哪些取向、态度、语言、行为、情感影响了个体？在特定时期通过何种特定推荐方式和途径，将怎样内容的读物给予了少年儿童，这样的读物对他们的心灵建构和阅读走向产生了哪些重大的影响，进行了怎样的文化传承，形成了怎样的时代精神气质和文化心态？在阅读导引中，哪些个体或群体的重要他人与其他重要他人之间形成了怎样的关系，是冲突对抗，还是互动耦合？因此，考察历史情境中重要的阅读启蒙者，就是了解阅读文化本身所具有的时代性、情境性特征，尝试分析不同时代重要他人群体的变化、推荐方式的差异和内容上的改变，他们因特定的历史际遇对时代文化的型构，对少年儿童阅读者的导向和阈限。"不同年龄族群的文化选择与接受能力而形成了更为繁复的文化构成。一种文化的代群的指认，不仅意味着某个生理年龄组，而且意味着某种特定的文化食粮的喂养，某些特定的历史经历，某种有着切肤之痛的历史事件的介入方式。"[1]

---

[1]　戴锦华:《隐形书写——90 年代中国文化研究》,江苏人民出版社 1999 年版,第 136 页。

　　本章将我国当代历史情境中的重要他人依据阅读文化在不同时代呈现的特点,将其归为四个历史时段,以便梳理不同时代社会文化状况与特定阅读推荐之间的关联及影响。1949—1966 年为一段,红色阅读时代中,体现的是政治化主流阅读限制下童书推荐的阈限,少儿阅读的单向度和分层阅读的出现。1966—1976 年,在文化沙漠时代中,文化钳制下的阅读市场枯寂,影响少儿启蒙读物的重要他人分化成为两种类型,一类是传播革命经典叙事的主流文化者,另一类是处于地下的特殊推荐者及地下阅读的发起者,形成了阅读的小群体现象和私人化的启蒙过程,体现出特定重要他人群体对读物的辖制以及地下阅读中的启蒙异变和反向推荐等现象的存在。在 1978—1989 年中,是文学阅读的黄金时代,呈现出自由而多元的阅读取向,作家等偶像型重要他人引领时代的气质以及对人文阅读的导引,受到学生的追捧。1990—1999 年前期,文化界对个人化写作的推崇,一些原创作品得到主力推荐,偶像型少年作家具有了现实的影响力。在 20 世纪 90 年代中后期,随着文化商品化的过程,商业团体或个人开始成为童书推荐的主力军之一,少儿阅读推荐的重要影响者从较单一的群体逐渐呈现多个文化权力群体的参与,日渐展露流行元素对少儿阅读选择的影响。

　　而这些异时代读物推荐的内容、局限和推荐方式、途径的特殊,隐含着的是该时代重要他人的导引取向和文化传递的博弈,他者对时代"知识范型"的塑造。或者展现为主流话语的强势,或者展现为一种对理想性的召唤,或者展现为"物化"文化的染指,也都由于呈现出时代文化的呼求、镌刻着时代阅读价值取向对少儿的心灵成长、知识构架以及思维框定所形成的特殊印迹。

第一节　1949—1966 年:选择性规则的强化

　　从少儿阅读的关键导引者——重要他人群体在启蒙读物筛选的规则制定上分析,少儿阅读的知识选择者是谁? 哪些群体参与了选择,选择规则的确定则主要依据的是哪些(哪个)群体的意见? 而选择规则的制定,则具有显著的情境性,在不同的时代情境之中因为主导群体的价值取向和制度规制,呈现出相异的规则。在新中国成立初期,由于国家支配群体对文化决策权的强化,使得原本由学校和教育行政掌控的知识选择权出现显著的上移现象，政治核心层加强了对文化的管辖，并直接介入和控制了知识的筛选过程，预设了知识的架构。在这里，知识传递权与国家行政权合二为一，知识传承受到了严格的控制，体现的是一种刚性的"选择性传统"（selective tradition）的文化。① 而在新中国成立之初，当国家强化"符号控制"时，是期望通过文化规约来实现"生产、再生产、传播和改变符号资源这个社会认知的核心"。②

一、阅读的单向："红色阅读"

在新中国成立之初到 1966 年，随着国家对文化、教育领域的控制性不断增强，使知识的选择权力不断上移，首先体现出的就是少儿阅读选择上的显著单向性。这种单向性表现在以下几个方面：

1. 重要他人群体的单一化。从少儿阅读的导引者本身来说，少儿从初级社会化的时刻开始，就存在着多个重要他人对其精神世界的建构影响，包括家长、教师以及编者、同学朋友等多方面的重要他人，但在新中国成立初期，由于国家权威的意识形态需要，少儿的阅读筛选人及引导者则呈现出单一化的状况。这是与当时国家核心层需要文化教育归附政治需要的结果。因此，新中国成立初期少儿阅读启蒙的重要影响者主要是政治核心人物，即使包括部分文化界的重要人士，也已从上层群体对筛选的取向进行了基本的框限，这个基本的原则就是政治规则，而家长、编者、作者的影响力明显地弱化。

2. 推荐内容的单一性。在新中国成立初期，少儿阅读启蒙的重要影响者主要是政治核心人物，阅读的取向也直接体现为政治取向，这种政治取向就不可避免地使课外阅读的筛选取向与主流话语呈现出密合的状态。在 20 世纪 50 年代，儿童文学曾有一定的发展，中央重视少儿读物的出版和发行，但从1957 年的"反右派运动"扩大化开始，主要的儿童文学作家受到批判，国内原创的优秀作品就日渐稀少，代之以"为工农兵服务"、"为政治服务"的红色作

---

① 关于"选择性传统"，文化学者威廉斯认为，在特定的社会情境下，文化的"选择性"非常重要，它决定了曾有的"活文化"中哪些内容可以被记录下来，哪些则不可以。并且指出了文化的"选择性"与支配阶层的利益密切相关。参见［美］迈克尔·W.阿普尔：《意识形态与课程》，黄忠敬译，华东师范大学出版社 2001 年版，第 57 页。

② ［美］迈克尔·W.阿普尔：《意识形态与课程》，黄忠敬译，华东师范大学出版社 2001 年版，第 68 页。

品。当时为了统一童书推荐者的思想倾向，儿童文学界曾就对童书中的"童心论"取向进行了直接的批判，通过这种批判来弱化并改变儿童本位的阅读观，显然，这是政治运动如"反右"、"批修"介入文化领域的直接结果，而形成的则是当时的"红色阅读"一统天下的状况。

3. 推荐方式的单一性。表现为重要他人对少儿阅读的单向介入，重要他人与重要他人之间、重要他人与少儿之间的互动性明显弱化。从重要他人的类型化的影响度分析，这一时段影响学生阅读选择的重要他人类型，主要是权威—主导型的政治权威，表现为明显的单向垂直性影响方向。

4. 取向上的单一，阅读的替代性显著。单向性也就呈现为替代性，表现为"红色阅读"的独唱，政治取向替代了人文取向。在当时，文化作为政治的主阵地和重要工具，是首先需要从取向上进行调整的。儿童阅读的推荐者也需要顺应意识形态加强化的要求，强调要使下一代"做红色的接班人"，就要时刻"牢记着阶级斗争"。① 詹姆逊在《批评的历史维度》中说过："我们常常处于阶级、意识形态和文化历史的'境遇'中，我们从来就不可能仅仅是白板，它总是一个更普遍的'祛魅'过程的一部分。"②在教育领域，不仅仅是课程的政治化，而且是作为课程延伸的课外阅读，也受到意识形态化的影响，阅读作为重要的文化控制手段，是传递和渗透主流价值取向的重要载体。从取向上看，政治性和思想性不仅是选择教材内容的标尺，也成为选择课外读物的唯一标准。在课外阅读筛选过程中，呈现出的意识形态价值取向，是核心人物通过渗透在读物内容选择、人物塑形、语言表述之中，完成知识的政治内化、历史建构的。

这些单一性强化了政治统领的作用和意义，应和少儿启蒙上的政治权威性和意识形态化，由于是单向介入的方式，更显示出政治对文化的阈限和知识控制的强力规制。

从影响过程分析，官方重要他人在教育领域的强力介入，是从对学校教科书的修改开始，并进一步延伸入学生的课外读物之中。在新中国成立后的 17 年中，为了"从各个方面反映革命的胜利"，清除旧社会遗留下来的思想，需要

---

① 郭沫若：《红领巾的宣誓》，《儿童时代》1965 年第 7 期。

② ［美］弗雷德里克·詹姆逊：《批评的历史维度》，胡亚敏、李恒田译，《华中师范大学学报》2004 年第 5 期，第 6—14 页。

用革命思想来教育下一代。通过学生的课程设置修改课程内容，是实现思想统一的方法之一。如当时的初中课程要求：

> 课文内容"必须有正确的思想性和政治性"，课文要有利于发扬爱国主义思想和国际主义精神，"无论哪一门功课，都有完成思想政治教育的任务，这个任务，在语文科更显得重要"。①

而当时的苏联教育专家在评价中国的语文教学时，也认为缺乏语言因素和文学因素，"政治说教"过多。虽然中间也有本国专家呼吁"不要把语文课讲成政治课"，但由于"阶级斗争"和"反修防修"是关键任务，早期的语文教材具有强烈的政治气息。而进一步通过文化筛选机制，在学生的课外阅读中剔除"封资修"余毒，呈现"红色阅读"的光芒，就是纯化思想的有效途径。因而，从20世纪50年代到60年代初期，童书选择中必须反映"阶级斗争"和社会主义建设的内容，以及为了强化反"修正主义"的政治影响，有关"童趣""童心""母爱"以及其他体现"人性"的内容，就逐渐被批判和删除，这是当时文化政治化在童书选择中的必然体现。伯恩斯坦认为："一个社会如何选择、分类、分配、传递和评价它认为具有公共性的知识，反映了权力的分配和社会控制的原则。"②在当时，启蒙读物承接课程政治化的导向，通过编者以及政治审查者的层层把关，留下的主要是表达革命胜利以及歌颂社会主义建设成就的内容，如《青春之歌》《创业史》《红旗谱》《暴风骤雨》《吕梁英雄传》《红岩》《铁道游击队》《林海雪原》《地道战》《新儿女英雄传》；"苏维埃经典"如《钢铁是怎样炼成的》《卓娅和舒拉的故事》《青年近卫军》等。反映党中央领导的革命回忆录、小说等，不仅大量出现在文科教科书中，也充满了课外读物的世界。这样筛选的目的，主要是附应政治的需要，"为处于社会转折期中的民众，提供生活准则和思想依据……"③

> 那时，我们读的基本是英雄、革命题材的书，比如《吕梁英雄传》《林海雪原》《青春之歌》《暴风骤雨》《红岩》《铁道游击队》《野火春风斗古

---

① 《共和国60年阅读史话》，http://book.ifeng.com/culture/3/200909/0922_7459_1359305.shtml.

② ［英］麦克·F.D.杨：《知识与控制——教育社会学新探》，谢维和、朱旭东译，华东师范大学出版社2002年版，第47页。

③ 洪子诚：《中国当代文学史》，北京大学出版社1999年版，第107页。

城》《地道战》《新儿女英雄传》等等,除了这些,也很难找到其他的书啊。我觉得这些书对我影响还是很大的,有理想主义倾向,还多少有些英雄主义情结。

（访谈 R 教师:2010 年 4 月 21 日   杭州）

应该说,这些作品对于统一思想、反映当时的革命奋斗历程以及学习苏联经验有一定的积极意义,但浓重的政治色彩在实际中形成了学生精神生活的单一和文化吸收中的苍白,大量战争及革命人物的描绘和歌颂,造成了学生阅读过程中缺失比较的可能和思考的基础。在这其中,读物隐含的战争思维和英雄崇拜观念,是通过那些模板化的领袖形象、对战争过多笔墨的渲染而传递给下一代的。如不仅仅在教科书中,在无数的课外读物中,学生看到的领袖都无一例外是具有聪明才智、崇高精神和高瞻远瞩意识的精英;革命战士都描写为勇敢无畏、具有集体主义精神、高尚情操和勇于献身的典范。这里隐含的取向就是:战争是必然的,英雄是楷模,无论从战争年代到和平年代,他们都是大众的救星。而过度渲染英雄的同时,大众的意义被弱化或消解,普通人的生活也因此在英雄人物、革命战士的光芒中暗淡,从而形成对英雄、领袖人物的膜拜和盲从,对战争本身的崇尚。而将政治军事思维、斗争文化渗透在无数读物之中,就必然导致了阅读的政治逻辑,对下一代的人格塑造和文化启蒙就只能以这样的单向构造实现"体制内"的完成。如:

我们那时看的,书还有小人书,也是"红色"的多啊,像《董存瑞》《红灯记》《长征的故事》《白求恩》《仇恨的伤疤》《刘胡兰》《反修前线的红哨兵》等等吧。

（访谈 S 教师:2010 年 4 月 22 日   杭州）

这种筛选导向,也进一步强化了成人阅读观而不是儿童本位的阅读观。在政治主导一切的形式下,核心人物在改造了学校课程的同时,也通过编者的筛选,构建出符合革命形式需要的儿童阅读体系。这个体系就是:战争类——英雄类——革命类——样板戏类的阅读构架。在我国历史上已经形成的"群体本位"文化中,少儿一直是被看做被教育、被社会化的个体,培养群体意识和集体精神就是文化传导的关键部分。在当时,通过阅读筛选就更加强化了这种成人本位观,给予儿童的是成人的文化观念和群体经验,接受的是革命思想教育、集体精神培育,儿童失去了应有的"童趣""童心"世界,个体独立的思考和自由的想象空间,儿童成为了缺失童年的"准成人"。而读物中高度模式化的人物形象塑造,也是形成儿童片面主体意识和顺从思想的原因之一。茅盾对当时儿童读物的评价是:"政治挂了帅、艺术脱了班、故事公式化、人物概念化、语言干巴巴。"①

二、分层阅读:阶层性与实效性

(一) 实效性与工具性:与批判契合

20 世纪 60 年代起,随着中苏关系的紧张以及国内外各种形势的复杂,决策者进行了更多的政策调整和改动,反映在文化领域,就是阅读的分层分流现象。国家出于对国内外政治斗争的考虑,强化了文化领导权,进行了阅读的分层控制,形成了"大众阅读"与"圈内阅读"两个不同的阅读世界。在大众和市面上,是红色读物的世界,在政治界以及文艺界的意识形态上层,出现的是"内部读物"(俗称:"皮书")。② 这些"内部参考"书,除部分理论著作外,多数文学作品是适合青少年阅读的,但由于当时的教育、文化都需要"以阶级斗争为纲",因而阅读取向框限在政治取向之中,作品只要体现"人性""关爱""情感"等内容,就都不适合培养"培养红色接班人"的标准,是"资产阶级趣味"以及"修正主义"思想,因此,出现了阅读的错位:这些书籍被排除在青少年的阅读视野之外,归限在有级别的"圈内人"手中,而阅读的目的,则主要是作为批判的"反面工具"。

工具性体现在这批"皮书"的出版,目的是特殊的:不是为了给青少年和大众知识的滋养积累,而是为了给政治核心层提供论战的依据,批判的工具,为"反修"提供反面教材,是国内外政治斗争的需要。"因为要和别人论战,不

---

① 李利芳:《论中国现当代儿童文学中的儿童观》,《兰州大学学报》2000 年第 28 期,第 1 页。

② 这批"皮书"包括理论类、文学类等,理论类主要是一些被称为修正主义代表人物的作品,如伯恩斯坦、考茨基、托洛茨基等人的著作,以及一些批修文章。小说类如:爱伦堡著《解冻》、《索尔仁尼琴短篇小说选》,卡里宁著《战争的回声》,柯热夫尼科夫著《这位是巴鲁耶夫》,季亚科夫著《亲身经历的故事》,贝科夫著《第三颗信号弹》,阿克肖诺夫著《带星星的火车票》、《艾特玛托夫小说集》、《你到底要什么》、《麦田里的守望者》、《伊万·杰尼索维奇的一天》等;诗歌类如梅热拉依季斯著《人》,叶甫图申科著《娘子谷及其他》,梅热拉依季斯著《人》;回忆录如《斯大林女儿的信》、《人、岁月、生活》等等。

清楚对方的立论和观点,也就无法深入分析。要弄清现代修正主义,又必须知道以伯恩施坦、考茨基为代表的第二国际修正主义。"①这些批判读物出现在中苏关系破裂时,表现了决策者的政治焦虑和意识形态上的敏感,对苏联模式的远离,对西方模式的警惕。1960 年,中共中央成立了"反修领导小组",准备与苏联进行意识形态大论战。只有红色系列的阅读,不了解"修正主义"的内容和核心思想、基本理论,论战自然缺乏论据显得单薄,因此需要出版一批对立面的书,才更有参考价值和说服力,因为"有批判才有鉴别,有对比才有效果"。作为高层领导和部分文化界人士参考的"皮书"(又称为"内部读物")出版了。

> 陈冰夷先生(当时《世界文学》杂志社领导),回忆:1959 年 12 月到 1960 年 1 月,中宣部在北京新侨饭店召开了一次跨年度的文化工作会议,会后周扬找一些人谈话,讲要出版反面教材,为反修提供资料。周扬找了一些专家、理论家座谈,批判资产阶级文艺中的人道主义、人性论等问题,探讨反修、主要是要大家对外国文学界发生的大事加强调研,要出反面教材,为领导提供参考。中宣部专门成立了文艺反修小组,这个小组主要是起草反修文章,同时抓"黄皮书"的出版。②

主要试图通过对"皮书"的批判,"祛苏化"和"祛西化",实现思想上的独立和文化上的民族主体感,通过对对立面思想来源的深入了解,获得"独立声音"的力量,通过否定"他者"来获得自我的确证。因此,从这批书出现的开始,就呈现出强烈的政治色彩,不是作为文化的品位和知识的积累,而是作为"批判的对象"进入主控者领域的,推荐的目的是为了"批修""批资"。如俄罗斯作家瓦西里·阿克肖诺夫的作品《带星星的火车票》1963 年出版时,编者的附录写道:

> 小说描写一群苏联阿飞青年跨出十年制学校以后,为追求刺激,追求西方糜烂的生活方式,竟离家出走,结伙各处流浪。作者在书中宣扬了资产阶级颓废的人生观,美化了腐朽的资产阶级生活方式。③

---

① 方厚枢:《出版"灰皮书"的记忆》,《北京日报》2011 年 2 月 28 日。
② 沈展云:《灰皮书,黄皮书》,花城出版社 2007 年版,第 9—10 页。
③ 刘文飞:《"黄皮书〈带星星的火车票〉的再版》,《中华读书报》2006 年 9 月 6 日。

（二）阶层性的强化:分层阅读

从阅读分层的国际背景看,决策者进行这种阅读分层、分流,是与当时复杂的国内外局势以及中苏关系恶化直接相关的。20 世纪 60 年代,面对中苏关系的破裂和复杂的国际关系和局势,决策者要求文化出版界出版反修书籍,而选出的都是在苏联或受表扬或受批评的作品。从维护意识形态和民族文化主体性的需要出发,阅读的批判性和层次性展现了更为强烈的文化政治化趋势。针对不同阅读群体出版和阅读的书籍,一方面在阅读目的上体现出了文化为政治服务的工具性——"批修",另一方面在阅读群的划分上,做了相应的严格限定,不同书籍对应不同层次的读者。展现了文化特权意识和文化的控制性。

从当时的出版目的上,已经潜在地限定了这些读物的阅读对象,是高级干部和文化界要人,阅读这些书是高层人士的"政治待遇"。据统计,最初"黄皮书"只印大约 900 册,出版后,会按规定由有关单位和人士购买。①

> 因为"灰皮书"是供批判用的,故分"甲乙丙三类,限定发行范围;甲类最严,表示'反动性'最大。如伯恩斯坦、考茨基、托洛茨基等人的著作,阅读的对象都严格控制"。②

可见当时"皮书"作为一种政治斗争的工具,也是考虑了受众接受层次的,由于当时决策者作为阅读选择的重要他人,之所以进行阅读分流分层,是因为认为大众不具有辨别"皮书"思想性优劣的认识水平,因而不适合对大众开放,更不适合稚嫩的青少年阅读,就只限制在上层流通。分层实际上标定了几种倾向,一是知识的等级性,对阅读群体的分层限定。阅读是有群体性差异的,大众与上层的阅读内容是有别的,"内部读物"的阅读是身份和地位的象征,是一种政治待遇。二是知识的区域性差异。为什么会有发行上的区域差异呢? 在当时对城乡的阅读就有一定的规定,如要求:"不适合一般群众阅读的古籍、外国文艺作品等,只发中等以上城市,一般县城一律不发;年画、历书和各种通俗读物优先供应农村。"③从而形成文化传播中群体上的差异化、等级化和区域上的城乡差异。三是多层限制的阅读圈。"多年来,内部书要按

---

①　参见张福生:《我了解的"黄皮书"出版始末》,《中华读书报》2006 年 8 月 23 日。

②　沈展云:《灰皮书,黄皮书》,花城出版社 2007 年版,第 5 页。

③　刘杲、石峰:《新中国出版五十年纪事》,新华出版社 1999 年版,第 70 页。

级别分配,也是一大发明。某些书'限省军级',某些书'限地师级'。"①对阅读级别的严格控制,体现的是知识更细致的文化阶层归属:哪些知识是哪些阶层可以阅读的,哪些知识是哪些阶层中的哪些群体可以阅读的。因此不仅是阅读的阶层化,还有进一步的"小众"阅读分层。形成了多个圈层的阅读控制。不仅皮书分为甲乙丙类,阅读群体也分为省军级、地师级等层次,核心人物直接干预书籍的分层阅读,通过构建不同层次的阅读圈,实现知识控制和思想的统一。

因此,"皮书"的这种阶层化现象,使之不仅成为批判异端的重要工具,也成为知识区隔的一种表达物,体现的是知识准入上的等级关系和权力分配归属。通过文化控制实现知识的分化、一方是享有特权,获得阅读权,一方是未获得"准入",也就谈不上分析理解。从阅读分层的结果上看,分层满足了政治斗争的需要,而断绝了普通大众尤其是青少年的文化滋养途径,适合他们读的书籍在知识区隔的状态下,归属到上层,成为批判的对象。青少年依然处在红色阅读的包围中。在这里,特定读物作为一种文化资本,属于优势集团和阶层,显示出知识的权力归属和文化阶层性。这种文化阶层性以隐在的方式出现,普通大众因为没有接触这些知识的机会,根本无法了解其中的意义,也就谈不上比较和分辨了。"内部参考"读物作为一种隐在的文化选择,不在大众的视野中出现,但对维护知识的"正统性"却有直接的效果。由此,显在流通的"红色读物"与隐在发行的"内部参考"在 20 世纪 60 年代共存,展现了知识传递上的差异化操作,文化内容上的阶层化区隔,逐渐形成了并存的两个阅读空间。

从随后的阅读的走向上看,通过发行"内部参考"进行的文化批判和阅读分层控制,是否就起到了阶层化阅读、"内部参考"的作用呢? 从 1966 年后的"内参"阅读的走向,我们就会发现"内参"已经走向了"外阅",文化的批判与被批判的文化并行不悖,显在的红色阅读与潜隐的地下阅读暗流共同组成了启蒙的线索。

---

① 雨辰:《解放"内部书"》,《读书》1979 年第 1 期,第 9 页。

第二节 1966—1976年:辖制与抗争

在这一时期,影响少儿启蒙读物的重要他人分化成为两类,一类是传播革命经典叙事的主流文化者,另一类是处于地下的推荐者及地下阅读的发起者。由于两类重要他人具有截然相反的阅读取向,形成了两种迥然不同的推荐方式和启蒙过程:主控辖制式推荐和地下自发式推荐。文化主控者掌控着文化传递的霸权,在政治对文化的胁迫与遮蔽中,文化被完全政治化,阅读推荐者不仅仅是被政治裹挟了的文化界人士,而且更是政治权力中心的核心人物,他们是强势的文化筛选者、控制者。但当时的文化钳制并没有实现主流文化控制者希望的文化同一性和知识同构性,而是展现出复杂的图景:阅读辖制与地下文化启蒙并行,形成了阅读的小群体现象和秘密推荐的阅读启蒙过程。在这一时段中,以手抄、口传等特殊形式进行推荐的重要他人,实现了文化荒漠时代对少儿的特殊精神滋养。

一、阅读辖制:"合法性知识"的框限

在"文革"期间,由于政治核心群体对文化、教育的强势控制,少儿的阅读启蒙被完全操控并被意识形态化,"合法性知识"成为唯一的启蒙内容。而这种"合法性知识"体现既是政治权力与文化教育之间的密切关联,对少儿的这种单一性的知识启蒙实际上是为了对少儿思想意识的控制、对政治权威的认同,实现意识形态在文化领域的全面渗透。阿普尔认为,由于统治者保存和分配那些被称之为"合法化知识"的知识,因而"权力和文化不应被视为互相没有联系的静态实体,而应被视为社会中现存经济关系的特性。它们辩证地交织在一起,从而使经济的权力和控制与文化的权力与控制相互联系"①。可见对知识的筛选主要体现在优势群体的需要上,知识是否能够传承不在于生产知识的人,而主要在于知识的筛选者,政治核心群体的意愿往往是该时代"法

---

① 〔美〕迈克尔·W.阿普尔:《意识形态与课程》,黄忠敬译,华东师范大学出版社2001年版,第73页。

定知识"确定的关键。这种"合法性知识"也就必然隐含着知识"再生产"的内在秩序,它表示的是:"哪些知识是我(优势群体)的知识?""这些知识通过哪些途径成为社会的'共有知识'、'公认知识'?"福柯也指出了启蒙背后的他者群体性作用,他认为:"启蒙被一些先在的关系所决定,这些先在关系与意志、权威和理性的运用有关。"①而在"文革"时代,文化传承与政治核心群体的密联,使启蒙的"理性"与"人文"性丧失,少儿启蒙的"合理性"已经被"合法性"所替代,筛选者的唯一标准就是是否符合意识形态的需要。具体来看,在少儿阅读上,主要体现在以下几个方面:

(一) 阅读类型的收限

"文革"十年,从语文课程内容的框定选择中,就能看到语文完全沦为政治的工具,成为意识形态输入的主要阵地。"文革"初期"破四旧"后,人文社会科学和文艺书籍几乎都被禁绝了。不只是课本内容上的单一,处于小学低年级段的孩子,能够获得的课外书也是单一的"红色",具有强烈的政治色彩。这些经过重要他人编改的读物,体现的是"重大的革命历史题材"、贯穿的是"坚持以阶级斗争为纲"的思想路径。麦克·扬(Michael F. D. Young)认为:"一种知识的建构不可遏制地与删除这些知识的人的利益联系在一起,这些人提出了自认为有道理的评价标准。"②经过核心人物的提纯,经过出版环节的筛选、删改、纯化,文化的呈现过程就成为了意识形态的灌输过程。彰显的内容,是为了保证青少年对主流思想的高度认同和内化吸收,达到"正面教育"的目的。当教育沦为了政治的工具,知识的传递就成为对人规训的过程。葛兰西认为文化霸权是统治者用来影响民众思想和兴趣的力量,使民众甘愿"遵循由统治者钦定的道德观念和价值体系、审美趣味、规则和思维习惯,认可现存的政治和社会秩序,从而自愿地服从国家的控制和管理"。③ 通过文化霸权框定"合法化"的知识秩序,从教科书到课外读物层层渗透"法定文化"的内容,在这里,部分人物以"国家意志"和"集体精神"为装饰,对个体的思维方

---

① [法]福柯:《什么是启蒙》,王晖译,陈燕谷编写:《文化与公共性》,生活·读书·新知三联书店 2005 年版,第 425 页。

② 麦克·F. D. 扬:《知识与控制》,谢维和、朱旭东译,华东师范大学出版社 2002 年版,第 10 页。

③ 黄忠敬:《知识·权力·控制》,复旦大学出版社 2003 年版,第 135 页。

式、阅读趣味和精神内核进行潜在的逐步构建和改造。那时候出版发行的小人书,一般限制在单纯的战争、人物领袖等题材上,如《沙家浜》《红灯记》《白毛女》《奇袭白虎团》《南征北战》《渡江侦察记》《铁道游击队》《渔岛怒潮》等。政治批判类读物如《金光大道》《孔老二罪恶的一生》《大寨之路》《风暴》《革命梆声》等,对儿童的启蒙是从"打倒阶级敌人"、"一切为了革命"开始的。英雄人物书如《雷锋的故事》《刘胡兰》《王杰的故事》等。突出政治杰出人物和起义领袖的小人书是主推的内容:《秦始皇》《陈玉成》《吕后篡权》《李自成起义》《黄巢起义》《黄巾起义》《孔雀胆》等。国外的优秀儿童文学儿乎不见踪影,主要依然是表达政治、战争的苏俄小说的小人书版,如《列宁在十月》《青年近卫军》等。学生读了这些小人书后的思想状态:

> 我受书上一些思想的潜移默化,在梦里也想成为书上说的那样的英雄。放学回家走着路也是东瞧瞧、西瞄瞄有没有阶级敌人在搞破坏,也让我给逮到一回当一回真正的英雄。如红色少年张高谦一样和阶级敌人作殊死斗争。可惜的是我读完了小学,读完了中学,也没有遇到书上描写的阶级敌人。①

这些战争题材、政治意味浓厚的小人书,消解着应有的诗意童话空间,渗透给孩子的是战争观、阶级斗争意识、英雄观。"文革"十年,儿童读物也逃不出政治的藩篱,孩子不得不远离童话世界,体验政治的独舞,革命的集体激情。宏大精神、集体意识的叙事,作为体制文化的产物,在持续不断的"运动"过程中完成了法定知识的"价值赋予和价值认可"。读物更多作为工具存在,也就削弱了阅读本身作为文化多元存在的可能。

(二) 他类读物的禁绝

"文革"时期,官方重要他人对"异类"读物的禁绝,是为了实现知识传播与意识形态的一体化,实现对下一代单一思想的塑型,从文化上获得一元统治的基础。这种"剔除式"筛选,使许多优秀的少儿作品进入不了孩子的视野。首先是在"批资"、"批修"的过程中,无数将可能面市的书籍停止出版,无数少儿期刊被迫停办,市面上已经很难找到适合孩子读的书刊。而各省新办的一

---

① 紫云山下:《"文革"时期的小人书(二十八)》,http://article.hongxiu.com/a/2009-7-18/3263556.shtml.

般都是可以通过审查的红色期刊,如《红小兵》、《革命接班人》、《红小兵画报》、《北京少年》等。其次,通过"批书",烧、禁掉尚还保存的少儿书刊。我们从当时的文化主导者的"批书"过程就能了解到多数读物是如何被剔除的:普希金的书可以读吧? 不能,因为普希金的书是鼓吹"情杀";凡尔纳的科幻不是很好看吗? 不许,因为儒勒·凡尔纳的幻想小说"诬蔑黑人兄弟";而"《鲁滨逊漂流记》宣扬'人性论',且有一个来历不明的礼拜五做奴仆,'不是革命同志关系';一言以蔽之,都是'毒草',均在'取缔'之列。人们偶尔读一些书,议论一点书中的情节或人物,少见多怪,也会被视为'阶级斗争新动态',闹得风风雨雨,甚至罗织成罪"。① 而当时的中小学生作为被着力塑造的"革命小闯将",焚书是否彻底,就体现了断绝与旧文化联系的决心是否彻底,"革命"的意志是否坚定:

> 这是一场大火,燃遍整个中国大地。我的一篇日记上写着:"今天,勒令我们'三天之内必须用革命的烈火烧毁所有反动书籍'。造反派还找我谈了话,说'能不能烧书,是能不能革命的试金石',也是'对我的考验',我一定要经得起考验,要进行坚决的斗争。看我的实际行动吧。"那天,几个造反派到场监视。爷爷和爸爸站在火边往里扔,我怀着"终于彻底革命了"的想法一趟趟兴奋地搬着。红色的、金色的、暗绿色的、咖啡色的……我无暇细看,反正都是"反动、黄色"书籍,一股脑儿扔进去就是了。②

也因此,学生们在"革命意识"的导引下"串联"、"放假闹革命",认为只有切断曾有的文化链接,才能获得"革命的新生",从"法定文化"的光辉中得到"最高指示"和"英雄的拯救"。我们看到,在"革命使命"和"英雄拯救"的话语导引下,实际标定的是核心人物教育领导权的合法性,读物的筛选过程就是合理合法的"护法"过程。"社会特定阶层能够凭借自己的能力将文化合法性授予某些思维类型,从而维护自己的统治。"③这种过程,是将优势集团的文化标准通过多次的"革命运动"和批判反思内化成为个体的"文化无意识",实

---

① 盛龚昌:《图书馆见闻》,《读书》1979 年第 3 期。
② 郭晨:《这么办?》,《读书》1979 年第 2 期。
③ 麦克·F.D.扬:《知识与控制》,谢维和、朱旭东译,华东师范大学出版社 2002 年版,第 13 页。

现潜在而看似合理的读物选择过程。一旦这种无意识形成,个体也就"也从不怀疑、追问这种主流文化的合理性依据,将凡是体制化的主流文化形态与现象都视为是理所当然的,全力以赴地光大、彰显、复制这种'法定文化'"。①

(三) 内容的"纯化"

内容的"纯化"、删改是在基本范围确定的基础上进一步的肢解文化,这样的"完善"过程能够更有利于政治核心群体维护"文化的正统性",从而进一步巩固政治的正统性。这里对启蒙内容的随意更改和政治附和,实现的"正统性"也就体现了其文化的"专断性"。如少儿作品的创作者,儿童阅读中的重要他人,在当时或者被批斗停止写作,或者也是被迫屈从于政治权威,改写自己的作品,来符合政治主导者的文化工具化需要,实现阅读"纯净化"的偏好,制造"合法性"的知识。因为政权核心人物指示:作家的作品必须要有"教育意义"和"革命政治性",要考虑怎样扩大社会主义,怎样缩小个人主义。("要扩大社会主义,就要缩小个人主义。个人主义,在社会主义社会,是万恶之源。")②如儿歌作品:《红卫兵之歌》:"毛主席的红卫兵,最高指示记在心,斗垮修正主义总后台,横扫一切害人精。"儿歌创作已经不能再考虑儿童趣味和诗歌意境,只有符合政治术语和口号宣传,就是好的革命作品。由此,阅读的导向就体现在政治人物的及时规训上,因为文艺要率先"积极配合政治任务和政策宣传的问题"。因此,真正意义上的知识秩序,取决于当时特殊类型人物对"合法性知识"的理解和判定,并由剔除、删改的过程,我们也可以理解,"在什么条件下特定的话语是怎样逐渐影响现实的"③。掌控文化权力的核心人物通过政策话语、制度层面的操作上,实现了阅读内容上的框定,"钦定"文化的无意识灌输。

二、地下阅读:他者的隐在导引

在"文革"这段历史中,政治核心群体进一步强化了政治对文化领域的完全控制,官方的思想导向从"以俄为师"改变为一切"为无产阶级政治服务"、

---

① 郝德永:《课程与文化:一个后现代的检视》,教育科学出版社 2002 年版,第 103 页。
② 周扬:《文艺战线上的一场大辩论》,《人民日报》1958 年 2 月 28 日。
③ [美]威廉·F.派纳:《理解课程(上)》,张华等译,教育科学出版社 2003 年版,第483 页。

"为阶级斗争服务",这样的政治主导反映在文化领域中,就是"焚、抄、毁"的禁书过程,彰显的是的政治文化的运行逻辑。在日益严酷的阅读钳制下是图书市场的凋敝,但表面的阅读枯寂并不曾完全封杀阅读的渴望和知识的追寻,这一时期显在的红色阅读与潜隐的地下阅读暗流共存,形成了"文革"阅读史上的特殊阅读方式。从当时政治对文化的特殊钳制状况来看,学生阅读活动中的重要他人群体、推荐内容以及推荐方式,过程以及影响力,与其他年代都有明显的差异。

首先,从群体差异上来说,是两类重要他人在阅读取向上的冲突与对立。

一类重要他人是主流话语的代言人,文化专制的核心人物,他们的阅读偏好是革命类、战争类、样板戏类的内容,体现的是集体性、政治化取向,对另类的内容极力封杀,甚至对另类写作的作者以及传抄者进行迫害,来获得文化规制的纯净化和唯一性;而另一类则是存在于地下阅读活动中的推荐者,他们不愿接受"钦定读物"的钳制,传抄和交换的是受到批判和禁止的读物,体现的是个体和心灵内在的阅读需要,追寻的是本真的阅读体验和精神滋养。这两种相异的取向也就形成当时情境中隐在的文化冲突,压制与反抗相伴随的对立阅读历程。而地下阅读的发起者无论在阅读推荐的方式、策略上、推荐群体的类型数量上都与其他年代不同,主要表现在:

(一) 阅读启蒙的异变

1. 隐在性。体现在重要他人阅读推荐共享时的隐秘性,如在口传推荐、私下传抄时体现出的非公共空间的阅读启蒙活动。

文化的钳制下必然有抗争者的声音。"禁阅"和"焚书"并不曾实现阅读纯化效果,文化政治化并不能规制所有人的思想,因为"同质性的霸权力量时刻面对着异质性的抵抗"。[①] 事实上,主流群体的知识控制与大众的隐在抵制一直都是并行的、相互博弈的文化过程。"文革"期间,由于实行文化禁锢政策,大批书籍被打成"毒草",列为禁书,不能流通和借阅。书籍出版品种结构严重失衡。[②] 少儿读物也被政治斗争所绑架,这些政治主控者染指少儿读物,

---

① [英]约翰·斯道雷:《文化理论与大众文化导论》,常江译,北京大学出版社 2010 年版,第 269 页。

② 有数据统计,当时全国新华书店共封存图书约 5.76 亿册,直接造成了全国大书荒。参见冯威:《阅读记忆回望之 20 世纪 70 年代》,《中国新闻出版报》2009 年 10 月 9 日。

只留下"革命样板戏"类、战争类以及"红皮书"类等。"在这种秩序中，某种生活方式和思想方式是支配性的，某种现实观以其制度性、私人性显现，传播到整个社会领域，同时使全部的趣味、道德、习俗、宗教原则和政治原则和社会关系，都充满了它（这种秩序）的精神。"①20世纪60年代由于国内外意识形态呈现出激烈的斗争，而当"反修"斗争从"批苏"转向批国内的修正主义后，这些因素共同反映在文化领域中，就是更加加强政治对文化的统帅，强化红色阅读的绝对地位，因而在显在的文化舞台中，"八个样板戏和一个作家"就是核心的风景。但文化的规制越是紧密狭窄，文化的反叛也就越是强烈广泛。地下传抄就是当时与主流红色阅读相并行的地下阅读暗流。传抄活动在无数重要他人的传播互动中不断创造出版本众多的作品，来对抗官方文化的钳制和阅读僵化状态。②

　　抄是非常隐蔽的，老师肯定不让抄这些东西，所以上课时，让学习好、写字快的同学抄笔记，剩下的这些人干什么呢？就一块儿偷偷地抄手抄本。拿到手抄本后，你分几页，我分几页，然后再加上复写纸，一次就能印五六份，抄好后再收起来往一块拼一下，然后再一订，这就成了。上课抄是一种，还有一种是逃课躲在防空洞里抄。防空洞里黑呀，我们就用放酵母片的大瓶子做一个煤油灯点上抄，有时抄上一两个小时出来，两个鼻孔里都是黑的。③

被推荐的手抄本，基本上不被主流认同，许多是遭到封杀的。多数作品作者被隐匿或者无作者，写作及传抄都处于秘密或半秘密状态。

　　我们到处找你的诗集，找到了就互相传抄，抄好了就东藏西藏……
　　为了保存你的诗集，我用塑料布裹起来，藏在米缸里……④

---

① 季广茂：《意识形态》，广西师范大学出版社2005年版，第67页。
② 当时的地下阅读书目中主要是俗称"皮书"的"灰皮书"、"黄皮书"，还有经过多人传抄的手抄本的数量居多，也流传很广。灰皮书、黄皮书如《娘子谷》《带星星的火车票》《麦田里的守望者》《在路上》《斯大林时代》《赫鲁晓夫主义》《人·岁月·生活》等。据统计，从20世纪60年代至"文革"结束，共出版"皮书"2000多种。手抄本如：《第二次握手》《一双绣花鞋》《一幅梅花图》《金三角之谜》《叶飞下江南》等。
③ 《揭秘"文革"手抄本》. http://book.ifeng.com/special/shouchaoben/list/200906/0630_7167_1227261_2.shtml.
④ 黄克：《借书难》，《读书》1979年第1期。

文化学者德塞图(Michel De Certeau)曾以"游击战"来比喻大众文化与主流意识形态之间的关系,"大众文化就像一场游击战,支配文化生产的阶级集团装备精良,是正规军,而大众则是小规模武装的游击队。在弱者与强者的对抗中,弱者的策略是力求不被打败。不被打败就是胜利"。① 显然,在文化钳制的60年代,大众的阅读抵制不是直接的对抗,但是通过重要他人的隐在推荐传抄,实现着潜隐的阅读启蒙。

2. 重要他人启蒙方式的异变:口传、传抄与共写。

从当时重要他人的推荐方式来细读历史,可以看出不同形式的推荐各具特色,如口传、共写、互荐及逆荐等,这些推荐不是正式的、主控下的产物,而是隐在的、地下的、自由式的阅读活动的结果。

同龄者的口传推荐成为当时阅读启蒙的一项特色。口传推荐②,这种"讲书"的阅读形式并不是"文革"时的特有现象,在我国历史上早就有民间"说书"人在茶馆、街头的故事会,以扣人心弦的故事情节吸引许多听众。而"文革"时的"说书"活动之所以特殊,却首先在于这些阅读推荐是地下的小群体现象,一种小圈子中的"秘传"过程,并不被官方认同,多数内容恰恰是受到官方杀禁的"大毒草"——"皮书"、手抄本等。这些秘密的叙事者,通过在小群体(知青点、阅读沙龙、文学社团等)中的"讲读":讲书、讲故事、朗读等推荐活动,成为少儿文化获取中的权威型重要他人,阅读活动中的核心人物,多数是同辈群体中年龄稍大的同伴或朋友,以往阅读积累深厚的人。他们对小群体的阅读内容、阅读范围和阅读兴趣激发都起到了深远的影响。在一些讲故事的"听读"过程中,并不存在实际的书籍,而是通过在小圈子中的口传"说书"来推荐和阅读的。在某些文学沙龙或读书会中,有些则是有书刊的,如对一些诗歌的当众朗诵等。口传的内容多数是当时被禁止流传和阅读的"内部参考"书(又称为"皮书")以及被禁止的其他文学作品。这种推荐,从推荐者的自身特点上来看,推荐者通常具有一定的阅读累积,通晓当时被禁的部分作

---

① 陆扬、王毅:《大众文化与传媒》,上海三联书店2001年版,第125—126页。

② 文化史学者通常将文化传播的历史分为三阶段:口传文化阶段、印刷文化阶段和电子文化阶段。而在"文革"期间特殊的文化教育环境中,纸质传播途径受到畸形控制的状况下,口传形式的启蒙重新启动甚至流行,这是特殊制度文化下的结果。从口传推荐及启蒙的效果上说,这种文化传递中,由于口传者是知识传递的重要他人,他的语言表达、情节描摹程度以及语调、表情等肢体语言的运用,与听众之间的直接交流和频繁互动,其影响效力是明显和持久的。

品,能够展现故事基本情节和内涵,当然也不乏在讲的过程中的叙事创造:

> (知青中的)故事大王此时已吃完了,叭的一声枪响,他捂住自己胸口,缓缓地作旋体状,目光忧郁地投向厨房和碗柜,伸在空中的手痛苦地痉挛着,痉挛着。"玛——沙!"他很男性地大喊了一声。"我的蓝眼睛,蓝眼睛呵——"他又模拟出女人的哭泣。太动人了! 我们听得心情沉重感慨万千。直到多少年后我才知道,他那次讲的是苏联小说《第四十一个》,所谓表现人性论的代表之作。①

这种融汇推荐和讲述为一体的地下"说书"过程之所以有强烈的感染力和久远的影响,也常常是由于有些推荐者具有较强的叙事能力,是阅读活动的引领者和激发者。导引不仅是通过作品语言和内容本身的生动描摹,还能够通过体态语如动作、语调、表情、眼神等充分展现情节和内涵,将故事演绎的非常传神,点燃了听者内心的阅读渴望和阅读期待,被听者称之为"耳朵的狂欢记忆"。

> 一九六七年春天……院子里只剩下我们一群十岁左右的小孩子,父母们和大孩子们都参加"文化大革命"去了。突然停电了,黑夜静得让我们心惊。我们中间有一位刚念初中三年级的大孩子,这个大孩子说,我给你们讲个故事。

> 他坐在破旧的窗台上,讲起了福尔摩斯的故事,故事中的惊险覆盖了我们心中的恐惧。接着,他讲了凡尔纳讲的奇妙的故事、雨果讲的令人感伤的故事、梅里美讲的让人痴想的故事。他叙述的时候,我们不再惊恐地四处张望,不再慌张地想要寻找蜡烛,甚至不再期待电灯重新亮起来。这个大孩子讲的别人讲的故事,像温暖的手臂搂抱着我们,陪伴我们被遗弃的、支离破碎的长夜。从那以后,我们不再玩分成两个阵营厮杀的游戏,而是要这大孩子讲故事。我们围坐在大孩子脚下,他仍旧坐在破旧的窗台上讲故事——讲雨果讲的《笑面人》,大家都忘记了关灯,一颗半自动步枪子弹不知从何处飞来,横穿过大孩子的脸颊,崩掉了他三颗大牙……

> 我们听过《红岩》《烈火金刚》《苦菜花》《钢铁是怎样炼成的》那样的故事以后才有了分成两个阵营厮杀的游戏。经过那大孩子讲故事的夜晚

---

① 北岛:《七十年代》(上),Today Literary Magazine Winter 2008,(83).9.

以后,我发现自己的命运被那些夜晚的叙事决定了。大孩子讲的 19 世纪西方古典作家们讲的故事不仅有一种抱慰生命中惊惶时刻的力量,也改变了我对生活的想象和对某种生活品质的信念。①

"说书"式推荐往往是自发自为的故事叙述过程,存在于一种自然情境中的启蒙,这种自为性也就决定了推荐导向远离了政治话语的训诫,遵从的是少儿内心的阅读需求和阅读乐趣。而被单调政治文学规训下的少儿,常读红色的政治话语叙事,早已造成了阅读疲乏,在秘密的小圈子之中聆听"异文化"的声音,感受"生活在别处"的体验,这些异端所扩展的思考空间和信念、关爱等,就有别样的吸引力和聆听魅力。听读过程给孩子们打开了通向多样世界的窗口,在一定程度上契合了儿童的内在精神需求,回应了儿童的阅读乐趣,使他们获得心灵上的温暖之源和精神力量。也因为讲述者的讲述魅力和内容上的吸引力,"说书"引起的是小群体的文化聚集现象,对少儿的启蒙不仅仅是知识层面的,更介入了少儿的精神内核,在文化荒芜的岁月里为他们的心灵成长撒下了滴滴甘霖。

(二) 小群体中的同龄互动

这一时期不同群体的阅读影响力也是有明显差异的。从类型化的重要他人分析,重要影响者主要包括权威—控制型、情感密切型和互动频繁型三类。但其中对少儿阅读产生深度影响的则是后两类,同龄人为主,阅读推荐的特点是:传播者就是阅读者、集抄写、改编于一体,而从规模上看,以熟人"小圈子"、"阅读沙龙"、"读书社"等形式聚集的小群体阅读现象比较明显。

其一,同龄的"沙龙"式的阅读互荐活动频繁,对少儿的阅读选择作用显著。

在这一特殊阶段,由于政治运动的持续不断,教育者及学者、家长作为阅读推荐与启蒙的作用相对减弱,影响阅读活动的重要他人主要是青少年自己、同龄人及亲属等交往关系密切的人。而同辈群体在这一时期交往密切,有着共同的经历,具有了相应的阅读认同,更多成为阅读活动中的重要他人,从而深入地影响着少年儿童的读书选择。"文革"期间,各地青少年中都有不少地下读书团体,如读书沙龙、读书公社等,在这些读书小团体中,书籍的互荐和共

---

① 刘小枫:《沉重的肉身:现代性伦理的叙事纬语》,华夏出版社 2004 年版,第 4—8 页。

同讨论是非常频繁的,也是社团中最主要的活动。小群体中交互活动的频繁和情感上的密切,使读书沙龙等小群体中的阅读影响者体现为互动型重要他人,多个重要他人之间的互换互读活动。

　　北岛回忆说,当时京城出现了一些文化沙龙,为缓和严重的"书荒",大家开始交换书籍。我最初读的那几本印象最深,其中包括卡夫卡的《审判及其他》、萨特的《厌恶》和艾伦堡的《人·岁月·生活》等。①

与当时的"口传推荐"相比,沙龙中的互换推荐阅读在成员的阅读取向、阅读偏好上有更直接、更深入的作用,影响力也更持久。这是因为,在同辈群体中,"小圈子"的形成,常常是建立在共同的趣味、爱好、价值取向上的,因而阅读需求上也就具有一定的同质性和相似性。另外,小团体中的频繁活动和情感交流密切,形成了较强的内聚力,也使同辈群体中某种价值观念得到强化,具有了亚文化的相对稳定性。而价值认同则导致了对某种阅读趣味偏好的主动吸纳,容易形成阅读认同和阅读模仿。

　　而读书沙龙中的阅读交互影响,能够实现"深度阅读"的效果,常常也是因为互换阅读中的随时讨论,交流阅读心得的结果。小群体中由于多人共同推荐和阅读,并不时伴有阅读心得交流和讨论,激起了其他人的阅读渴望和阅读好奇,因此阅读效果非常显著,对个体的知识结构和精神成长,产生了深远的影响。

　　一个秘密读书公社就这样诞生了。那是一些令人颤栗的黑夜,几个中学生在小屋里点燃蜡烛,就着迷乱的火焰,朗诵诗歌或小说的片段。然后是一阵长时间的激辩与和解。我们读过雪莱和莱蒙托夫的抒情短诗、陀思妥耶夫斯基的《白痴》和托尔斯泰的《复活》等等。灵魂的对白总是在夜深的时候达到高潮,我们沐浴在难以名状的激情之中。②

由于小群体的密切接触和爱好相近,形成一定的群体凝聚力和心理认同感,体现在阅读上,就是在价值认同的基础上形成的阅读从众模仿和阅读同化。"从众是团体内同伴间交往重要的人际影响方式。指个体由于受到群体的引导或压力放弃自己的意见和主张,在认知和行为上表现出与多数人相一

---

①　王友贵:《特殊年代的文化怪胎——黄皮书》,《广东外语外贸大学学报》2010 年第 5 期。

②　朱大可:《书架上的战争》,《书摘》2008 年 12 月 1 日。

致的现象。"①而从众模仿的阅读,主要体现在沙龙成员寻求群体内的认同、他人的尊重、注意以及获得相互交流的话语权,常常以他者的阅读类型和内容为衡量、检验自己知识获取程度的标尺。不同阶段双向和多向的互动推荐和阅读互换,则进一步强化了阅读的趋同和精神成长的一致性。

　　一部好书必然面临排队轮候和漫长的旅行,如《苦难的历程》、《静静的顿河》在世面上就像钻石一样珍贵。通常在晚上八点左右,书被一个人送达了,而次日早晨八点,书将被另一个人取走。我只有十二小时的阅读时间。天亮的时刻,我筋疲力尽,但心情很愉快,头脑里布满了清澈的文学阳光。②

　　从那以后,我们在"反动黄色"作品的领域内开始了一个大漫游。从屈原的《离骚》到曹雪芹的《红楼梦》,从普希金的《欧根·奥涅金》到托尔斯泰的《安娜·卡列尼娜》,从巴尔扎克到左拉,从莎士比亚到萧伯纳。我们从各个角落去搜书、借书,如饥似渴地看着、议论着。③

　　其二,"共荐、共读、共写"中的阅读互助,彼此互为重要他人,对少儿的阅读产生了深度影响。

　　存在于许多小群体、小圈子中的传抄,由于青少年、儿童的互动频繁和情感密切,形成"共写"、"共读"、"共创作"的推荐、阅读过程。推荐的过程也是传抄的过程,集体再创作的过程。从阅读影响方向上看,影响是交互的,双向的,甚至是多向的影响,融推荐与阅读、传播、再创作为一体,不只是复制,更有改写,是集体传抄过程中多人的共同创作。如《一双绣花鞋》《梅花党》的版本就有二三十种之多;张扬创作的《第二次握手》也曾经过了多人的改编,吸取了多人的建议,也出现了多个版本。

　　为了尊重千千万万读者的感情,纪念他们与这部作品风雨同舟的艰难岁月,我同意将《归来》改为《第二次握手》。——中外文学史上由读者取名而不是由作者取名的作品,只有这一部。④

　　与前面的口传推荐相比,手抄本作用的范围更广、涉及到的影响者和被影

---

① 王成金:《各级学校班级体人际交往心理的比较眼界》,《心理科学通讯》1989 年第 3 期。
② 朱大可:《书架上的战争》,《书摘》2008 年 12 月 1 日。
③ 郭晨:《这么办?》,《读书》1979 年第 2 期。
④ 张扬:《〈第二次握手〉文字狱》,中国社会出版社 1999 年版,第 346 页。

响者数量更多,是多位重要他人的秘密传递式推荐与阅读。在"抄书"活动中,推荐者和阅读者之间已经没有非常清晰的界限,常常是互为重要他人,或者相互交换所抄的书,或者阅读者就是抄写者,是下一位阅读者的积极推荐者。被推荐的主要是手抄本。其他还有"皮书"等。这些"手抄本",如地下手抄本小说,地下诗歌等,经过多人薪火相传的传抄,已经成为了一种集体推荐和创作的"集体作品"。这种集体推荐、创作与阅读的"共读"、"共写"、"共荐"经历,使无数回忆者谈到的阅读史与他人的有着惊人的相似之处,也因为这种特殊的阅读过程,构筑了他们相近的知识结构和精神向往。

　　　　成千上万的热心读者们,曾经冒着被批判被斗争的危险,在暗淡的灯光下阅读这本书(《第二次握手》),传抄这本书,使这本书不胫而走,使有幸读到这本书的人,在冷漠的寒夜里,得到瞬刻的温暖。①

　　而同龄人阅读启蒙的影响深度,也在于当时特殊的社会情境。由于许多上山下乡的知青远离家庭、熟悉的城市文化氛围,在乡村处于文化荒芜的状态,这对有着极强求知欲的青少年来说,得不到来自家庭、学校中长辈群体的知识启蒙和阅读导引,而同龄人之间的交往密切,也就强化了同辈群体的影响度。"青少年同辈群体越是与其学校、家庭和社区的文化倾向相疏离,其对于参与成员的亚社会特性的影响就越强,相应地,这种亚社会群体中的同辈交往对其参与者心理发展和行为方式的影响也越大。"②而当时政治运动的长期作用下,长辈群体的影响显著缺失,特别是"知青"处在相对闭塞的乡村文化情境,这也是小群体阅读活动频繁的直接因素。由于地下阅读中彼此互为重要他人,相互交往的频繁和情感上的密切,对他们的阅读型构和思想启蒙具有极为深远的影响,建构了一代人的阅读基本框架。

（三）潜在抵制：反向推荐

　　"批书"——是一种反向推荐方式,是当时阅读推荐中的奇特现象,呈现出文化控制的悖论。文化钳制者以文化主控者的姿态不断批判"禁书"、"皮书"的过程,反而也是自身成为反向启蒙与反向推荐者的过程。这是阅读文

---

　　① 《手抄本历史》. http://book. ifeng. com/special/shouchaoben/list/200906/0630 _ 7167 _ 1227255_2.shtml.

　　② Aronson, *Social Psychology*: *The Heart and the Mind*, New York : Harper Collins College Publisher, 1994.

化史上的特殊现象,也是知识控制与反控制并行的必然过程。这种反向的推荐,包括两类重要他人的活动,在文化界,是部分编辑的逆向推荐,在少儿群体,则是按图索骥寻找"被批"的书来实现自身及同龄人的阅读启蒙。

首先,是编辑的逆向推荐。

在"文革"中,部分编辑、出版人作为出版界的重要他人,他们有着不同的发行取向,对当时权力者精心编制的"意义之网"和"政治阅读"并不认同。本着文化传承的良知和滋养下一代的责任感,他们也是通过尽可能的策略和方法,实现文化的星火传承的。

> 在"文革"时期的上海,何以会出版这么一大批灰色"反动"书籍? 多年后结识了当时主持此事的一位老人,方才得到解释。我问那时是否有心而为? 他的回答很朴素:"我是拿着鸡毛当令箭,放大范围去做,只是为几千万上山下乡的知识青年着想。他们在乡下,没有书读啊! 北京方面来人责问,我拿出毛的批示,顶了回去。"[1]

显然,部分编者就是以"批示"为理由,扩大"皮书"等的发行的范围,构建秩序文化之外的阅读空间,消解文化禁查的负影响,给更多青少年有价值的知识滋养。他们对部分书籍的"开禁",就是从文化准入的源头上给予少儿阅读的可能性。[2] 到"文革"中期,"皮书"在全国各地青少年中广泛传阅,同龄人之间的相互推荐和阅读互动非常频繁,看过"皮书"的人越来越多,在很多地方都形成了地下阅读"皮书"的热潮。这在当时对无数学生及知青等是非常重要而关键的启蒙。开禁后的阅读影响范围之大,影响人数之多,可以从当时的报刊评论中看出:

> 有位同志慨乎言之说:"内部书在知识青年中泛滥成灾。现在真是:两耳不闻窗外事,一心只读内部书。"我倒不是说这些青年不可以接触内部书,而是证明按级分配往往同力求保险者的原意大相径庭。[3]

> 在那个精神食粮极度匮乏的年月,一套黄色封皮,上面印有"内部发行"字样的书籍,成为许多人寻觅、传阅的珍宝,那是青年人心中的普罗

---

① 朱学勤:《我最喜欢的几本书》,《南方周末》2007 年 2 月 1 日。

② 参见《张木生访谈》,凤凰网. http://book.ifeng.com/special/shouchaoben/list/200906/ 0630_7167_1227272_1.shtml.

③ 雨辰:《解放"内部书"》,《读书》1979 年第 1 期。

米修斯,带来异域之火照亮了他们的精神生活。①

第二,是小群体中的反向推荐及阅读——"批书"。

在青少年的阅读小群体中,无数中学生或知青专门去找被称为"封资修毒草"的书来读,越批是"反动"的书越找来读,越是批判严重的"皮书"越是传阅,使文化钳制者的控制手段反而成为地下阅读的推荐书目。这里的悖论是:钳制成为了潜在的启蒙。文化控制者在不知不觉中反成为了大众的阅读导引者,实际意义上的阅读推荐人。

> 其实当时我并不知道哪些书好看,后来发现,只要老百姓觉得好看的书就挨批判,所以我们天天注意报纸和广播,听到上面批什么书,就像给我们开读书目录似的,我们立即就去淘弄什么书,很有点乐不可支。我贪婪地读着法国、英国、西班牙、俄罗斯和苏联的小说。有时,我读得昏天黑地,猛然放下书本,觉得眼前的世界不真实,但头脑里产生的世界比真实更美妙。②

"皮书"经过无数重要他人的传递,已经使"内部读物"从"高官参考"的圣坛上走下来,在实际传阅过程中消解了阅读的分层隔离,成为无数青少年思想启蒙的源泉。这也正说明了文化的过度控制必然导致相随的反叛,文化的压制总是与文化的抗争相伴随。知识的传承不可能总是单向的模式,被控者不会永远服从于既定的文化结构,通过抗争和反叛,寻找自己独立的精神内核,因此总是在驯服——抗拒的并行中发展的。

一方面,文化主控者无意中成为了实际的阅读推荐人,另一方面,由于青少年亚文化本身就具有叛逆性,运用策略解禁禁书,或者进行创造性的解读,都是亚文化对主流文化的反抗与抵制,体现的是青少年在阅读活动中的主动文化选择过程。批判精神和反抗权威,本身就是他们的年龄属性,构建属于小圈子的同辈群体"亚文化",是少年成长的必然和标志,不过由于在"文革"这一特殊年代,文化钳制的加剧,反而使这种文化抗拒表现得更为突出和明显。

这种主动的选择,不是直接的主流文化与亚文化的冲突,表现出的常常是

---

① 《中苏文学交流史上一段特殊岁月:"黄皮书"出版始末》,"读书"凤凰网.http://book.ifeng.com/special/neibushu/list/200905/0526_6795_1176372.shtml.

② 北岛:《七十年代》(上),Today Literary Magazine Winter 2008,(83).109.

表面的屈从、迎合,实际上、潜在的对立、抵制和反叛。"受支配者也许是无权的,可是他们并非没有力量。对权力的抵制就是一种力量,保持自己的身份与亚文化的价值,就是一种力量。"①青少年推荐者兼阅读者常常寻找主流批判的缝隙,以"批判"和"消毒"作为理由,翻看"毒草",实现无选择中的主动选择,这些本应该铲除的"封资修"的毒草,反而成为他们思想启蒙的重要源泉。因此,文化的高压政策并不会规训出主控者期待中的顺民,更多时候,亚文化的创造性形成的是"反规训的网络",能够灵活运用策略和解码技术的"积极受众"、"主动受众"。

> 比如《毁灭》、《水浒》、李贺、曹操这一类是领袖赞扬过的,可翻书为证,谁敢说禁? 孙中山的大画像还立在天安门广场,谁敢说他的文章不行? 德国哲学、英国政治经济学、法国社会主义一直被视为马克思主义三大来源,稍经忽悠差不多就是马克思主义,你敢不给它们开绿灯? 再加上"古为今用"、"洋为中用"、"有比较才有鉴别"、"充分利用反面教材"一类毛式教导耳熟能详,等于给破禁发放了暧昧的许可证,让一切读书人有了可乘之机。中外古典文学就不用说了。哪怕最有理由查禁的希特勒、周作人以及蒋介石,只要在书皮上写上"大毒草供批判"字样,可以堂而皇之地收藏和流转。② 过去,西方的东西有条线,19 世纪以后是列入内部读物,前面要加批判性的说明,我们要看的就是这种。③

可见,在亚文化圈中,个体或群体对阅读的选择从来不是被动的,即便是文化控制者将许多书籍进行了"编码"——归为了"受批判"的语码体系中,具有反叛精神的青少年依然能够通过亚文化的"解码"系统,进行文化的转换和相应的"解码"。文化学者费斯克认为,大众对文化主控者的抵制有着不同的两种方式,"符号抵抗"与"社会抵抗","大众文化其实是一个符号的战场,受众则持续不断地投身于'收编'与'抵抗'的'符号游击战'之中"。④ 而当大众方力量薄弱时,往往采取的是隐在曲折的"符号抵抗",一种文化上的"符

---

① John Fiske, *Television Culture: Popular Pleasures and Politics*, London: Routledge, 1987, p.18.

② 北岛:《七十年代》(上), Today Literary Magazine Winter 2008, (83).8.

③ 北岛:《七十年代》(上), Today Literary Magazine Winter 2008, (83).51.

④ [英]约翰·斯道雷:《文化理论与大众文化导论》,常江译,北京大学出版社 2010 年版,第 316 页。

号游击战",来通过迂回的方式获得大众的文化需求。同时,这也说明了文化生产虽然重要,然而更重要的则是个体乃至于次级群体(小群体)的亚文化是如何创造性规避和"解码"的。正是亚文化群体中的多个重要他人对书籍进行了策略性的推荐、创造性的解读,从而成功突破了主控者的"规训机制",走出了"符号权力"的限界,使地下阅读成为一种时代潮流,强劲的文化传播力量。

第三节　1978—1989 年:人文性的回归与文化潮的席卷

> 一切希望和绝望,一切辛酸和微笑,都可能是诗,又不仅仅是诗。朦胧诗歌的盛世,在她轻柔的指尖下开启。用她苦心经营的文字,羽化为一座秋山的絮羽,让游离的灵魂得到温暖和归依。
>
> ——旷晨:"诗人舒婷"①

这一时期,思想的空前活跃与文化反思相融合,反映在少儿阅读上,也是呈现出多元与自由的阅读取向。在文学阅读的黄金时代,作者作为重要他人登上舞台,成为偶像型重要他人受到学生的追捧,引领着一个时代的阅读风潮和时尚。文学、哲学等方面的作者最为耀目,对学生的影响也最为广泛、深刻,型塑了一个时代的文学气质,滋养了一代人的精神世界,实现了阅读导引上的深度启蒙。

一、解禁的启动:编者的分化

在"文革"后期,出版界中也越来越出现不同声音。官方群体中重要他人的分化,解禁的过程也是体制内不同取向相互作用的过程。在出版界,也存在着多种倾向,不同的观念具有相互间的张力。从出版自身的特性看,出版本身就具有文化压制和文化生产的双重属性,反映的是文化控制与自主的矛盾。倾向于政治决策者的出版人,在出版取向上也必然就呈现出政治主导思维,表

---

①　旷晨、潘良:《我们的 80 年代》,广西人民出版社 2004 年版,第 247 页。

现在出版物的选择上,就是对政治决策者的完全顺从和坚决贯彻,谈不上发行自主和选择自由。而出版取向倾向于读者本位的出版人,则常常会关注出版本身的价值和归属,考虑读者群体(受众)的利益和特点,体现在童书出版上,就是部分出版人(编辑)本着出版良知和对决策者"红色垄断阅读"的不满,寻找"体制内"的缝隙,竭力促成符合少儿需求的书出版。

> 我看到许多孩子没有书读,闷得发慌,在"四人帮"控制的报纸和杂志上,几乎无例外地都是极简单的侦探故事。解放了那么多年,在我们中间还有那么多的"阶级敌人",甚至还需要天真的小孩子去充当侦探或捕捉人员,这也未免给我们社会主义抹黑太厉害了。像安徒生这样的作家既已经被"四人帮"定性为资产阶级,成为"禁区",翻译一点外国人民的创作——民间传说和故事——行不行呢?于是我翻译了一些欧洲的民间文学作品。①

显然,这些运用策略实现潜在解禁的出版人,第一层次的阅读筛选者,也在特殊历史情境中成为少儿阅读的重要推荐人和风向导引者,是逐步实现文化解禁的具体操作者,对当时走出政治工具性阅读,恢复人文启蒙给予了直接有力的支持。

二、偶像引领:文学潮中的作者

> 和所有以梦为马的诗人一样
>
> 最后我被黄昏的众神抬入不朽的太阳……
>
> 骑着五千年凤凰和名字叫"马"的龙
>
> 我必将失败
>
> 但诗歌本身以太阳必将胜利
>
> ——海子《祖国,或以梦为马》②

在 20 世纪 80 年代文化热的过程中,许多作家、诗人以自己作品的魅力引领着时代的风潮,成为青少年和儿童重要的文化滋养者,众人心目中崇拜的偶像。食指、舒婷、北岛、顾城、汪国真、琼瑶、金庸、张洁、刘心武等成为

---

① 叶君健:《真假皇帝》,"前言",《读书》1979 年第 3 期。
② 海子:《海子诗全编》,西川编,生活·读书·新知三联书店 1997 年版,第 378 页。

80 年代耳熟能详的名字。在当时,为何作者受到追捧,成为了偶像型的重要他人①? 从当时的政治语境可以看出,人们对文学的狂热,一方面是由于十年文化荒芜需要弥补知识的缺失,众人主动进行的文化恶补。这一知识吸纳的过程中"我扑在书籍上,就像饥饿的人扑在面包上",走出了对政治偶像的盲从,青少年更需要文化界有力的导引者的引领,从对作品文本的狂热转向对作者的偶像崇拜就是必然的过程;另一方面,整个社会对"极左"思想的反省,需要通过文学这一易于接受的载体,进行文化的省察和对"文革"的持续反思。以叙事去呈现文化断裂中的困惑,在跳跃的诗行里去传递文化接续的信念,文学的表达是最佳的方式和途径了。当时文学偶像的影响度,能够从重要他人引领时代阅读风潮的广度和深度中获得。主要表现在:

(一) 时代气质的塑造

福柯认为,启蒙是指对总体精神气质的培育,而在"文革"刚刚结束时,无数文化界重要他人(如诗人、小说家、评书人等)以自身作品的力量,引领了整个时代的精神气质,他们对少儿精神世界的重建和滋养,是其他人在当时无法比拟的,因此他们也成为了少儿崇拜的偶像,引领着一个时代的风尚。"80 年代是知识汇集而迅速传播的时期,西方近一个世纪的思想文化突然都涌进来,一代人蜂拥而至去争抢那些思想文化的读物。那是一代人怀着渴望和憧憬的阅读,那样一个阅读的时代不会再有了——那是一个时代在阅读。"②

作家、诗人成为偶像类重要他人,对时代精神气质的塑造产生了重大影响力,形成了全民共读的文学阅读黄金时代。学生们在走出对政治偶像、神圣性偶像的追随之后,怀带着对重构精神生活的渴望,在举国共读的历程中,找寻精神漫游的新向导。因此当"伤痕文学"、朦胧诗等与批判"极左思潮"具备内在的一致时,就获得了无数人的呼应,产生了全民共读的现象。

> 有分量的佳作一经问世,举国上下都竞相阅读,共同讨论;大城市的书店即将出售一部好书,夜半三更就有人排长队抢购;文学期刊登载了一篇力作,立刻会受到读者的追捧,订数直线上升,甚至脱销。戴厚英的《人啊人》以及北岛、舒婷、顾城、汪国真的朦胧诗和抒情诗,都成了 1980

---

① 偶像性重要他人是指受到学生特别喜爱、崇拜或敬佩而被学生视为学习榜样(或楷模、范型)的具体人物。参见吴康宁:《教育社会学》,人民教育出版社 1998 年版,第 244—249 页。

② 陈晓明:《我的 80 年代记忆》.http://news.qq.com/a/20091118/000526.htm.

年代国人共有的阅读记忆。①

可见，以文学为先锋的文化热潮，已经越过了文学本身的意义，负载的是时代的反思和新领域探索的渴望。阅读的热浪进一步促成了对作者的崇拜和仰慕，作者作为文化反思和文化启蒙的领头人，受到众人的关注模仿，成为受尊崇的偶像，出现了"作家偶像"群、"诗人偶像"群，对当时民众以及少儿的阅读启蒙都形成了极其深刻而持久的影响。

> 《收获》杂志资深编辑程永新："诗人和作家是那个年代真正的宠儿，是公众的明星和偶像。那时候媒体上很少有人物照片，但是我们这些人还是会在大街小巷被人拦住，被读者认出来，被强索签名，被合影留念（须知当时照相机更是绝对的奢侈品）。"②

因而，文学作为有力的滋养剂，在当时已经超越了文学本身的意义，而起到了对时代风潮的引领作用。如许多诗人是时代的偶像，主要就在于当时经过了"文革"的文化荒漠时期后，诗人能够以最诗意而蕴含理想和热情的诗句，给予无数人梦想、激情和力量，是透过文字对未来"诗意世界"的构建，对"信念世界"的主动营造。也因此成为对一个时代理想的重构者，时代精神气质的塑造者，这种理想和信念的注入，给受过伤痛，身处迷茫之中的青少年，体现出巨大的感召力，如舒婷的诗《这也是一切》：

> 不是一切星星/都仅指示黑夜/而不报告曙光/不是一切歌声/都掠过耳旁/而不留在心上/不，不是一切都像你说的那样！/希望，而且为它斗争，/请把这一切放在你的肩上。③

在诗人构建的语言世界里，秩序与反叛、激情与思索、苦痛与疗伤交织在一起，虽然诗人体验的是深入心髓的辛酸和断裂中的迷茫，但诗歌终以它"触动生命的光芒"和柔情的抚慰、信念的支撑，使"诗歌本身以太阳必将胜利"（海子），以震撼心灵的力量获得了大众的体认和崇尚。诗人对全民诗歌时代

---

① 《共和国 60 年阅读史话》．http://book.ifeng.com/culture/3/200909/0922_7459_1359305. shtml.

② 马原：《当时，诗人和作家是公众偶像》．http://blog. sina. com. cn/s/blog _ 48ecc3b70100m0ad.html.

③ 舒婷：《这也是一切》，《朦胧诗选》，阎月君、高岩等编，春风文艺出版社 1987 年版，第52 页。

的开启,使诗人本身成为学生崇拜的偶像。大家选择诗歌,也就是相信诗歌所传递的信念与力量。学生对诗歌的热情传抄、反复阅读、朗诵以及背诵,使诗人成为学生阅读活动中最醒目和最有影响力的重要他人。

　　"那幸福的闪电告诉我的/我将告诉每一个人/给每一条河每一座山取一个温暖的名字/陌生人,我也为你祝福/愿你有一个灿烂的前程"(海子)那时,我们用手抄本,狂热的把他的诗歌一首首摘录下来,在夜凉如水的路灯下,一群人默默的诵读。在诗歌充盈的 80 年代,海子像一道闪电,让我们即使身处黑暗,也未曾感到过孤独。①

　　那时,单纯而执著的青年,拿着舒婷的诗集在 15 瓦的灯泡下反复吟唱。月光洒在他们的脸上,在那片诗歌的温床里,青年们虔诚得仿佛谛听雪落的声音。②

"我来到这个世界上/只带着纸、绳索和身影/为了在审判前/宣读那些被判决的声音/告诉你吧,世界/我—不—相—信!"③虽然中学生和小学生高年级的孩子并不完全能从阅读朦胧诗、伤痕文学中理解所背负的时代伤痛、痛彻心扉的呐喊和反抗异化世界的信念,但是能够透过诗人所描摹的诗意世界体会所期盼的人性复归,寻找"生命的湖"和期望中的"红帆船":"黑夜给了我黑色的眼睛,我却用它寻找光明。"很多中学生都用精致的笔记本,抄写下崇拜诗人的诗句,构建纯净的诗意栖居世界。

(二) 文学的感召与抚慰

　　作家、诗人等之所以能够在当时引领时代的风尚,其中的因素还在于文学性本身的人性表达,作者能够通过作品本身的文字叙述和情境再现,引起人们对过去岁月的反思和追忆,通过艺术的手法、柔性的关怀来实现对大众的心理抚慰和疗伤。文学的魅力在于对十年岁月迷茫的追问,对时代境遇的省察回顾,往往不是激越的诘问,而许多都蕴含在诗意的柔和中,追忆的情境再现中,给予经历者温暖而深沉的抚慰,也给予学生对"文革"岁月的理解和思索。这里作家诗人等偶像的感召力就主要在于:以文学作品本身的魅力成为大众的"疗伤者"。

---

①　旷晨、潘良:《我们的 80 年代》,广西人民出版社 2004 年版,第 245 页。
②　旷晨、潘良:《我们的 80 年代》,广西人民出版社 2004 年版,第 246 页。
③　北岛:《回答》,《朦胧诗选》,阎月君、高岩等编,春风文艺出版社 1987 年版,第 1 页。

20 世纪 80 年代的伤痕文学,寻根文学,将"文革"经历中众人的"心理隐痛"以故事的形式讲述给大家时,在社会上影响是深广的,小说的作者如梁晓声、张洁、刘心武等也成为了这一时段受学生瞩目的偶像之一。故事中他们的叙述,如描写知青生活的艰辛、命运的坎坷,通过情节上的具体细微描摹,对个体或小群体心理上的惶惑、苦闷和伤感的捕捉,表达的是个人的伤痛,也更是时代的伤痛,因此小说以及改编的电影、电视剧都受到了较强烈的关注,作家也因此不仅是自己,或者小群体的"疗伤者",也成为了大众共同的"疗伤者"。① 又如,对诗人食指的评价:

> 他(食指)的诗歌像撞开了瓶盖的止痛片,塞给了我们这些敏感忧郁的孩子。而走远的 80 年代,因为有了诗歌,有了背负着病痛、辛苦耕耘的食指,我们才不会感到寂寞。②

作家在作品中呈现出的困境,特别是一些知青在恶劣的环境中具有的果敢、坚毅、奉献的意念与品质,感动了无数人,正是作家透过作品体现出的忧患意识、真实情感和抗争意识,使他们成为感召者,影响时代阅读特别是青少年阅读的重要他人。"文学的苦难意识是与文学的社会良知、善良心和同情心联系一体的。"③以文学的忧患意识表现曾经的群体性苦难经历,透过作品去呼唤真实人性的回归,以文学的理想性去推动文化和价值的重建。作为对伤痕经历的复述,作家在小说中常常不可避免地会呈现出青少年在历次运动波澜中的迷惑、躁动、狂热以及个人情感的失落,但这些都以真诚的表白和深沉的群体性反思获得社会的体认。无论是伤痕文学还是寻根文学,以"伦理叙事"代替曾经笼罩在政治光环下的"革命叙事",都展示出作家反思历史的勇气与责任感,而这些也正是他们能够感召学生、为学生构建信念世界获得心灵认同的原因。

(三) 人文、传统阅读的回归

在 20 世纪 60 年代,由于教育的严重意识形态化,使少儿阅读的内容呈现

---

① 这一时期有影响的作者和作品有:《枫》(郑义)、《一个冬天的童话》(遇罗锦)、《苦难》(邓兴林)、《我们这一代人》(叶辛)、《爱的权利》(张抗抗)、《这是一片神奇的土地》(梁晓声)、《今夜有暴风雪》(梁晓声)、《南方的岸》(孔捷生)等。反响较大的是梁晓声的作品,他的多部作品通过改编成电视剧,具有了很大的社会影响力。

② 旷晨、潘良:《我们的 80 年代》,广西人民出版社 2004 年版,第 239 页。

③ 李运抟:《裂变中的守成与奔突》,湖南师范大学出版社 2002 年版,第 170 页。

出单一性,孩子能够读到的基本上是革命战争类的作品,阅读为政治服务的工具性非常显著,而在思想解禁的 80 年代,给予孩子的阅读已经呈现出多元化和丰富性的状况,回归人文阅读是许多家长、教师和研究者共同的愿望。也在这样的背景下,一些关注少儿的儿童性、人文性、趣味性的作家,日渐获得了众人的认同,成为了儿童阅读领域人文、传统阅读的倡导者和实践者。其中一些作家和评书人,在当时成为了少儿崇拜和喜爱的偶像,如儿童文学作家郑渊洁,评书人刘兰芳、单田芳等人,对儿童的阅读启蒙起到了广泛深入的影响。

1.注重儿童本位,集趣味性和人文性为一体的作家群体出现,如郑渊洁等人。

自 20 世纪 80 年代起,郑渊洁作品在儿童阅读中一直是畅销不衰的,其童话被誉为"适合全家所有人阅读",而他个人,也被称为真正的"童话大王"。他对儿童的影响力,从他系列作品的发行量就可以看出影响的深度与广度。[1]是什么使郑渊洁成为儿童心目中的童话大王,阅读中的偶像作家?

从郑渊洁的写作取向看,他是非常强调儿童本位的作家,无数作品都体现出他的一种自然教育观。他反对成人化的说教式儿童文学,认为具有成人趣味和价值观的作品,不符合儿童的天真、童趣,不能反映儿童的愿望、想象和精神需求,也就不会引起孩子的阅读兴趣和阅读漫游的愉悦体验。因此他强调说:"童话是属孩子们的,童话是写给孩子们看的,孩子们是我的朋友。每当我写童话时,只想到这一点。"[2]他笔下的皮皮鲁等形象,就是一个独立自主、自由成长、敢于批判和反思,敢于梦想和自由探索的孩子。在 80 年代初,人们对塑造千人一面的"革命接班人"模式已经开始拒斥,郑渊洁笔下富有个性、童真和勇气的儿童形象也就契合了众多人内在的心理需要,受到孩子和家长的认同。

这种儿童本位思想,也体现在他的教育实践上。如他推荐给自己儿子的家庭教材,是有趣的郑氏童话教育系列:[3]

---

① 据统计(2004),郑渊洁的童话书刊总印数已经超过 5000 万册,主要作品有《郑渊洁童话全集》33 卷,《生化保姆》《智齿》《病菌集中营》《金拇指》等。参见续鸿明:《郑渊洁:童话要写一辈子》,《中国文化报》2004 年 05 月 31 日。

② 郑渊洁:《郑渊洁童话选》,辽宁少年儿童出版社 1987 年版,自序。

③ 徐国栋、刘成群:《郑渊洁:写中国自己的童话》,《河北日报》2006 年 5 月 15 日。

表 3—1 郑渊洁童话教育系列

法制篇:皮皮鲁和 419 宗罪	哲学篇:鲁西西和苏格拉底对话录
生理篇:你从哪里来,我的朋友	安全篇:再送你 100 条命
史地艺术篇:309 暗室之木门	写作篇:舒克给你一枝神来笔
创新篇:脚踏实地目空一切的贝塔	道德篇:罗克为什么不是狼心狗肺
金融篇:点铁成金术	数理化篇:五角飞碟折腾数理化世界

由于他对儿童的充分尊重、把孩子当做自己的朋友,重视舒展儿童的自然天性和成长快乐,以友爱、温暖、童趣、幽默契合了童稚的心态,成为无数少儿喜欢的作家偶像。

在他的儿童本位观念中,尊重儿童是第一步,通过作品给予孩子们创造、梦想和思考的自由和能力,是更重要的部分。在 80 年代初,因此他构筑的童话世界不是虚无的公主王子世界,而是在现实生活的快乐叙事中给予孩子应有的创造力、想象力、幽默感和分析辨别事物的能力。如他对缺乏创造性的警惕:"循规蹈矩是一事无成之母。"①对教育取向的幽默表述:"未成年人的父母必须和子女平等,父母不得利用年龄和辈分优势不公平地对待子女。对于违反本条者,罚绕地球跑步一圈。"以及对传统教育的幽默风趣批评:"把新生培养成温顺听话的兔子,把班级教育成全兔班。"因此,不论是郑渊洁的语言表述上的幽默睿智甚至辛辣,还是他对儿童贴心的呵护和创新思维的构建,都使他成为 80 年代至今儿童阅读中的核心人物,重要的导引者。

2.评书人通过对"听书盛宴"的制造,实现了对传统阅读的有效回归,成为了少儿启蒙的偶像型重要他人。如刘兰芳、单田芳、袁阔成等人。

评书是民间的一种文艺活动,最早出现在唐宋时期即叫做"评话",到明末清初逐渐成熟,俗称"讲书"、"讲故事"、"说书"等。"说书人"常在茶馆等地方设"书场",吸引人们去听志怪、传奇和其他流行小说。但当时的听众规模很小,因为通常的茶馆也不会有太大的空间用来讲故事。到 20 世纪 80 年代,通过收音机这一传播媒介,说书人的听众迅速扩展,不仅包括有闲人士、老人孩子,还有中青年人也感受到评书的魅力,加入"听书"大军。评书联播被

---

① 郑渊洁:《郑渊洁童话全集》(第 27 卷),学苑出版社 1999 年版。

称为"听书的盛宴",一些著名评书人的说书更造成了评书一播,万人空巷的盛况。"评书人"刘兰芳、单田芳等成为不少少儿、青年崇拜的偶像。评书作为一种"听"的艺术,已经与"文革"时的"口传推荐"完全不同,60年代的"口传推荐"具有隐在性、小群体性等特征,而在80年代,评书联播则具有显著的公共性,传播的范围和影响的广度与"口传推荐"截然不同。具体来看,评书人在阅读启蒙上具有如下的特点:

(1)影响度极广,受众无数,影响并不局限在少儿小群体中,而是达到了城乡各地各个年龄的多层次受众。

借助收音机这一媒体,评书极大地提升了传播影响广度和受众范围,使评书成为儿童和青少年甚至成年人的耳熟能详的经典内容。如当时对刘兰芳评书联播的评价:"一到她的评书将要播讲时,人们都争相守在收音机旁或手捧半导体,大街上行人明显减少,刑事案发生率也大为下降,人们称她为新时代的'净街王'。"①这时的听书,与60年代青少年讲书的"秘密叙事"相比,具有了更为广泛的受众层和公开性,成人是将听评书当做休闲时的文娱活动,而对少儿来说,"听书"则是他们获取知识、了解历史和开阔视野的有效途径,说书人的"声音魅力"征服了无数孩子的心,刘兰芳、袁阔成等人也成为了孩子心中的偶像,不少孩子不只是听,还会绘声绘色地模仿他们讲一段故事。

在那个迷恋声音艺术的年代,人们迷恋评书的程度绝不会亚于今天年轻人们所热衷的"日、韩剧",刘兰芳的《岳飞传》、袁阔成的《三国演义》、单田芳的《包公案》等让人们听得如痴如醉,不仅大人们迷恋,孩子们也是百听不厌。小时候,我每天中午放学都会匆匆赶回家去听前天晚上的评书重播。好容易盼到中午放学,走进我家后门,一户邻居的收音机里袁阔成在说"弓弦响处,这支箭就飞出去了……"我的心一下子放进了肚子里,步子也再也迈不开了,于是乖乖地站在那里一直听到结束才回家。②

不少孩子是在听了他们的精彩叙述之后,寻找那些书,再进行阅读的"回炉"重温的。因此在一定程度上当时许多孩子的阅读结构中包含有历史题材

---

① 付志杰:《刘兰芳:艺无止境永登攀》,《人民日报(海外版)》2008年12月10日。
② 水淼:《70年代人记忆典藏》,高等教育出版社2006年版,第67页。

的书籍,对一些历史如数家珍,可以说评书的影响功不可没。

(2)对传统文化的挖掘和回归。如评书人选择的评书段子,主要来自传统的文学作品,当时著名的作品有:刘兰芳《岳飞传》《杨家将》《赵匡胤演义》等;袁阔成《封神榜》《三国演义》《水浒》等;单田芳《包公案》《隋唐演义》;田连元《施公案》《包公案》《镜花缘》等。这对中国传统文化的传承,帮助少儿获得传统文化启蒙具有非常有益的作用。

(3)评书人的"评书启蒙"注重说书策略,提升了文化传播的感染力和影响力,是导引学生深度阅读的因素之一。评书何以会对孩子的课外阅读产生很大影响? 从说书人的叙事特点,可以找到部分线索。首先是非常注重叙事的节奏,通过对情节跌宕起伏的把握,调动听众的情绪。单田芳在讲到说书节奏的把握时,谈到说书的"爆",也叫"浪头",每一个"浪头"就是故事中的每一段小高潮,听众会因为其中的情况突变感到紧张和好奇:

> "就在这千钧一发之际,从人群之中蹿出一人,快似猿猴,疾如闪电,跳到刺客身旁……与此同时从太白楼上又跳下一个人来……"这一蹿一跳,把"浪头"推向了高潮。①

"浪头"的运用,使原本平淡的故事通过评书人的梳理,表现事件、过程中的具体细节和关键部分,突出人物的形象和行为特性,展现的是"变奏"中的曲折、行动中的动态,通过提炼原著中的"关键情节",突出"书胆"、"书纲"使听者随之入扣,进入情境体验。"一个有经验的评书艺人,一部小说到手之后,必须通看一遍,找出书胆,理出书纲,再考虑如何突出书胆和书纲,如何使用这些扣子"②,才能将听众"扣在书场上不走"。体现的是评书人对素材提炼、再创造的能力。而著名评书人不但把握叙事节奏,还更通过灵活运用象声词、叠词等口语化表达,描绘传神的细节,增加语言的生动性和感染力,强化了故事性和传奇性,因此,能够非常有效地吸引少儿的注意力,使他们迅速通过传媒获得历史知识的启蒙。

(四) 多元推荐的出现

重要他人在这一时期对少儿阅读影响呈现多元的趋向,这种多元化包括

---

① 杨佩琴:《单田芳评书的艺术风格》,《北京广播学院学报》1995 年第 6 期。
② 李少霆、徐世康:《"五字歌"——说书技法散谈之二》(下),《曲艺艺术论丛》第 8 期。

两个方面,一是推荐内容上的多元化,二是重要他人群体呈现出多样化。

首先,推荐内容上的多元化体现在诸多的文史哲"流派"上,各异的流派能够以不同的观点与视角给予学生更多的思考空间。20 世纪 80 年代中后期,随着文化界中各种流派的不断涌现,文史哲书籍的共同出炉,影响青少年阅读的重要他人已经从单个个体走向群体性的"流派",形成了多个偶像群体的多元多重的影响。尽管不同的流派是以迥异的话语方式和表达类型进行文化的探索,但总体的取向是相近的,那就是:对集体话语的困惑和"发现个体"的探寻。如在文学领域的流派就有很多,朦胧诗派、伤痕文学、反思文学、改革文学、寻根文学、先锋小说等等,在哲学领域受到瞩目的,以尼采、萨特、海德格尔为代表的存在主义、虚无主义等。这些多个不同类型的偶像群体,以不同的思想个性和不同的取向展现出了多元的思考和差异视角,给刚刚从文化解禁中走出来的青少年更多的知识滋养和思考途径。

> 那时文史哲总是"三位一体":上世纪 80 年代我还在宁波读小学、中学,我姐那时读大学,我也跟风去买一些书,包括《诗意的栖居》《存在与虚无》等,但是基本不看,就是看大概也看不懂。不过很奇怪,虽然从来没看过,却也觉得好像理解了似的,那些名词,存在、虚无、诗意、栖居,总觉得特别对胃口,那个年代的氛围就是这样。①

尽管对年龄较小的初中学生来说,由于理解力的局限,不可能透过伤痕文学、反思文学深入体验和领会"文革"所带来的精神创伤,也不可能通过萨特、海德格尔去理解存在主义等的真正内涵,但出于对偶像的崇敬和仰慕,在整个社会对"新启蒙"者的集体追随中,一个全民诗歌、全民文学、全民哲学的时代,各个偶像群体有代表性的思想文化著作都会成为关注的热点。这些重要他人群体(流派)传递给学生的,是"时代共读"的信息,中学生也因此受到启蒙思潮的熏染,从中习得部分思想的元素。

其次,影响学生阅读的重要他人群体也呈现出多元的状况。在文化热的过程中,学生阅读的重要他人不仅仅是成为偶像的作者和流派群体,在全民共读的时代,同辈群体也是重要的影响者。许多中学生喜欢的书籍常常来自同学、家中的哥哥、姐姐以及同辈中年长亲戚的阅读和推荐。如对文史哲三位一

---

① 明洪侠、张清:《1978—2008 私人阅读史》,深圳报业集团出版社 2009 年版,第 294 页。

体的通读,对苏俄小说、欧美文学、古典文学并读,流行阅读如琼瑶、金庸小说,手抄本阅读等。这些推荐部分是他们主动直接的推荐,部分则不是有意识的推荐,而只是作为潜在推荐而存在的。如学生是看到同学带来的、家人放在床头、书桌上的书籍,以及哥哥、姐姐与他人热烈讨论某本书后去阅读的。这种影响许多虽然是偶然的、潜在的,但对中学生来说,混杂在《存在与时间》《美的历程》《朦胧诗选》《汪国真诗选》《红与黑》《日瓦格医生》《第二次握手》等的阅读漫游中,也同样以多元的呈现进行了宝贵的思想启蒙,获得了一定的阅读深度。

> 我那时上初中,家里姐姐经常会带回来一些书,不少书她喜欢的我也很爱读,我觉得她对我读书的影响还是挺深的。我们一起读过的《全国优秀小说选》《朦胧诗选》《汪国真诗选》《复活》《安娜·卡列尼娜》等等吧。我们都特别喜欢舒婷、顾城、汪国真的诗,许多姐姐和我都抄在小本子上,经常会看看,有些名句现在还会记起,像卑鄙是卑鄙者的通行证,高尚是高尚者的墓志铭;黑夜给了我黑色的眼睛,我却用它寻找光明。
>
> (访谈 R 老师:2010 年 8 月 9 日　杭州)

在当时,中学生以及小学高年级学生的阅读更多受到偶像群体、同辈群体的影响,如对经典文史哲的通读,流行读物的阅读等,在小学生低年级中,长辈群体的影响相对较强。而从推荐的类型内容和类型上看,相比"文革"时的阅读单向,无论阅读类型、题材和载体,都更加多元、丰富。家长推荐的读物类型也已经非常多样:包括中外经典童话、科普、科幻等等,如《365 夜》《故事会》《故事大王》《十万个为什么》《安徒生童话》《十万个为什么》等。而儿童喜欢看的,主要是侦探类、漫画类、小人书以及科幻等。

> 我上小学时,喜欢看的课外书也很多,父母给的主要是《格林童话》《安徒生童话》《十万个为什么》之类的,我自己喜欢的还是班里流行的像《福尔摩斯探案集》《父与子》(漫画)《丁丁历险记》《史努比》《舒克和贝塔》《皮皮鲁和鲁西西》等。当时小人书也很喜欢,图文并茂的《西游记》《红楼梦》《聊斋志异》《三国演义》《岳飞传》等,我和同学经常换着看。
>
> (访谈 T 家长:2010 年 7 月 20 日　杭州)

从中可以看出,长辈群体的推荐,集中在经典的童话类、故事类,而当时出版开禁之后学生的阅读已经有了更广泛的选择范围,同辈群体的推荐具有相当的影响力,表现在学生的阅读过程中,是同龄人的"趣缘"选择,如同学中共同喜欢读的漫画、科幻、小人书等。因此,两代人的阅读取向和选择是有一定的差异的,但也有差异中的契合,这种契合在小人书的阅读上比较显著。如系列小人书,是根据儿童的感性思维和图像思维特点,请一些著名画家根据国内外的部分名著(包括神话、童话、民间故事、寓言、小说、评书、戏剧、历史故事),改编成绘图加少量文字说明的绘图书。这种改编,符合了儿童"读图"的心理需要,但在内容选择上编者是进行了仔细甄选的,主要是中外名著。由于当时出版界非常关注绘本的质量,小人书的画图大都是当时的著名画家,这批兼备了内容经典、绘图经典的小人书,同时满足了家长要求(读经典)和孩子的要求(读图),实现了长辈群体和同辈群体阅读选择上的内在契合。

第四节　1990—1999 年:原创表达及流行阅读制造

一、原创表达:个人化写作的魅力

20 世纪 90 年代张扬"个人化"的文化环境,使少儿阅读的核心影响者——作家的写作出现"内转"取向,反映儿童成长和儿童心理本身的创作成为主流。[①] 因此,在文化领域总体的"个人化"、"私人化"叙事影响下,儿童文学的创作上也开始呈现出突出个性、描写具体生活本身的微观叙事作品,原创作品再现繁荣。这种强调个性表达、关注儿童自身成长历程的文化环境,产生了一批原创佳作,也推出了一些少年作家新人,导引了当时的阅读新风,主要体现在:

1.作家作品不仅注重了本土化,也更加贴近了儿童的现实生活、成长历程本身,这种回归当下、注重个人化表达、体现儿童真实生活场景的作品受到学生的认同,产生了一定的阅读影响力。

这一时期,一些作者关注儿童生活本身、儿童成长经历过程,叙事已经远

---

① 当时的文化界,"个人化写作"是关键词。陈染、林白等作家的"回归个人生活"创作取向,使类似"伤痕文学"、"反思文学"的集体意识叙事正式退场,呈现的是私人化的、自我体验式的个人叙事,如陈染的《私人生活》、林白的《一个人的战争》。这种个人化叙述的日益流行,既体现出对以往伤痕记忆的远离姿态,也体现出社会对个体多元表达在一定程度上的宽容。

离了成人本位的教训式叙事,转向儿童、少年本身关心和经历的题材,描绘他们成长中的心理困惑、憧憬和情感感受,内容上贴近当时孩子的生活实际和心理状态,受到无数孩子的喜爱。作家曹文轩、秦文君、黄蓓佳等人虽然不再像80年代的偶像作家那样受到追捧和崇拜,但也因为原创作品本土化、儿童化而受到孩子的欢迎和认同,成为当时少儿阅读中的主力影响人。从内容上看主要是成长小说为主的作品,如曹文轩的《草房子》《根鸟》《红瓦》;秦文君的《男生贾里》《女生贾梅》《小鬼鲁智胜》《小丫林晓梅》;黄蓓佳的《我要做好孩子》《今天我是升旗手》等,都是当时著名的作品,许多小说至今仍然是许多老师、家长推荐少儿阅读中的重要部分。

2. 出版者重视发现提携作家新人,推出"少年作家",以同龄人的原创故事引导阅读风向,使同龄作家成为偶像型重要他人,获得广泛的阅读认同,产生了巨大的影响效力。

这一时期,由于文学领域对个人化写作的推崇和渲染,也影响到了儿童文学的创作者的变化,出现了影响少儿阅读的同辈偶像——少年作家。这些在校学生自己写自己的真正原创作品,如中学生郁秀(深圳)的作品:《花季·雨季》,殷健灵、萧萍、张洁、简平、曾小春、老臣、王蔚等(上海)的《花季小说丛书》,都是学生对自己生活经历的叙述,表现成长烦恼和少男少女细腻情感的"成长小说",虽然笔法稚嫩,但近于自传的自我叙事作品,更真切地回归了少儿生活的现实场景,因此风靡校园,受到同龄人的追捧。当时,《花季·雨季》被誉为"90年代青春之歌"、"跨世纪新人的心灵之歌",1997年10月一年间,就重印了八次,随后多次再版,总印数超过100万册,并获得了多项全国大奖,是90年代儿童文学创作上的奇迹。因此,从当时的儿童文学作者群体的变化上看,同辈群体对少儿阅读上的影响不只是体现在对年长作家作品的推荐上,因为同龄人的原创作品广为流传,同辈群体中的作者也是影响少儿阅读的重要力量,成为同龄人中的偶像型重要他人。同龄偶像的创作成功,对少儿的阅读和写作有了更深度的影响,当时不少孩子不只是喜欢阅读这些作品,还在偶像的感召和激励下,自己进行个人化创作,也因此出现了更多"校园写手"、"少年作家"。这种书写由于是自我本体式创作,已经充分体现儿童本位的思想,少儿个体的体验和经历是主要表达的核心,儿童文学不再是"成人世界意义呈现的模糊陪衬"。涌现出的青春派作家如肖铁、陈朗、韩寒、郭敬明等,作品也是数量众多,如《三重门》(韩寒)、《转校生》(肖铁)、《灵魂出窍》(陈朗)、《黑白诱惑》(许言)、《梦里花落知多少》(郭敬明)、《高一岁月》(唐明)、《我们真累——一个女中学生的心灵之旅》(彭清雯)等。且不论低龄化写作由于阅历局限和思想稚嫩造成的作品肤浅化现象,但就青春偶像作家原创的魅力和回归学生生活世界的尝试,对 90 年代前期的少儿阅读还是起到了积极的推动作用,对当时学生群体的阅读选择具有较深入的影响力。

二、共舞者:流行阅读的合力制造

20 世纪 90 年代中后期,随着市场化进程在文化领域的深入,少儿读物日渐凸显商品的属性,这种商品性使阅读退却了 80 年代诗意与信念的理想色彩,开始进入以消费为先导的消费启蒙时代。繁盛的物化包装持续刺激文化的消费,于是文化在这样轻松而快乐的流行体系中走出了 80 年代理想式的虚无,逐渐获得了"物化"文化的"厚重"与"质感",开始更多对接"实用"与"流行"。

1. 部分出版商、作家以及销售者共同制造"流行性阅读"风潮,转向幽默、娱乐、趣味化的内容,少儿启蒙读物的人文性、原创性降低。

这一时段中,少儿阅读推荐的重要他人如作家、出版商等在取向上的转型,是促动童书强化商品属性的重要因素。出版商、作家以及销售者共同进行商业运作,成为市场"流行性阅读"和消费性阅读的制造者。"儿童文学是作家、出版人和图书销售商共同参与的结果,它是三者意图和决定的联合体,它包括一个对儿童市场的共同设计。"①因此在这一时段,市场与消费的合力下,少儿阅读推荐的重要影响者从较单一的群体逐渐呈现多个文化权力群体的参与,逐渐展现出流行元素、实用主义对阅读选择显在或潜在的影响。

这种影响,首先比较明显地体现在作家写作取向上的变化。应该说,90年代前期文化界倡导个人化的写作理念,曾经较好地促动了国内原创作品的繁盛,涌现了一批有个性和贴近具体现实生活的儿童文学作品,到了 90 年代中后期,在商品消费大潮的簇拥下,伴随着出版界日益深入的市场化过程,与

---

① Bruno Bettelheim, the Uses of enchantment: the meaning andimportance of fairy tales, Random House,1976:27.

出版密切关联的作家必然也会受到市场机制的规约和导引,创作在儿童本位和商业利益之间徘徊游荡。作品是否畅销、是否符合潮流,是作家优先要考虑的。部分作家因此放弃了创作自由,随着市场介入的步伐,走向了商业化写作。商业化的写作是利益导向的写作,也就不可避免地沾染着功利性和实用性,实现的是个人文本与消费文化的对接,汇入大众化和娱乐化的时尚潮流之中。因而写作姿态在消费文化的弥漫中,逐渐转变。如开始考虑"受众"的口味和阅读倾向,追求时尚和华丽包装,满足休闲、娱乐的需要等,从纯文学转向了出产幽默、风趣的实用"童趣"型作品。如1998年"中国幽默儿童文学创作丛书"推出第二批时,就有任溶溶、孙幼军、高洪波、张之路、梅子涵、杨红樱、汤素兰等名作家的12部新作。① 当然一些作家在这种转型过程中,呈现出在文学性与市场性之间的摇摆,在要即时效应还是历时效应中矛盾着。但从总体的趋向上看,个人化写作曾经具有的颠覆性、原创性逐渐弱化,在市场不断的渗透中产生裂变,从写作类型和写作风格上都与前期有较大的差异。

2.选材的失衡与系列化、标准化的阅读制造开启。

在出版界,出版商的文化商品化运作,主要是通过对作家以及作品的包装、出版内容的改变,系列化作品的推出来实现娱乐化、实用性阅读制造的,这种制造过程,促动了童书报刊深刻的文化转型。首先对作家和作品,就是通过利益杠杆,逐步改变作家的写作取向,并对作家以及作品进行商业化包装,融入时尚、品牌的元素,制造出少儿的流行文化。如对稍有名气的青少年作者,通过媒体的广告式宣传,打造出"青春写手"、"少年作家"、"青春偶像作家"等,启发大众和少儿接受、认同和追慕这些偶像型"品牌作家",而不顾这些作者是否有进一步创作的基础和可能。对作品的包装,则是通过充满诱惑力的广告语、书籍绘图以及封皮包装来加大吸引眼球的力度,实现购买中的"文化增值"。

除了收编作者和作品,实现与作者在流行阅读上的"文化共舞"外,通过改变出版内容、敦促系列化童书作品出炉,也是实现消费性儿童阅读的有效途径。消费文化以柔和的阅读享受,动人的广告推销,逐渐渗透和改变着出版机

---

① 《儿童文学出版带着镣铐起舞》. http://www.ewen.cc/books/bkview.asp? bkid = 207111&cid=648085.

制和图书市场。"一个时期的文学特征,不单与时代环境相关,也与文学生产的方式密切相关。"①90 年代中后期,为了迎合市场消费文化的口味,不少出版者改变了出版内容,少儿纯文学杂志明显减少,有的转型为动漫杂志,有的直接转变成了"教辅"。就此,童书生产的变化不只体现在类型上的改变,还有内容上的深度更新。符合的是实用性、娱乐性的阅读需求,幽默、探险题材出版很多,满足少儿的轻松阅读快感。而进一步的"类型化"、"系列化"丛书式童书生产,更是以产业性的革新力量极力促进了童书体系的"扩大再生产",因为只有"类型化",才能完成出版的快速循环和迅速增值,批量生产的类似读物,也就不需要在挖掘原创作品上耗费精力。如 90 年代后期出现的大批丛书(参见表 3—2):

表 3—2　20 世纪 90 年代童书系列化出版状况

丛书名	出版社	起始年	数量(种)
《世界科幻小说精品丛书》	福建少年儿童出版社	1990	36
《外国科幻名家精品丛书》	四川少儿出版社	1998	4
《六少年探秘系列故事》丛书	上海译文出版社	1991	5
《插图本迷你探险丛书》	北京少年儿童出版社	1998	20
《大幻想文学·中国小说丛书》	二十一世纪出版社	1998	15
"地球村"系列丛书:(包含:《纽伯瑞儿童文学奖丛书》《阿尔弗莱德·希区柯克三问号侦探系列》《凡尔纳经典科幻探险小说珍藏文库》)	中国少年儿童出版社	1999	56
《金太阳丛书》	河北少儿出版社	1998	6
《黑头发丛书》	河北少儿出版社	1999	6
《中国幽默儿童文学创作丛书》	浙江少儿出版社	1993	60
《猎豹丛书》《金犀牛丛书》	山东明天出版社	1999	10
《自画青春丛书》	北京出版社	1998	9

可见出版界对系列化出版的重视程度和繁盛状况。系列化对作家来说,一定程度上也是负面的影响,因为系列化意味着可以用同一种风格、模式进行标准化制造,作家会降低自己的原创意识和多元创作尝试,从而消解了他们创

---

① 李明德、张英芳:《消解还是重构:传媒对文学的双重影响》,《人文杂志》2005 年第 3 期。

新的原动力。另一方面,系列化制造也导致童书出版题材上的失衡。市场模式下多个出版商之间的竞争,在于推出怎样的畅销书来赢得市场和读者,占领市场份额。出版界一再强调的是"产业意识"、"商业竞争意识",因此编辑的选书倾向在畅销和流行上时,部分书刊就得到了充分的优待,如对幽默类、侦探类、玄幻类书籍的"隆重推出",而部分获利甚微的题材必然受到冷遇,如儿童诗歌、寓言、科普类等。如第四届(1995—1997)全国优秀儿童文学奖获奖作品篇目中,就显示"科学文艺和寓言创作连续三届空缺"。① 这种题材上的偏向和区别对待,导致的就是儿童在实际选择上的无选择,因为经过重要的推荐人——编辑和作家的筛选后,已经是倾斜和失衡的阅读结构,给孩子搭配全面而合理的精神大餐,自然就会出现困难。

---

① 参见《第四届(1995—1997)全国优秀儿童文学奖获奖作品篇目》,《文艺报》1999 年 4 月 22 日。

第四章　学校情境:导读观念与阅读文化

在学校情境中,存在多个重要他人群体对学生阅读选择的影响,从不同地位角色的他者来看,包括权威型的重要他人,如校长、教师等,主要通过教学、学校活动等对学生的阅读选择产生影响力,同时也包括同辈群体中的偶像型重要他人,如学生同龄人中的同学、朋友、小群体中的偶像等,都会对学生的阅读选择产生直接或者间接的影响,正向或者负向的作用力。

学校中的重要他人群体,一方面因为在取向、情感、态度等主体性因素上的不同,对学生阅读选择的影响度就有差异,如校长、教师在阅读观、文化观上的差别,常常体现出不同的阅读选择倾向,对学生的影响度就会有相应的差别;而另一方面,校长、教师在学生阅读导引过程中不同的情感态度以及与学生的交往互动频繁的程度,也常常是影响学生阅读选择的重要方面。在学生的同辈群体中,重要他人的影响力主要体现在小群体的互动活动中,小群体中学生间的交往越频繁,情感越密切,相互的阅读影响力越强。

在当前的学校变革、转型中,所遇到的是价值观、评价体系和知识传递之间非常复杂的关系。在学校内多元取向并存的条件下,往往会体现出多个群体多重的倾向差异和矛盾,包括重要他人与重要他人之间的倾向差异,重要他人自身多种取向交织的矛盾和冲突状态。这些差异和困境,表现了学校这一特殊文化空间中,学生阅读选择受到的多元群体的影响,这些群体所具有的个体的、群体的相异的阅读观,形成了相应的校园阅读文化和阅读评价标准,而这种阅读文化如何渗透在教学过程中,来影响学生的阅读行为,业已形成的惯性化的课程评价标准又是如何扩展或者限制了学生的阅读选择?

第一节 教师的阅读观与阅读推荐差异

一、阅读观:课程路径依赖

第一,部分教师的教学惯性和阅读选择中的课程路径依赖,形成了阅读中的负影响,造成了学生的阅读选择局限。

教师的教学惯性,是教师教学意识和行为上具有的某种倾向性和固定模式,使教师在教学方法、教学设计和教学内容的选择上沿袭已有的框架和标准,形成对某种路径的依赖、认同和行为实施上的自动化。在中小学的阅读教学中,教师的教学惯性首先体现在阅读评价与考试评价的混同上,学生阅读选择从内容上、类型上都受到"应试"的辖制,造成阅读视野的局促狭小。在学校情境中,教师本身特定的角色位置,使教师成为影响学生阅读的权威型重要他人,能够通过教学过程和对学生的学校生活管理来渗透自己的阅读标准、选择阈限,以主控的、垂直的方式介入学生的选择过程。这种影响力尤其体现在教学中,教师讲授过程内在隐含的阅读评价、偏好倾向、关注重点等,都会以潜移默化的方式融入学生的选择活动中,左右个体的选择倾向。而教师的阅读评价,在现行考试评价体系的框限下,常常产生取向上的偏离,阅读评价在"应考是唯一检验标准"的规约中,"能够被考到的内容,才是应该阅读的内容"成为了老师们不得不默认的评价标杆,于是"阅读评价"就在现实中转换成了"考试评价",产生对考试、课程的路径依赖。这种抽离了阅读情趣、生活关联的机械分解分析式的语言教学,关心知识的输入而不是知识的建构,关心知识的考试应用而不是问题意识培养和解决能力。久而久之,也就消解了教师的教学热情和创新意识,教学不断遵循着既定的"应考"模式进行,符合考试标准的"套路"沉淀下来,形成了教师的教学惯性和既定模式,课内阅读与课外阅读之间架起了明显的隔离带,因此一些教师也就认为:"课外阅读是家长的事,我们只要教好课内的就很好了。"在这一教学惯性作用下,能够与课程内容相关联的阅读素材,往往是部分教师重点强调、多次提及和经常推荐的"拓展训练"内容,而与课程距离较远的,即便具有人文性和实践价值,也会很少提及。因此,考试导向形成的"课程路径依赖",强化了教师的"考试阅读教学观",阅读推荐往往与课本中的内容相关联，或者是直接与考试相关的内容，教好课程本身，教好词、句、段落分析就可以了，"学生遭遇的都是'固化'的真理，缺乏'人气'的知识，一堆'死'的符号。学生在成长过程中经常会出现的困惑、好奇、问题、期望、兴趣以及许多潜在的能力等，在学科设置和教学中得不到体现。"①于是出现了"读得少，写得少，耗时多，效率低"的问题，孩子背课文很熟很快，但写不出作文来。因此注入式教学的"分析法+题海训练"的模式教学，使读书变成了只读教科书，消解的是学生的阅读积极性，主动思考的意识，孩子缺乏阅读兴趣和深度阅读的动力。如学生 E 在读书推荐中表达出的对应试教学的苦闷：

> 我向大家推荐一本杨红樱写的校园小说《神秘的女老师》。我很羡慕红宫学校六年级的学生。他们有一位这么棒的好老师，带他们进入了一个童心的世界，可是我们呢？在大城市里生活的我们是有很大的学习压力。我们为了要考一个好初中，不停地补课，做作业，复习，读书。连一点休息的时间都没有，都成了一个"学习机器"。我觉得蜜儿有一句话说得对：为了分数和名次，一个个鲜活的生命把自己变成学习机器。感受不到天高云淡，对于大自然的美丽，视而不见。他们不要阳光，不要温情，他们只要分数和名次，迷失了自己。我觉得这一本书写得很好、很真实，体现了我们心目中的学习。②

第二，对于教师本身来说，应试阅读惯性的形成，也进一步固化了教师的学科边界意识，原本相互融通和关联的问题被拆解、固定成不同科目的内容，知识的碎片化和学科封闭性操作，不利于师生共同去探索问题的核心结构，也就降低了教师对学生知识传递的影响效度。而在欧美，小学生的阅读注重的是教授基本的阅读方法，课内阅读与课外阅读是贯通的，甚至没有专门的语文课本、阅读教材，课内就是通过教师的积极引导来督促学生读大量的资料，扩展视野，搭建基本的阅读框架的：

> 有人看好 Phonics③，是因为觉得他实际上就是学单词。其实，

---

① 叶澜：《新基础教育论》，教育科学出版社 2006 年版，第 252 页。

② http://www.zuowenku.net/288700.shtml.

③ Phonics 是以英语为母语的国家教孩子学习阅读的基本方法，通过学习 Phonics 技能进行大量阅读，扩大 Vocabulary（词汇量），提高 Fluency（阅读流利性）和 Comprehension（阅读理解能力）。参见《Phonics 与阅读能力》. http://baby.sina.com.cn/edu/11/0311/2011 - 11 - 03/1216194497.shtml.

Phonics 不仅仅应该作为背单词的工具,它更是一种阅读入门的方法。既然是方法,就要在阅读中反复地使用。有人说,北美的教育体系中前三年就是教孩子学会阅读的基本方法。现在回头看安妮的学习过程,还真是这么回事。现在想想北美 3 年级及以下学生没有教材的原因也许正在于此:没有教材,也意味着都是教材! 如果把美国学前班中和 Phonics 学习有关的材料、书籍定义为教材,那一尺厚也装不下!①

第三,教师教学惯性的延续,教师的阅读偏好、态度、情感等,会以潜移默化的方式影响学生的阅读倾向,造成学生阅读视野的局限。作为学生阅读活动中的权威型重要他人,教师的阅读倾向性至关重要,学生会无意识或者有意识地模仿和延续教师自身的阅读态度:

关于老师的研究结果显示,校方虽然常要求老师看书及专业期刊,但老师们却经常只看自己教的书。既然老师只会谈读书却很少看书,学生也会模仿这种态度。问题的关键在于,讨论书的人必须自己真的看过那本书。但我们必须面对一个很难接受的事实,即大多数老师很少看书。一半以上的老师表示他们之前一年只看了一两本专业书刊。②

阅读所传递的,不仅仅是一些词语、一些概念、一些故事,而是融合在文字之中的情感、文化韵味和信念精神,因而,教师透过阅读传递怎样的态度、观念和情感,都会镌刻在学生的意识之中,体现在学生的阅读筛选行为中。因而,教师的阅读广度、深度、阅读的姿态和内蕴的情感倾向,是影响学生阅读选择的非常重要的因素,而如果教师延续已有的教学惯性和固化的课程观,久而久之,就会局限学生的思维,弱化学生的拓展阅读热情。从阅读影响的持久性来说,学生个体阅读的深度与广度,往往是决定学生精神成长的关键因素。"一旦我们在人生的早期接受的是机械单一、内容贫乏的语文教育,久在其中,我们在思考与说话的方式单一、机械的同时,精神品格也会不自觉地变得单一、机械,思想空间狭窄,思维不通达、缺少灵性。年少时贫乏的语文教育便会在我们漫长的人生道路上留下抹不去的阴影与遗憾。"③如一些学生读的书,教

---

① 《美国用什么教材进行阅读启蒙》,安妮鲜花博客. http://blog.sina.com.cn/s/blog_5ff19a290100lh8b.html.

② [美]吉姆·崔利斯:《朗读手册》,沙永玲等译,南海出版社 2009 年版,第 26 页。

③ 刘铁芳:《守望教育》,华东师范大学出版社 2004 年版,第 168 页。

师本身没有读过,就难以用自身阅读时的体验、感受、思考来调动起学生的阅读兴致和阅读热望,充满生活情趣的阅读内容缩减为教科书中的字词句段,不仅影响的是学生的阅读视野,更重要的是影响到了学生的思维扩展和灵动的思考能力,这种思考力上的缺陷对学生的负影响则是终生的,持久的,知识传递上的单向度造就了思维方式上的单向度,创造能力由此受到削弱。

第四,课程教学对课外阅读的隔离导向,一定程度上造成学生阅读发展的关键期——"浪漫期"的缺失。尽管影响学生课外阅读的他者是多元的,是家庭、学校、社会中多个群体共同作用的结果,但在学校环境中,教师作为学生的重要他人,依然是影响阅读的至关重要的主体。而部分教师在阅读观念上对课外阅读的拒斥,造成了学生阅读上的缺养,这种阅读养素的缺失,在学生思维发展的特定的时期具有构建均衡思维的重要作用,一旦错过了这一发展的关键期,就很难弥补。对于学生思维发展的不同阶段,怀特海(Alfred North Whitehead)曾经有过详尽的论述。他认为,儿童发展具有三个阶段,包括浪漫期、精确期和综合期。其中浪漫期从小学阶段一直延续到初中(到 13 岁、14 岁),14 岁到 18 岁是精确期,18 岁到 22 岁是综合期。[①] 其中浪漫期是孩子开始领悟的阶段,"在这个阶段儿童能体验到一种兴奋,因为认识到从接触单纯事实转向认识事实间未经探索的关系的重要意义,这种转变会引起某种兴奋,而浪漫的情感本质上就属于这样一种兴奋"[②]。这种兴奋,体现的就是学生在学习上的兴趣和好奇,能够导向学习的专注。怀特海特别强调浪漫思维在儿童智力发展中至关重要的作用,因为"一个儿童在青少年浪漫期所形成的特点,将决定理想和想象如何塑造和丰富他未来的生活"。[③] 这种浪漫思维就是想象、直觉思维和灵性体悟,这种思维具有跳跃性、融通性和迁移上的灵活性,是与精确期的逻辑推理、严密论证完全不同的思维方式,但对学生整体的思维融通却具有重要意义。怀特海甚至认为:"以往的教育之所以失败,就是因为没有对浪漫应有的地位进行认真的研究,没有浪漫的冒险,至多你只能得到缺

---

① 参见[英]A.N.怀特海:《教育的目的》,徐汝舟译,生活·读书·新知三联书店 2002 年版,第 67 页。

② [英]A.N.怀特海:《教育的目的》,徐汝舟译,生活·读书·新知三联书店 2002 年版,第 33 页。

③ [英]A.N.怀特海:《教育的目的》,徐汝舟译,生活·读书·新知三联书店 2002 年版,第 39 页。

乏创新的死板的知识。"①如一些成年人对自己童年阅读缺失发出的感慨：

　　"冬天下雪了，我的联想就只有打雪仗；月亮出来了，我的眼里就只有月亮粑粑；三十晚上有星星，我联想的就是来年豆子会丰收；碰到深的草丛，我想到的就是毒蛇，至于蜻蜓、蚂蚁、蝴蝶无非是一群昆虫，老鹰、麻雀、斑鸠又无非是一群鸟，黄鼠狼、黑山羊无非都是与猪同类的动物。"是什么阻止了想象翅膀的振飞？是童年文学之梦的缺失造成的"童年的空白"，童年的空白导致人生的空白。②

　　显然，没有童年阅读期文学导读对浪漫思维的激发，就不会有丰富的想象力和直觉体悟的思维方式，而这种缺失，在孩子成年以后，更是体现出情趣缺乏的状况。因此，怀特海进一步强调浪漫是儿童和谐均衡智慧中的必要组成部分，必须加以培养和重视，因为"如果生命有机体的领悟力不能通过浪漫而保持新鲜的活力，它就不能吸收工作的果实"。③ 而当教师强调应试的窄化阅读、教科书阅读时，就消解了儿童通过阅读漫游获得的学习浪漫体验和获得直觉思维的可能，从怀特海的论述中我们还可以看到，这种浪漫思维的形成是具有特定时间段的，在小学到初中阶段是形成的关键期，而我们在教学中忽视导引这种闲适漫游的读书，开阔视野的"大课程"阅读，孩子的浪漫期得不到多元优秀读物的滋养，就造成了思维局限和创造力的匮乏。

　　第五，部分教师具备了融通性的课程观，但在实际实施中则有运用上的挑战。教师对学生阅读活动的影响，主要体现在课堂上，通过课堂教学中引入的课外阅读内容或者部分阅读素材的评价，来激起学生的阅读热情，拓展阅读视野。但问题是在课外资源融入课程内容时，怎样的融通是适宜的度？实践操作中教师最难把握的就是融通的度，即引入的量和引入的时机等问题。如果大量的引入，会造成课外冲击课内，如果不引入，又会造成课内内容单调。综合的、融通的课程本身就具有相当的难度，这在实际教学中，就对教师形成了

---

　　① ［英］A.N.怀特海：《教育的目的》，徐汝舟译，生活·读书·新知三联书店 2002 年版，第59—60 页。

　　② 周益民：《儿童的阅读与为了儿童的阅读》. http://www.luxiao.com/swss/kksb/dsgs/201012/28501.html.

　　③ ［英］A.N.怀特海：《教育的目的》，徐汝舟译，生活·读书·新知三联书店 2002 年版，第62 页。

极强的挑战性。有些教师能够把握贯通中的均衡,有些则有实际操作上的困难。从实际调查中看到,部分教师已经具有了课程贯通的观念,能够关注教学中课内外的相互连接,在实际应用上,有些教师能够做的到位,有些教师则感觉有难度,不易把握。

> 我现在很少给学生布置读后感,因为前面已经说了,是怕他们应付,不是真读。我做的主要是拿出一些阅读的资料让他们理解和鉴赏。通过课内的内容引发他们对课外相关内容的兴趣,由浅入深。
>
> (访谈 D 老师:2010 年 9 月 25 日 上海 S 中学)
>
> 高年级要抓住课内的时间,进行专题训练。不能课外冲击课内。
>
> (访谈 S 老师:2010 年 9 月 25 日 上海 S 中学)

在教师的教学活动中,课程观作为教师对课程最本质、最核心的观念和认识,是影响教师课程实施、课程进程的最基本因素,教师具有怎样的课程观,就会形成怎样的教学设计和教学行为,产生怎样的教学效果和影响效应。不同的课程观在教学实践中,是有截然不同的教学过程和影响效度的。传统的课程观认为课程是封闭的、预设的、固定的知识体系,因此教学就是在稳定统一的课程圈中持续的知识输入过程,学生只是接受既定知识的容器,在选择内容上局限于课本教材本身,容易形成学生定向的思维和程序性的"普适"知识、静态知识。而后现代的课程观则认为,课程是多元的、动态的、生成的、师生共同探索的知识建构过程,课程内容也不仅仅是教材本身,而是在问题探索中不断吸纳、整合多种相关资源形成的知识群,是开放的、不断更新和增量的动态知识域。如美国课程学者小威廉姆 E.多尔(Doll,W.E.Jr.)曾提出课程的"4R"理论,认为课程具有丰富性(richness)、关联性(relevancy)、回归性(regression)和严密性(rigor)。① 丰富性是指课程具有内在的疑问性、干扰性和多种可能性,因此课程具有不确定性、模糊性等;回归性是指课程没有固定的起点和终点,任何课程要素或课程事件都可成为课程的开端;关联性是指课程不是封闭的,而是与外界一切都可发生联系,②由于课程具有这些多元、不确定和变动

---

① Doll, W. E. Jr., *A post-mordern perspective on curriculum*, New York: Teachers College Press, 1993, p.7.

② 参见[美]小威廉姆 E.多尔:《后现代课程观》,王红宇译,教育科学出版社 2000 年版,第 250—261 页。

的特征,课程就是在不断变化的情境中,师生针对问题进行对话、交流的结果,教师不再是知识的单向输入者,而是课程的发现者、创造者和开发者。但也正因为教师要从单纯的知识传导转型成为知识的开发人,其中知识本身具有的开放、多元、情境变化等因素,都增加了教师驾驭课程、协调课程的难度,因为知识的多变性和不确定性已经具有极强的增量效应,多元性也就带来了可变性和干扰素,这是实践教学中的难题,因此以新的课程理念吸纳多种课外资源时,试图体现知识本身的"未竟性和非常态性"时,教学挑战性也就成倍地增加。操作较好的教师,能够利用课内有限的时间,把握学生学习的思维节奏,汇通穿插相关的多元内容,既起到补充教材本身局限的作用,又能把握引入的度(数量、节奏、时机等),以多元的阅读素材激起学生的阅读兴趣,起到开阔视野的作用,但又不会冲击课程本身的学习:

　　韩军(中学语文教师)在教学中有过这样的案例:在教学《背影》时,利用三节课时间,让学生学了 14 篇文章。怎么学呢? 第一节课,精讲少讲,剩下两节课做什么? 让学生看书。不看课本,看韩老师给他们补充的与《背影》类似的 14 篇文章,学生自由阅读,自由讨论。结果呢,实验下来,学生读得兴致勃勃,讨论得热热闹闹,从课上读到课下,讨论到课下,欲罢不能,有的学生还为阅读过的所有文章都洋洋洒洒写下了批语。可见,解决语文教学高耗低效的问题,不是搞各种修修补补的改革,而是要从根本上解决问题。教师能把一篇文章分析上几个课时,那怎么就不能用这几个课时,让学生再读些文章呢?①

　　另外,在课内外内容的融通中,把握课外内容引入的分量,掌握课程的进度节奏也是非常关键的。在实际教学中,教师的教学过程既要注意贯通课内课外知识,又要保持基本的课程进度和内容,是富有挑战性的。"而要改变的不只是传统的教学理论,还要改变千百万教师的教学观念,改变他们每天都在进行着的、习以为常的教学行为,这几乎等于要改变教师习惯了的生活方式,其艰巨性不言而喻。"②融通的课程观在理念层面上,理解起来并不困难,有些教师也认为这种贯通对学生的阅读是必要而且重要的,但落实到具体教学操

---

① 小薇老师,新浪博客.http://blog.sina.com.cn/s/blog_7d2edb000100syf1.html.
② 叶澜:《新基础教育论》,教育科学出版社 2006 年版,第 246 页。

作环节中,实施过程就等于要打破已有的教学惯性,思维惯性和行为惯性,改变非常熟悉的教学模式和流程,这是难度所在。从课程本身的合理结构上看,首先是课内课外内容比例上的问题。将课外阅读的内容引进课内时,如果教师只关注课外补充材料的引入,盲目扩充课外资料,可能会流于浮泛的形式或者热闹的表演,就会失去语言学习本身的意义;而引入的课外拓展内容如果教师不能有效地把握,就会造成拓展性资料挤压课内教学内容,易出现语文教学的本体性缺失。

> 以前曾经为了扩大阅读,曾扩展了许多课外的资料进来,课内的讲解内容减少,后来觉得还是应该立足(课内)文本,本身的内容学生还没吃透理解,就扩展其他的进来,我觉得实际上很难起到作用。

(访谈 T 教师:2010 年 10 月 17 日　　上海 T 小学)

因此,在这一对矛盾中,教师纠结的就是语文的拓展性价值和本体性价值的矛盾,在这两种取向之间如何均衡把握?把握适度,才是课内外贯通的教学,有效的教学。而从教师自身的教学控制来说,课外资料的大量涌入,课程之间界限的突破,使教学不再仅仅是单纯知识传递的过程,而是师生共同探索的知识建构的动态过程。建构的过程体现出的知识生成性、知识的不确定性就会造成教师把握上的困难,比例把握不当,常常会出现干扰课程进度的问题,因为在多元开放的问题探索过程中,知识构建上的不确定性相对削弱了教师的知识权威作用,拓展中的知识"跨界",相关连锁问题的出现,导出诸多"问题域",这时回到课程本身的"问题点"就有把握上的难度。伯恩斯坦认为,课程的综合化程度越高,即各种不同知识之间的界限越模糊,以及学校与社会日常知识之间的界限越模糊,学生在课程传递中的权力就越大。同时,综合课程的应用也改变了传统的学习方式,它不注重知识的获得,而是非常强调学习的过程,包括在各种知识之间形成的知识探索过程。这个发现过程的状况、水平和成果,是由教师和学生共同决定的。[1] 因此,课程资源的拓展和应用,课程设置上的灵活和自由,产生的作用力是双向的,既给教师给予了更大的教学自由权,也同时增加了教师教学的挑战性,教学节奏把握上的难度。

第六,课程评价的偏向影响到教师的阅读评价,表现出阅读指导上的断续

---

[1]　谢维和:《教育活动的社会学分析》,教育科学出版社 2007 年版,第349 页。

和摇摆。

　　教师的阅读指导在各个年级表现出不均衡的状态,小学和初中低年级,阅读指导在一定程度上还能坚持,但到小学五六年级、初三阶段,阅读指导呈现出断裂的状况,教师对学生的课外阅读影响力明显下降。在当前的课程评价中,考试标准是唯一的标尺,在不具有多元评价体系的前提下,教师教学的优劣,衡量的尺度就是课程考试成绩,这种评价体系的偏颇,导致教师将主要精力放在了应付教科书上,其他的课外阅读教师通常很少顾及,也很难有精力进行深度的阅读引导。教师在理念上是理解、认同课外阅读的重要性的,但存在的困境是,教师理解认同课外阅读对语文以及其他科目学习的促进作用,许多老师也考虑到阅读指导的重要性,但遇到教学实际中的分数竞赛、成绩考核等分数的硬性指标时,常常会弱化自己的阅读督导,来适应分数杠杆的要求。这种课程评价的分数导向、考试导向,在小学高年级和初三,表现得非常显著:

　　(初三阶段)最大问题就是阅读时间不能保障。因为要参加升学考试,推荐的书籍会很少,只能推荐一些篇幅小的文章、杂志,像《青年文摘》《读者》等吧。像有时候课上推荐的一些书,家长也会反对,说已经到这个时候了,你还让看这些,太浪费时间了。所以推荐主要是跟上课的内容比较接近或相关的,课外阅读平时指导的也不多,一般都是课上推荐一下。

　　(访谈 G 教师:2010 年 9 月 25 日　上海 T 中学)

　　因此,当课程评价被窄化成教科书知识点的掌握、考试分数的高低时,教师也不得不顺应这些标准,放弃阅读拓展的尝试,转向指导学生攻克题海,"考试内容缺乏科学性,命题缺乏专业标准,偏题、怪题盛行,习题集充斥市场,考试功能的异化,造成教师、学生之间的恶性攀比和非理性竞争,校长、教师和学生的心理负担非常沉重"。[①] 可见,现实存在的竞争性评价是影响教师阅读评价的重要因素,学生的阅读主动性由于异化了的考试体制受到阻滞。对学生我们的评价是建立在可测量可考核的基础上的,"如果不能考核它,它就并不值得知道"。[②] 显然,教师阅读督导转向,需要的是来自深层次的教学

---

　　① 叶澜主编:《中国基础教育改革发展研究》,中国人民大学出版社 2009 年版,第 189 页。
　　② 麦克·F.D.扬:《知识与控制》,谢维和、朱旭东译,华东师范大学出版社 2002 年版,第47 页。

评价、课程评价体系的变革,需要一种更为客观和合理的评价体系,关注到教育的人文性和阅读的内在价值、内在品性时,才能从根本上改变教师的阅读观和工具化的阅读指导行为,转向提升学生认知宽度和广度、深度的"发展性学习"、"探索性学习"的轨道上来,转向知识的生成性和开放性上来,还原阅读的完满和均衡,使阅读不只是一种学习工具、考试工具,更是一种丰盈学生个性和张扬主体性的生存方式。

二、教师群体的推荐差异

第一,不同教师的阅读指导有差异,形式化推荐与深度指导并存。

在学校情境中,教师作为教学权威和学生学校生活的督导者,他(她)的推荐态度、方式和指导程度,直接影响学生的阅读选择倾向和态度,教师是否进行了阅读指导的适度点拨和深度导引,对学生的阅读行为会产生深刻的作用力。在《小学语文教学大纲》、《中学语文大纲》中,都对学生应该达到的阅读量有明确的规定,课外阅读总量五年制小学不少于 100 万字,六年制小学不少于 150 万字。与过去的大纲要求比,加强了阅读量的积累,关注了学生阅读"量"上"读得少"的问题;但从阅读的质上看,尚没有明确的规定。也正因为大纲中很难设定怎样的阅读指导才达到了应有的"质"的标准,所以在教师的阅读指导实践中,就出现了阅读指导上的缝隙和空白,不同教师的阅读督导差异就很明显。有些教师具有清晰的课程观和阅读观,认为课外阅读是课内提高的基础和根本,非常重视自身的阅读积累和给学生的阅读推荐,能在学生阅读过程中通过课堂的推荐、课外的督导以及与学生的交流、讨论来深化学生对阅读材料的理解,就能够对学生的阅读产生积极的正向影响。一方面是通过常规的阅读指导来培养学生的阅读习惯,如制定每个星期、每个月的阅读主题,并通过学校的"书香童年"等校级的阅读活动,来促动学生的阅读兴趣,善于指导的教师还通过摘录本,督促学生每天多读一些课外资料,扩大阅读面。另一方面,是能够深入分析不同课外读物的优劣、关注不同年级阶段的学生阅读的特殊性,制定各个年龄段学生不同的阅读目标,实现阅读的针对性,强化教师的影响力。如教师在博客中的阅读书单,是在多次分析、比较和筛选的基础上进行的阅读推荐:

　　　作为一名语文老师,又自认是喜欢读书的人,最大的愿望当然就是希望所有的孩子都能爱上读书。去年六一儿童节前后,我分两次向孩子们推荐了一些阅读书目,但当时做得草率,内容不全,也未分类,心中一直牵挂此事。一年来我通过访问同学、上网搜索,以及开展阅读活动时的具体了解,逐步廓清了0—15岁这个阶段学生阅读的基本范围和有效路径。每本书的出版社、译者我都有分析比较,我对同学们的建议是泛读与精读相结合,读写结合,读思结合。另外,读书是为了更加幸福地生活,所以读不进去时莫强求,也要注意读书不必尽信书,读得进去还要能走得出来,保持独立思想才最重要。

倾一己之力,虽心有余而力不足也,所以书目挂一漏万,难免褊狭,仅供参考。希大家多提宝贵意见,以利我增删改进。值此第十六个"世界读书日"即将来临之际,提前祝大家节日快乐!

绘本类:《父与子全集》;《神奇校车》系列;《不一样的卡梅拉》系列;《爱心树》;《猜猜我有多爱你》;……自然科学类:《小牛顿科学馆》系列;《我的第一本科学漫画书》系列……①

而有些教师认为课内的知识点训练才是提高成绩的途径,就会在阅读推荐上呈现出形式化的态度和倾向,如只是通过列举简单的《阅读推荐书目》、《暑假(寒假)必读书目》,但并不去查看学生阅读的结果和问题,还有些是应付学校的读书会、读书节、好书推荐等活动,认为学校提倡的阅读推荐只是一项单纯的学校竞赛。这样的阅读指导,往往对学生阅读活动产生负影响力,教师的应付态度默化成了学生的阅读淡漠或者反向阅读,而从阅读缺失的深度影响来看,则是精神成长上的荒漠。

老师忙着给孩子制定阅读重点,家长忙着给孩子购买成语、古诗、谚语、百科知识等书籍,希望孩子能多背多记知识点,并尽快掌握各类作文技巧,熟练运用各类典故。孩子阅读的领域被限制在以"考试"为圆心的小圈子里,不仅阅读的天地狭窄,而且还要不停地背诵、记忆,阅读的乐趣荡然全无。这样的阅读对孩子来说苦不堪言。②

---

① 《推荐给孩子们阅读的书》,赵渝,新浪博客. http://blog. sina. com. cn/s/blog _ 489bb6940100tay5.html.

② 《给孩子阅读究竟是为了什么?》.http://baby. sina. com. cn/edu/10/1210/2010 - 10 - 12/2027171451.shtml.

(童年阅读的缺失,使)人们不再像屈原那样,相信天上有人看门;不再像曹植那样,相信洛水有美丽的女神;不再像李白那样,相信太阳由六条巨龙驾驭;不再相信月亮上有美丽的嫦娥,有可爱的玉兔,有芬芳的桂花树。人们眼中的山河日月,神秘不再,敬畏不再,神往也不再。当天地成为失去魅力的空间,人便成了一个地球上的孤独者。①

第二,教师的分享阅读意识有差异,对学生的"共读"意识形成有影响。

教师作为学生阅读指导的重要他人,不仅自身的取向、态度会影响学生的阅读选择,教师与学生、教师相互之间的互动程度、情感密切程度也是影响学生阅读的重要因素。儿童阅读实践表明,将阅读看成是多人、群体性的人际交流活动时,阅读分享所产生的影响力,远远大于单个学生自读的效应。因此,在中小学生的阅读活动中,教师是否关注学生小群体的阅读分享作用、教师相互之间的阅读交流过程,是否将学生的阅读不再看成是私人化的单独体验,是否将其视为融入"众读"的分享喜悦和共同思考活动是非常关键的。从教师群体的差异来看,权威—亲和型的教师在阅读指导上较多采用分享阅读的方式,在与学生的阅读讨论中、情感交流中产生强的影响力,而权威—控制型的教师,则很少具有分享阅读的观念。共读分享、交流探讨能够推动学生的深度阅读,提高阅读实效性,如学生们在阅读和讨论了《活了一百万次的猫》后的读后感:

> 共读讨论。今天下午,五二班的朱老师带领我们大家读了一本著名的经典绘本:《活了一百万次的猫》。因为书名就很吸引人,所以我们都津津有味地读起来了。在课上,我们说了很多,想了很多。是啊,这只虎斑猫从来没有掉泪,但却因为白猫而哭了一百万次,这是为什么呢? 没有情感的活了一百万次,并不如有爱的活了一辈子;无法体会生命的活了一百万次,更是不如用生命付出爱的一辈子。在每个人的生命里,或多或少都会有一些让人深刻体验的事情,让人庆幸此时此刻活在这世上,让人很清楚地了解活着的美好。②

------

① 舒婷:《留住那美丽的童话世界》,转引自博客.http://www.luxiao.com/swss/kksb/dsgs/201012/28501.html.

② 陈昱滢:《〈活了一百万次的猫〉读后感》,http://www.govyi.com/zuowen/xiaoxue/duhougan/20110523105958_255160.shtml

图 4—1　好书推荐卡①

好书推荐卡年年要做,而且要做得美观、有创意,是件不容易的事。令人欣喜的是,学生作品在外形与推荐的书目上有了更好的结合,处理色彩关系的时候,除了文字的颜色,还注意了色彩的冷暖互配、深浅搭配,可以说把相关的美术理论知识都运用起来,而且运用得还不错。通过好书推荐卡的制作,相信同学们不仅在阅读上有进步,在美术学习上也有长进!②

共享的阅读过程由于学生同伴间的阅读交流、思想碰撞,往往是导向深度阅读的起点,不经过众人相互激发、共同探索的私人阅读,学生对作品的理解深度、阅读兴趣的强烈程度相对较弱。因为在分享阅读中,小群体人际交流所具有的对话自由、讨论自由、情感渲染等,都会使大家处于思维的活跃状态,这

---

① 《好书推荐卡》.http://222.92.95.27:81/ArtRead.asp? articleid = 2.

② 《好书推荐卡》,杭州求是教育集团.http://www.qsedu.com/Components/NewsShow.aspx? newsid = 20613.

种调动了情感、思维和分享快乐的阅读体验,就会形成良性的"阅读场",产生积极的影响力。因此,分享阅读中的讨论广度和深度,主要还是由学生自己把握,教师要还主动权给学生,这样的讨论式阅读才能碰撞出火花,引导出阅读的兴趣,导向深度阅读:

> 班级读书会上如何讨论? 这是许多老师特别关注的问题,但让孩子们真正读起来才是头等重要的,也需要我们付出更多的耐心和创意。主动权尽可能交给孩子们,请他们来主导讨论的方向和深度,而老师需要把握时机和适时推动。①

因此,从影响效果来说,真正有价值的分享阅读,教师是作为推动者而不是主控者的漫谈式讨论,不需要强求阅读分享会、班级读书会一定要像正式课程那样,每篇文章或者书都要延伸出所谓的中心思想和核心观点,而是给予学生彼此交流谈论的自由时间、话题发散的际遇,才能收到分享阅读的真正效果。而部分教师的分享式阅读意识薄弱,没有能够通过学生群体的互动、阅读交流中的适时推动,从阅读讨论碰撞出的思想火花去导引学生的进一步阅读和思考的意识、热情,这是深度阅读缺失的原因之一。

第三,教师的阅读分级意识、自主阅读培养意识有差异。

由于现行国家制定的《中小学推荐书目》中,只对学生的阅读量有具体的规定,校内的课程评价又是以考试分数为标准的,因此在教师的阅读观中,不仅对如何把握学生的阅读质量比较模糊,而且对不同年龄(年级)学生的阅读水平差异、学生个体与个体之间的阅读水平差异,培养学生的自主阅读意识上也很少顾及。在本次调查当中,90%的教师的对于分段的阅读推荐只有比较模糊的概念,对学生个体的分类阅读推荐,则并没有相应的意识和措施。阅读推荐主要是通过惯常的推荐途径:一是主题式推荐,内容是根据课内的学习单元主题,推荐和主题相关的内容进行的阅读拓展;二是以定期或者不定期的《阅读推荐书目》来推荐比较全面的阅读书籍;三是通过相关的阅读活动如学校的读书节、班级的读书会等,以互动的阅读交流进行的阅读导引。这些推荐方式能够部分地起到引导学生阅读的作用,但对学生的深度阅读和个体阶段性的阅读提升,则是欠缺的。在学生的阅读选择中,往往是最适合他们的年龄

---

① 阿甲博客.http://blog.sina.com.cn/s/blog_5881300c0100qr95.html.

段、契合个体阅读特点的推荐,才能真正唤起学生的阅读兴趣,使他们逐步进入深度阅读的良性阶梯发展进程之中。如美国小学生的分级阅读体系 GRL(Guided Reading Level),就是一种针对学生个体的阅读等级标准,用 26 个字母代表 26 个阅读级别,同一班级中的学生的阅读内容也是区别对待的,每个学生经过教师的阅读测试,分别对应不同的阅读级别,就非常细化,能够针对学生不同年级、不同个体的阅读差异来进行适合每一个学生的阅读推荐:

> (孩子在美国)一年级开学不久,偶然一次看到她一个好朋友放学时手里拿一本书,我就问是作业吗?因为我没看到安妮拿。这个孩子说,她的阅读级别是 A,所以老师每天给带回家一本书,要求家长和孩子一起读。她说安妮是 E,不用带书回去读了。这一次,我才知道,她们班上最高的好像是 I,也才知道原来学校对分级阅读竟然如此重视,对于帮助孩子提高阅读水平所花的工夫还真是不少。

> 第一次家长会后,老师确认了这种分级方法,我也发现教室里的书都是分别放在不同字母的盒子中。安妮也说,阅读的时候自己去找相应盒子的书。而且,相近等级的孩子会组成一个组,有的时候会就同一本书进行讨论。① (参见图 4—2、图 4—3)

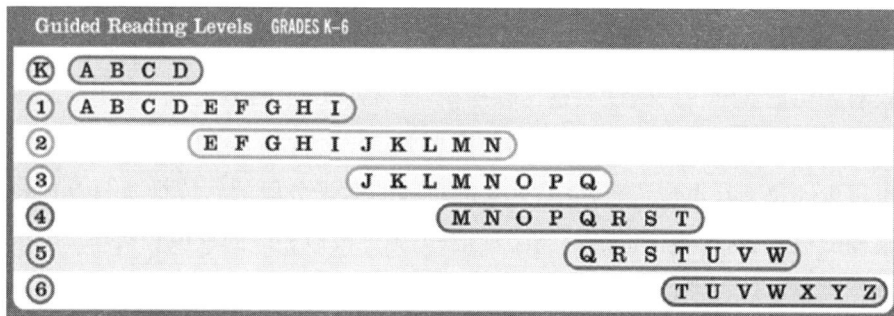

(K—6表示年级,K级指"Kindergarten"学前班,到6年级的阅读分级)

图 4—2 美国小学生的阅读分级标准

这样的推荐,由于细致地考虑到了每个学生因为自身阅读能力、家庭文化背景上的差异,不同的学生处于不同的阅读发展阶段,也就能够非常契合个体

---

① 《美国用什么教材进行阅读启蒙》,安妮鲜花,新浪博客.http://blog.sina.com.cn/s/blog_5ff19a290100lh8b.html.

的阅读需要,不同的孩子不会因为自己与其他阅读水平较高的孩子进行比较时,产生阅读焦虑和学习上的心理压力,同时也因为这种班内再分级的阅读关照,教师也会避免了阅读导引中的模糊操作,而消除了对阅读水平较差学生的进度上的忽视,就有很好的阅读效率和提高的可能。

图4—3　美国小学生的分级阅读①

从教师培养学生的阅读能力,特别是学生的自主阅读意识上,不同教师是有差异的,一些教师能够意识到培养学生的自主阅读兴趣和能力,一些教师则还没有意识到培养学生独立阅读意识的重要性,推荐中仍然是以权威定位自己,进行教师为主体,学生为客体的“主—客”式推荐的。如 Y 老师说:“学生的课外阅读主要是我们提供书单,家长帮孩子去买来读的。”

而“主—客”式的推荐中,由于学生是被动地在教师主导、推动下的阅读

---

① 《北美孩子选书的五个手指法则》,安妮鲜花博客.http://blog.sina.com.cn/s/blog_5ff19a290100fok8.html.

选择,有些推荐并不能符合学生自我兴趣和爱好上的需求,容易产生负面影响,削弱学生的自主阅读能力,长远的影响则是学生逐渐产生阅读淡漠,在缺乏教师督导时,就会出现阅读停滞,或者转向同龄人的娱乐阅读、媒体诱惑下的"浅阅读"状态。也就是说,如果学生阅读中的主体意识没有被激发出来,阅读的兴趣即便是通过教师的导引暂时性的呈现,也会因为没有主体自觉的推动,显现出后续的阅读断续,不具有持久性和稳定性。因此,教师是否重视培养和提升学生的自主阅读能力意识,使学生产生主体的阅读自觉性,是非常关键的。在培养学生阅读自觉性上,不一定要人为地拔高学生阅读的难度,而是给学生每一层级的阅读都能够提供自己独立思考、抉择的空间,启发学生的独立见解和分析能力,才会有长期影响力。在这方面,美国、加拿大等国的方法能够给我们一些启示:

> (在美国)女儿上二年级后,第一周回来,带回来一张纸,是老师给家长的关于阅读时如何选书的指导,标题是:"I PICK the right book"。大意是:选择最合适的书籍让孩子读,才最有效率,孩子的阅读水平提高得才最快。什么是 The Right Book 呢? 就是标题中的"I PICK"!

> I PICK: I choose a book that has a Purpose (Why am I reading it?), Interest (Do I like the theme of the book?), Comprehend (Will I understand what it says?), Know (Can I read most of the words?).[1]

> 问过大宝,她在学校图书馆、课堂上选书去读,也是根据这个"I PICK"原则,这是老师要求的。[2]

从美国的阅读推荐看,教师首先重视的是学生的自主选择:"I pick!"而不是教师的选择"you should pick……",这里阅读引导上强调的是学生作为"我"的判断、兴趣和理解能力,学生是阅读选择中的主体,教师只是导引者:Why am I reading it? Do I like(understand、Know)……也就是说总在推动学生在阅读中依靠自己的自主性、思考能力和判断力,让学生依据自己的兴趣、阅读水平来决定应该读什么,什么能理解而什么理解不了可以暂时放下。从这

---

① I PICK:我选这本书的目的(我为什么要读这本书?);兴趣(我喜欢这本书的主题吗?);理解(我能理解这本书的内容吗?);认识(我认识这本书里面的单词吗?)。

② 《北美老师教孩子选书秘诀》,安妮鲜花博客. http://blog. sina. com. cn/s/blog_5ff19a290100h1dt.html.

种阅读训练的长远影响来看,小学低年级开始的自主阅读意识训练,一旦稳定成阅读的主动积极状态,就成为一种阅读的自动自觉过程,学生的阅读量也会随着自我意识的增强而迅速增大。

北美孩子的课外阅读量非常大,有学者统计说是中国孩子的 6 倍。但是从安妮的状态看,她一年的阅读量大约在 200 万字,所以可能还远不止 6 倍。这里要说的是,安妮不是属于那种书虫类的孩子,她每天的阅读时间也就在半个小时左右,有时候假期会多些。而很多本地孩子的阅读量和阅读能力还要更高一些。①

三、教师阅读状况及影响度

1. 被挤压的阅读空间:阅读尚未成为教师的内在需要,教师自身的阅读总体呈现下降的趋势,不同教师的阅读状况也有差异。

在学校情境中,教师是学生阅读选择中的重要他人,学生的阅读在很大程度上受到教师的导引影响。一方面教师的态度、情感、取向和文化偏好会潜移默化地影响学生的阅读选择;另一方面,教师自身的阅读素养也直接影响着学生的阅读意识和阅读视野,教师在读书上的广度和阅读量的大小,也会直接影响到学生的阅读层次和阅读质量。而在中小学中,教师自身的阅读首先遇到的问题是教师遭遇的职业压力,阅读没能成为教师自身的内在需要,导致了多数教师的阅读疲惫和阅读量锐减。而教师的阅读是否发自主体自身的内在渴求,是否将阅读看成是一种生活方式和生活中的情趣,对于提升自身的素养和培养学生的阅读意识则是至关重要的。内在的阅读需求和外在的、被他人推动的被动阅读产生截然不同的效应,作为主体源自自我的内驱力,内在的阅读需求能够转化成为一种教学中的自觉,能够以主体自身的阅读感受力、思考力来激发学生的阅读热情,培育学生的阅读主动意识。

从实际的调查中发现,教师阅读的多数是教学方面的参考书,提升个人素养和扩展视野的其他书籍很少涉及。主要原因在于教师工作负荷重,工作压力较大,考核指标体系向分数、应试倾斜,导致了教师的阅读疲惫,削弱了阅读

① 《美国用什么教材进行阅读启蒙》,安妮鲜花博客.http://blog.sina.com.cn/s/blog_5ff19a290100lh8b.html.

的兴趣和愿望。《中国教育报》的专题调查表明,半数以上的教师每天读书时间不足半小时,平均每人每年读书不到 6.69 本,教师阅读的种类中教学参考书占绝大多数,50% 以上的教师个人藏书量在百本以下。① 中小学教师的工作时间严重超出国家的规定,劳动强度之大令人难以置信。如有一些学校的作息时间表,教师的工作时间从早上 5:50 开始到上午 11:25 为止,中午从 12:00 到 5:15 为止,晚上从 5:40 到 9:10 为止共计 15 个小时。② 因此,当学校中渗透了社会中的选拔机制、竞争机制等时,反映在校内的就是教育的淘汰制和竞赛制,学校无法透过阅读的熏染推动文化传递上的普及,教师工作时间超长,疲于应付名目繁多的竞赛、教务,常常处于一种超负荷的状态。而当考试成为衡量教学成效的标尺时,业余大量的阅读还不如钻研考题更能直接满足教学需要,因此均衡的、深度的阅读很少成为教师的内在需要,多数教师阅读的主要是杂志、流行读物以及教学实用系列书。

　　教师白天工作太累,有些工作与语文教学关系不大,但也必须做,像班主任、其他一些学校杂事、教务工作,还有这个比赛那个比赛的,这个检查那个检查的,所以老师没时间(阅读)。像做班主任,就像保姆一样的,很多事情都需要管得很细致,老师的角色就是"警察加保姆"。

　　　　　　　　　　　(访谈 Y 老师:2010 年 9 月 25 日　上海 D 中学)

　　老师的工作量大,导致没有时间和精力读。还有现在老师也有各种现实的考虑,比如现在(教学)需要哪些就找哪些书来读,也是一定的功利化的。我觉得工作一天下来,也没法静下心来读其他的书,这是一个大环境的问题。

　　　　　　　　　　　(访谈 H 老师:2010 年 10 月 9 日　上海 S 小学)

教师阅读缺乏内在需要的原因,一方面是因为教师的教学、教务压力导致的阅读疲惫和无兴趣,这是外环境的干扰因素,另一方面,则是教师的内因素,主体的自我发展需求程度上的不同,形成的教师阅读内需上的差异。一些教师对自我发展的要求值较高,就有较强的阅读拓展需求和兴趣,而一些教师的自我发展的内驱力较低,在阅读上也就放松了综合均衡的、深度的阅读追求。

---

① 金志明、李伦娥:《中小学教师读书大型专题调查》,《中国教育报》2001 年 4 月 13 日。
② 参见朱永新:《诗意与理性》,人民教育出版社 2004 年版,第 333 页。

还有一个是自我发展需求问题。如果你想自己更好的发展,就会自我施压,如果只是兴趣的话,那么一空闲下来去娱乐肯定比拿本书坐下来读要好,关键是能不能给自己施加压力。

(访谈 Y 老师:2010 年 9 月 25 日　上海 D 中学)

说老师课外阅读是没时间,我觉得还有自我发展要求的问题。如果自己愿意提高自己,就会主动去扩大阅读面,增加自己的阅读储备和阅读量,说工作一天太累了,一回去就看电视,我觉得那是给自己找到的理由。个人的发展要求高低,决定了你会抽出时间做哪些事情,是(自我)提高还是娱乐休息。

(访谈 H 老师:2010 年 9 月 25 日　上海 T 中学)

2. 缺乏"共读"环境,教师之间的阅读交流少,没有阅读共同体,没能形成共读、共思、共写、共论的阅读氛围。即使有一定的教师"读书沙龙"、"读书会",也常常流于形式,实质的推动少。疲于应付日常教学工作的教师,尤其是语文老师通常都兼着班主任,除了教学还有庞杂的教务活动,教师读书会常常是看成"开会",会上只是一种读书笔记上交活动,很少就最近自己的读书心得与其他老师分享和讨论,思想上的交锋和碰撞很少,这种状况影响着教师进一步阅读的愿望和兴趣,难以深化阅读活动。

近年来,一些学校开展了营造书香校园活动,鼓励教师和学生阅读。令人遗憾的是,教师的参与热情往往不如学生。某校在开学初列出一个教师书单,要求每一位教师在一个学期内至少读完其中的三本,同时写出若干阅读笔记。期末时,老师们上交了阅读笔记,学校领导越看越觉得这批阅读笔记的整体水平有些超出本校教师的能力所及。上网搜索发现,大部分的读书笔记是网上下载的。还有的学校为了推动教师阅读,采取了"冲击法"(发挥榜样的示范作用)、"危机法"(不通过阅读考核取消相应的奖励),同时,还组织师生进行以阅读为主题的演讲比赛、论文评比等活动。"但是,这种大规模、形式化的推动只是使教师拒绝的外壳更加坚固。"①

---

① 茅卫东:《让教师踏上书的阶梯》.http://www.360doc.com/content/09/1105/13/351680_8437731.shtml.

因此,仅以学校的各种活动来推动教师和学生的阅读兴趣,教师是被动的参与者,往往会出现形式化的状况,因为"尽管我们在理念上试图凸显教师的专业性,但实践中却并没有给予充分的专业自主空间,教师专业发展的自主空间依然十分有限"。① 教师教学自主空间的匮乏,使他们缺乏主体性的参与专业发展热情,阅读的自主性就难以体现出来,应付课内的现象就会存在,因此关键的问题是如何使教师参与到具体的阅读活动设计中去,从阅读实践中的问题出发,激发教师的内在阅读需求和主动阅读行为。而从学校文化的呈现上看,由于教师的阅读观念深刻地影响着学生的阅读意识和阅读方式,学校整体的"共读阅读文化"形成依赖校长、教师的共读阅读意识,如果教师没有阅读互助的倾向,就很难带动起学生形成一种"班级共读"的合作交流意识,学生阅读常常就局限在小群体、小圈子内的"小众式"阅读之中。从教育的本意来说,阅读教学不只是知识传递的过程,更是教师之间、教师与学生之间通过教学的人际互动过程、对话过程,这种互动中主体间的知识协商和交流,才是能够"活化"和"融通"的知识,才是遇到相关问题时能够迁移的知识框架而不是凝固的知识点,因此,教师是否具有融通共读的意识、阅读互助的导向,是教师能否成为学生阅读的主要导引者、核心正向影响者的因素之一,如果教师由于阅读主动性不足,以及阅读共读意识的薄弱,就会削弱自身对学生的影响力,造成学生小群体的阅读影响力增强现象。

第二节　校长与校园阅读文化

一、阅读文化构建:形式化与濡化

校长作为学校的管理者,是师生各项活动的策划者、制定者、引领者和规约者,校长的价值取向和目标导向,体现在学校宏观层面的标准设置、政策制定中,直接影响到教学层面的具体目标订立和实现。而在学校的文化建设上,校长是学校文化构建的核心领导者,其文化理念直接影响到学校文化的建构,校长引领怎样的学校文化,构建怎样的校园文化氛围,倾向怎样的学校文化品

---

① 朱永新:《诗意与理性》,人民教育出版社 2004 年版,第 66 页。

位,就会形成怎样的校园阅读文化。因此,校长作为学生阅读活动中的重要他人,是在学校宏观层面给予的导向性影响,主要体现为对学校阅读文化的催化、激励、鼓舞以及取向的方向性把握上。校长作为导引者,导引的不是具体的课程目标,而首先也是最重要的导引,是对师生价值取向和文化信念上的导引,建立师生在知识选择上合理而恰切的评判标准,通过营造学校的文化氛围来催化师生的文化认同,培育学习共同体的基本意识,以师生共同的文化意念来促成教学目标的实现,以潜移默化的文化浸润来提升的教育品位。

在不同的学校,由于校长具有不同的学校文化理念和取向,呈现出学校文化的差异,这种差异渗透和展现在校内的阅读文化上。部分校长除了重视学校基础的硬件建设和制度建设,更重视学校的深层次内涵发展,关注学校的特色资源建设以及文化品位的提升。表现在阅读督导上,比较重视学生阅读的学校,各种阅读活动比较频繁,类型比较丰富,能够从多层次、多角度和多类型的校园阅读活动上形成阅读良性循环"场",激发师生的阅读热情和阅读的内在需求,提升学校的文化品质,使教师在阅读上的投入和参与引导作用也体现得比较明显。(参见图4—4)

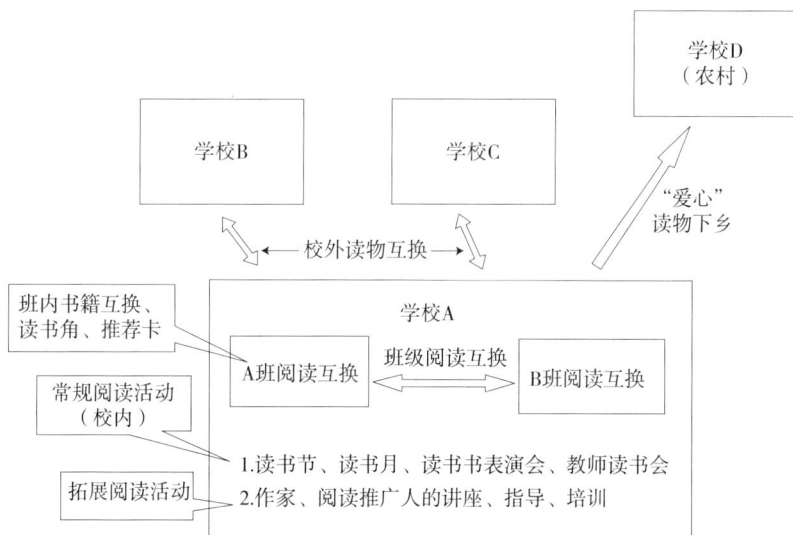

图4—4　多层次、多类型的学校阅读文化

学校的氛围很好,每学期学校都有的读书节(一个月),也叫读书月,进行得都很深入。不仅是读,还有读后的交流和深化,比如让学生读了之后用课本剧、故事扮演,请同学分成不同小组,一组演课本剧,一组讲故事,一组把内容做成幻灯片给大家看等,也常常将阅读以主题班会的形式表现出来。把它打通到学校其他活动中去。

(访谈 Y 老师:2010 年 9 月 25 日　上海 S 小学)

在学校多层次多类型的阅读活动中,阅读就不仅仅是个体的私人化的行为,而是多个群体、多人互动的阅读"场",从重要他人对学生的阅读影响来看,就会呈现出多个重要他人的多元影响力,包括师生互动、学生之间互动、教师之间互动、教师校长间的互动、教师专家间的互动、专家学生间的互动、学校群体间的互动等。多群体的阅读互动能够使学生通过群体间的频繁交流、多个重要他人的共读影响,情感浸化等获得共享式阅读的乐趣,对学生产生持久和迅速的作用。如在学校举办多项阅读活动如常规的读书节、读书月、读书表演会、教师读书会等,还进行校级读物互换活动、"爱心书"下乡活动,并请知名作家到学校进行阅读指导、开办各种阅读讲座,请阅读推广人到学校进行阅读引导和培训,督促教师推广班级读物互换活动、学生的阅读推荐卡制作等。其中的阅读活动深入到学校的各个层面,包括全校活动——班与班的活动——班级内的活动,还拓展到校外,实现校外的阅读交流,如校校阅读互换活动、捐献给农村学校的"爱心"书下乡等,形成了多类型、多层次的阅读渗透和文化熏染,就能够使学生时时浸润在阅读活动中,强化师生的阅读意识和阅读习惯,并带动同类学校的阅读活动,产生较持久的影响力。

另外,从校长对教师管理的方式差异看,一些校长能够在管理理念上具有人本管理意识,实现管理权的下移,给予教师更多的专业自主权、学生参与学习的自主权,就会激发和导引出教师自身的阅读热情和课程拓展愿望,调动出教师内在的专业发展需求,这对于学校阅读文化的提升是至关重要的,也因此上对学生的阅读素养和自主阅读选择给予了最直接的促动和强化。

我们学校的管理都是重心下移,大队部推荐,然后班长推荐给班里的学生,让学生自己管理自己。阅读课,1—5 年级都有,每两周一次,35 分钟,效果很好,采用的形式也很多,他们上这个课学的比较轻松,大家很有兴趣的,因为主要是让学生自己讲读过的书籍感受。

(访谈 S 老师:2010 年 9 月 25 日　上海 G 小学)

　　而当前教师产生阅读淡漠和专业疲惫,是多方面因素造成的,在客观上既因为语文教师通常都是班主任,工作负荷沉重,教务活动频繁,而且也由于教师缺乏专业自主权,也就淡化了自我专业发展的意识。由于基础教育改革的重心太高,"缺乏多元主体和多层次改革同步推进滚动向前的思维,最基层的教育工作者缺乏内在的积极性"。① 当专业提升的内在需求降低时,外在的变革活动以及教学理念的被动输入,并不能从根本上改变教师的知识结构和课程观念,反而常常会导致职业倦怠感。

　　可见,部分校长更注重学校的硬件建设以及常规教学管理,淡化阅读对师生的综合素质提升作用以及营造学校文化氛围的意义,就会忽视学校的阅读文化建设,对师生的阅读活动形成负影响,阅读活动呈现出形式化、表层化的现象。校级层面的阅读推动效果不佳,主要是因为校长仅仅将阅读活动当做了学校的一种参评竞赛活动,进行比赛评分的环节导致了形式化的阅读状况,因此表面化的阅读活动繁荣并不能产生真正的阅读效应,"书香校园"、读书节等活动不能激发师生内在的阅读需求,而成为应付检查的举措,就难以形成学生的阅读兴趣和习惯。

　　　要让教师阅读,校长自己先得是一个读书人。一些学校的读书活动之所以支持不下去,往往是与校长自己不爱阅读有关系。现在有不少学校,班额大,教师课时多,校长只想着教师上好课,拿出成绩,根本不在意教师是否读书。甚至有校长反对教师阅读,原因是让教师多上课多批卷更实际。②

二、阅读测评体系:角度与效果

　　首先,多数校长尚未关注阅读的效果评价和激励机制,这是学校对学生阅读影响力减弱的原因之一。从校长的本身的角色位置来说,校长的管理定位决定了校长在师生阅读活动中的介入方式和影响角度。校长不是具体的阅读督导人,但却是全校师生阅读活动的总策划者、总评估者,学校阅读文化的推

---

① 《许多一线老师感觉总在"被改革"教育忘了精神文化》,中新网.http://www.chinanews.com/edu/edu-jygg/news/2010/01-29/2098580.shtml.

② 茅卫东:《让教师踏上书的阶梯》.http://www.360doc.com/content/09/1105/13/351680_8437731.shtml.

动者,因此对师生的阅读是导向性的、根本性的影响,校长是否对阅读活动有总体的思路和策略,有相应的激励机制和推动的规划重点,是会直接影响到师生阅读选择行为和阅读效果的。在当前的中小学中,学生的阅读活动在应试体制的偏向下,校长对提高学生阅读量的积累,是关注的,而对阅读效果、阅读测评则缺乏相应的举措,对应当具有怎样的阅读体系从概念到操作上是模糊的,因此,阅读选择上的随意性较大,缺乏恰当的激励机制。这种状况使学校对学生阅读的影响力减弱,学生更容易受到同龄人和媒介中的重要他人影响。如某校的阅读推荐卡的评奖制度规定:

好书推荐卡和阅读心得卡设计要求

一、活动主题:"展现阅读成果,分享阅读快乐"。

……

四、评选标准:阅读卡内容占60%,设计形式等占40%。

五、奖励:评选出优秀"好书推荐卡"和"阅读心得卡",学生发获奖证书及"精神储蓄卡"奖励,家长发优秀家长证书。①

从阅读推荐卡的评奖标准就可以看出,阅读推荐除了内容上的恰切外,艺术设计的要求占到了40%,而还有些学校,评选时对学生推荐的内容并不关注,而将评奖的重点放在了卡片的艺术设计上,这与提升学生的阅读能力,促进学生的阅读兴趣的目的有了明显的距离,导致许多学生和家长为了获奖,将注意力主要集中在了设计上,原本激发阅读的活动变成了看"卡片创意大赛",阅读本身的乐趣和分享共读的过程就被形式化的美术卡片替代了。显然,学校特别是校长的阅读测评体系是否到位,是否真正促动了阅读共享的乐趣本身,是关键的因素。

在调查中,多数学校主要是通过各种活动如读书节、读书会、读书表演会、好书推荐卡制作以及主题班会等来激发学生的阅读兴趣的,但对学生的阅读习惯养成、阅读效果测评和激励机制并没有清晰的概念和比较切合实际的措施。多数校长和教师认为课外阅读引导是家长的责任,与学校的具体教学活动没有直接的关系,因此,在观念上就存在一定的误区,课内课外分界泾渭分明的思想导向下,很难在实际教学规划中纳入课外阅读的评价

---

① 《好书推荐卡》,小荷,新浪博客.http://blog.sina.com.cn/s/blog_621fc6fa0100g7xa.html.

体系,这是学生阅读收不到实效的原因。叶澜教授认为,由于近年来基础教育关注的是知识性和工具性,强调的是近期的、可测量的考核和评比,重视的是"考"、"评"、"赛"、"查",存在认识上的狭窄化、短期化的倾向,①因此,这种价值偏向就难以将阅读回归到学生精神成长的轨道上来,对阅读持久性和阅读"质"的测评就会被削弱。而在国外,欧美的中小学课外阅读是与学校教育紧密衔接的,在学生的阅读督导上,他们认为教师和家长具有同等的作用,实际操作上,也非常强调学生阅读过程中学校与家长的沟通和衔接,学生持续阅读习惯的养成,家校共同的激励、监督和指导,以及共同的过程监督和奖励:

> (加拿大)对学生每天的阅读时间要求不高,一般就是 15 分钟。但是,要保证连续多少天一直在读。比如,女儿上一年级后,学校每年都举办一个 200 Nights 的阅读活动:在规定的时间内完成 200 个晚上阅读的所有学生(每次至少 15 分钟,给一个记录单,家长负责记录并签字),学校会在校图书馆的一本新书上盖上一个有该学生名字的藏书签(Bookplate),作为奖励。

> 学期快结束时,学生带回来一个公共图书馆的暑假 50 Nights 阅读活动的通知。下学年开学前完成 50 个晚上的阅读(也是要求每次至少 15 分钟),就可以参加公共图书馆读书会的颁奖典礼,并且可以领取一个如上图的奖牌! 孩子们对于得到这个奖牌也是非常的期待!②

持续阅读对学生阅读习惯的作用,以及导向深度阅读,避免浅阅读影响的意义,是有价值的。因此,如果校长能够通过教学规划、学校活动等来逐步培养学生的阅读习惯和兴趣,对阅读过程有相应的规划和评价,有一定的激励机制,就会激发学生的阅读兴趣、积极性和主动性,使学生通过阅读督导形成良好的持续的阅读习惯,通过奖励措施使学生获得阅读的愉悦感受和成功体验。在媒介入侵的现实状况下,如果学校不能够让学生体验到阅读中的乐趣,感受到阅读中的情感交流和人际互动的愉悦,显然就会使学生的兴趣转移,严重削弱学校的影响力。许多学生迷恋网络游戏,网上不良小说,一方面是因为媒介

---

① 叶澜:《新基础教育论》,教育科学出版社 2006 年版,第 219 页。
② 《加拿大如何培养孩子阅读习惯》,安妮鲜花博客.http://blog.sina.com.cn/s/blog_5ff19a290100g0vp.html.

自身的技术手段能够给学生在阅读中声音、色彩、图像和文字共同的刺激,这种多元立体的新媒介阅读给予了学生单面文字阅读所不能给予的新鲜体验;另一方面则是我们的教学在面对媒体的挑战时,导引方法和教学过程上依然单调、加上积极评价的薄弱,使学校教育的吸引力明显减弱。如学生在网络游戏中得到的肯定和鼓励程度,已经远远超出了我们教学活动中给予每个学生的及时的鼓励,这种现状导致的就是学生日益远离优秀读物,因为在冷冰冰的、无情感体验的阅读活动中,学生感受不到人际互动中所应该有的温情、快乐、关怀和对话,反而是在游戏中的每一点进步,都会得到程序设定的奖励积分和赞许的"笑脸(^_^)",得到晋级的乐趣。当然也有一些学校的校长在阅读评价和激励机制上进行尝试,尽力导出学生的阅读快乐体验。如南京某小学的校长制作的网上"阅读银行"①,就导入了阅读过程中的评价和激励系统,通过网上阅读答题的"积分奖励",使学生体验到每一次阅读的快乐和进步的感受,让学生读出主动、读出快乐、读出成就感:

> 在"阅读银行"里输入自己的学号,页面就会出现"在线阅读"、"在线答题"、"最新推荐"和"积分奖励"4 个版块。"在线阅读"部分充分利用网络资源的优势,链接了从学校电子图书中精选出来的适合不同年龄段学生阅读的图书,学生只要点击书目就可以在线阅读。"在线答题"是为学生制作的一个阅读评价激励系统,学生在阅读推荐的书籍后可以通过网上答题来检测阅读效果,并得到相应的积分。学生们的积分累计到一定数量,就可以到教导处换取相应的奖品,比如笔记本、文具盒、钢笔等。网上答题最大的功能就是激发学生的阅读兴趣,富有童趣的画面、有趣的题目、不断增多的积分都是依据孩子的年龄特点,为促使他们主动阅读、愉快阅读而设置的。"最新推荐"版块则是向学生介绍新鲜出炉的优秀作品,让学生及时了解第一手的图书信息。

> 四(3)班的成一鸣发现了自己喜欢的《汤姆·索亚历险记》,他打开"在线阅读"读完后,5 个问题一口气答完。"我得了满分!"成一鸣开心地说。②

---

① 校长解释:"所谓阅读银行,是指通过在线阅读和答题的方式获得积分并赢取相应的奖励。"

② 董康:《南京小学生上网体验"阅读银行"》,《教育周刊》2007 年 10 月 10 日。

在这里,校长就是阅读评价和激励的策划者和推动者,通过对学生阅读系统的过程管理,并应用催化阅读行为的激励机制,稳固了学生的阅读兴趣、热情和阅读持久性。

第三节　学生群体：亚文化中的阅读互动

在学校情境中,影响学生的重要他人不仅仅是具有垂直关系的行政管理者如校长等,权威型的督导者如教师等,还有学生群体自身也是重要的影响者,学生们同辈群体之间的频繁互动、情感上的密切联系,以及学生小群体中的核心人物的引领等,都导引出亚文化圈中的阅读趋同现象。"这种小群体对儿童的影响,往往比父母的赞许、教师的评价或者在班级的正式角色更加重要。"[①]美国社会学者 M.米德甚至认为,在现代社会中青少年同辈群体的影响力不仅体现在小群体中,还对社会文化的传递方式产生了深远的影响,如出现的同喻文化和后喻文化现象等:"在现代社会中同辈群体的影响甚至大到改变传统的文化传递方式的地步。"[②]这种年轻一代对同龄人的文化导引,对长辈群体的文化反哺现象,已经深刻地改变了社会文化的垂直传递途径,[③]因而青年亚文化的影响力已经渗入了社会的各个层面,对社会文化变迁具有了深刻的作用。"在现代社会各种关于教化机制的研究中,所谓同伴群体的作用已经越来越大,实际上在一定程度上已经反映了社会化本位的变化。"[④]也就是说,学生同辈群体对文化的影响力,既体现在对社会文化传递方式的改变上,也体现在学生同辈群体相互之间影响力的增强上,这种影响力的提升,表现在学生同龄人之间的取向、文化偏

---

① 鲁洁、吴康宁:《教育社会学》,人民教育出版社 1991 年版,第 398 页。

② [美]M.米德:《文化与承诺》,周晓虹等译,河北人民出版社 1988 年版,第 51 页。

③ 传统的文化传递方式以长辈群体向青少年群体的单向垂直传递为主,而现代及后现代社会中随着知识更新速度的加快、媒介在文化导引中作用的增强,青少年同辈群体的文化传递作用日益明显,同喻文化的文化传递呈现的是青少年之间文化交互影响的平行传递方式,而青少年对长辈群体的文化逆向传递、反向传递,打破了传统文化传递的路径和方式,通常称为后喻文化,或者文化反哺现象。

④ 谢维和:《教育活动的社会学分析》,教育科学出版社 2007 年版,第 301 页。

好、文化交往方式上的模仿和趋同。在学生的亚文化中,同辈群体的阅读导引影响力更是比较突出,主要在于同龄人之间的频繁互动和共同的学习活动所形成的人际交互影响。在小学高年级段和初中段,同龄人的影响力更是超过了家长和老师,他们的阅读偏好和对阅读时尚的追逐,都常常默化成为学生阅读中的主要评价标准,同龄人之间互为重要他人,导引着小群体的阅读走向和潮流;而另一类同辈重要他人则是小群体中的关键人物,如学生偶像、社团、组队负责人等,更是影响学生阅读的核心主体,他们的阅读选择行为、阅读评价以及阅读偏好等,会对小群体中的阅读偏好产生重要的导向作用。

一、亚文化阅读互动:从众、易变及多元

与长辈群体的影响不同,学生中同辈群体(peer group)①中的阅读影响主要来自学生的交往需要和兴趣需要,这种互为重要他人的阅读导引,表现出明显的阅读认同和从众、趋同的特征。而长辈群体(如教师、家长)的影响,则主要体现为长辈取向的导引作用,是一种垂直的单向度影响,学生的同辈群体影响,主要是双向互动或者多人交互的多元影响,表现出互动影响中多元主体交流影响的复杂性和易变性。

1.交互型重要他人的导引,使学生阅读呈现出明显的趋同性、从众性和模仿性。

学生小群体中的阅读趋同性、从众性和模仿性,体现在阅读内容上的相近,以及对所喜爱书籍的共议共读、对当前流行读物的共同评价和书籍认同上。这种阅读亚文化的高度一致性,体现出学生小群体中互为重要他人的显著阅读导引力量,从成因看,主要在于学生小群体之中的人际交往程度和情感连接状况,以及小群体亚文化本身的文化同构性。在中小学中,随着学生与同龄人交往的日益密切,对同龄小群体的依恋依附日渐增强,美国心理学家哈里斯(J.R.Harris)曾提出群体社会化发展理论(Group Socialization Theory of Development)认为,家庭对儿童最初的社会化影响显著,但家长的影响随儿童年

---

① 同辈群体又称同龄群体或同伴群体,是由一些年龄、兴趣、爱好、态度、价值观、社会地位等方面较为接近,并经常在一起互动的人所组成的一种非正式初级群体。参见戴维·波谱诺:《社会学》,李强等译,中国人民大学出版社1999年版。

龄增长逐渐减弱,逐渐被同辈群体影响所取代。主要原因在于儿童同辈群体
中存在的共有文化、规则等的同化作用引起的文化传递,使他们间彼此变得相
似。① 学生在学校中的人际交往,除了师生之间的互动,更多的则是学生同龄
人之间的互动。这种互动,相对于长辈群体与学生间的交往特点,更具有同龄
人的认同感和归属感。形成群内认同的原因之一,是因为学生之间年龄相近、
相互间的互动频繁,相互间的情感交流时间明显超过长辈群体的互动交流时
间,因此这种交往的频繁程度、情感交流的密切性是使学生互为重要他人,并
形成阅读认同的前提和基础。"个人的社会化常常是在个体自我与他人之间
的关系中形成的。在这种关系中,一定的价值观被内化到自我的个性中去。
这种内化的过程主要是通过认同实现的。"②二是因为小群体中的学生相互
交往具有主动性、趣味性,这种来自主体的积极态度和行为,兴趣的相近,容
易形成阅读取向上的从众和模仿。"青少年长期生活在相似性极强的相对
封闭的同辈群体中,群体互动的情境下,往往会放弃自己的某些思想、价值
观念和行为表现,而采取与大多数人一致的行为。"③由于取向对个体行为
的直接导向作用,这种取向上的一致比较容易形成阅读的从众、同化现象。
主要是通过课后交流、课堂讨论、同学聚会、读书会、读书节上的"好书推
荐"等阅读互荐方式实现对同龄人、小群体中成员的影响。在这种学生之
间互动中,彼此间的影响力主要是来自学生人际交往的需要,在小圈子中为
了获得同伴的认同和接纳而改变自己的阅读偏好和兴趣,转向群内的阅读
喜好和标准。显然,学生互为重要他人不是因为阅读自身具有特别的价值,
而是因为通过相互间的阅读交流,能够获得同伴的认同和可理解感,情感上
的相互融通感和群体依恋。三是从学生亚文化的文化同构性看,同一群体
中的成员由于具有群内偏好的默认和群文化的凝聚力,往往易形成一致的
群内亚文化,个体与圈内他者之间的阅读偏好有较高的一致性,也正因为这
种倾向上的一致,使学生在文化接纳上互为重要他人成为现实,体现出亚文
化本身的内聚性和认同感,学生同喻文化的显著影响力。而从这种群文化

---

① 参见陈会昌:《群体社会化发展理论述评》,《教育理论与实践》1997 年第 4 期。
② 谢维和:《教育活动的社会学分析》,教育科学出版社 2007 年版,第 293 页。
③ 卫道治等:《人·关系·文化——教育社会学观略》,湖南教育出版社 1988 年版,第
153 页。

凝聚力的形成上看,在文化的接纳上,少儿对主流文化的接纳度相对较弱,而更易受到同辈群体亚文化的影响,则在于小群体中交往本身具有的平等性、非等级性,这种角色相近、地位相同的交往模式更轻松和随意,也更易使学生获得群内的尊重、理解和认同,形成趋同强化。如在问到学生你喜欢的书与谁交流比较多时,"与同学互相交换着看"并且"推荐给同学或好朋友"的比例占到了 67%(35.1%+31.9%的合计数),而推荐给老师和家长的比例只有 24.1%(推荐给家长的 20.2%+推荐给老师的 3.9%合计数),可见,同辈群体中特别是同学小圈子中的交流互荐对学生有着相当显著的影响,在互荐的过程中,实现了阅读的趋同性和相互间的模仿,增强着同辈群体的文化同构性。

学生在小群体中互为重要他人,彼此间的交互影响从影响效果上来说,既有积极的、正向的影响,又有消极的、负面的影响。小群体中相互的阅读模仿和趋同,有些是有利于学生阅读兴趣的增长、阅读能力的提高的,但由于中小学生心理发展尚不成熟,自我选择的意识尚弱,而好奇心强烈、模仿性强等,往往也会受到小群体中他者的不良的、负面的影响。这是因为学生同龄人的阅读导引由于自身阅读修养不足、筛选能力较弱,在缺乏长辈的引导和协助的情况下,容易将群体的阅读评价和偏好内化为自己的评价与偏好,或者受到群体中核心人物的诱导和指引,接受纯娱乐性的阅读、不均衡的阅读或者是不良书籍杂志的影响。

2. 小群体中的多人互动形成阅读选择的易变性、多元性和复杂性,其中既存在较固定的重要他人,也存在多个临时性的导引者,呈现出阅读导引上的非稳定性。

学生自发组成的小群体,是通过多种途径、多种方式形成的,这种非正式的群体本身就具有随意性、变动性和偶然性,学生间的互动可能是通过学校组织的各种活动、社团,也可能是班级临时成立的读书会、读书小组以及学习互助组、班会等进行的阅读交流活动,由于这些活动的多元,学生交往互动上的多个层次,这种互为重要他人的影响过程就具有较为复杂的状况。既包括教师指定的小团体,而更多的则是包括学生自愿组合形成的小群体,呈现出群体类别上的多样,如有因为情感密切形成的情感型的小群体,因为相互间兴趣相投形成的"趣缘型"群体、有在学业上彼此互助的"学习型"小群体等等。① 如兴趣型的"小圈子",既包括比较稳定的"小圈子",也包括随意聚集时的"临时圈子",主要是对某类书刊谈自己的看法、或者诉说自己的阅读感受,圈内成员由于彼此的兴趣相投,关系融洽,往往表现出对彼此的阅读爱好的欣赏和模仿,在不断趋同的议题谈论中获得归属感、认同感和支持感。

读书节——大手拉小手　奇文共欣赏

今天,我们三年级的同学们要和五年级的哥哥姐姐们一起手拉手,欣赏美文。我们和五(2)班的哥哥姐姐们先交流了自己做的书摘卡和读书心得。你们瞧,一张张漂亮的书摘卡色彩鲜艳,特别引人注目。五年级的读书心得不仅做得美观,写得更棒,让三年级的弟弟妹妹学到了不少。接着,精彩的节目就要上场了,你是不是迫不及待了,我们一起去看看。五(1)班和三(1)班表演了诗歌朗诵,声情并茂,非常感人。五(2)班和三(2)班表演了课本剧《晏子使楚》,很有意思,好看极了! 这样的活动真是太有意思了,既开心又能学到很多知识,我期待着下一次活动的到来……②

各年级的互动影响,通过读书节的实物交流和现场表演产生了积极效应,特别是高年级同学的阅读推荐,由于设计精美、内容丰实,并以剧目表演等再现原情境,深化了多层次的推荐效果。

另一方面,因为这种群体往往是学生的自愿组合,并不具有正式群体的约束力和群体强制性,而是建立在学生间的随意交往和自由组合基础上的,群体间的划界并不是非常明显,圈内人员容易出现变动,因此这些圈内重要他人对其他成员的影响是非连续的、不稳定的,具有易变性,阅读选择往往呈现出容易跟随流行和时尚,受多个他者影响的状况。

二、颠覆性阅读:隐在抵制与显在冲突

在学校情境中,教师作为影响学生阅读活动的重要他人,是从教师主体本

---

① 社会学的群体划分,有多种归类。如依据实际关系状态或者亲密程度,分为首属群体和次属群体;依据组织化状况,分为正式群体和非正式群体;根据群体发展水平和群体成员之间关系密切程度来分为松散群体和联合群体;依据群体形成的原因分为血缘群体、地缘群体、业缘群体、趣缘群体和志缘群体等等。参见朱启臻、张春明主编:《社会心理学原理及其应用》,中国社会出版社 2000 年版,第 228 页。笔者针对学生的互动关系状况和群体中重要他人在阅读上的影响程度,主要分为情感密切型和趣缘型、学习型的学生小群体。

② http://www.qsedu.com/Components/NewsShow.aspx? newsId=20609.

身和师生关系两方面对学生产生重要影响力的。一方面,教师的阅读取向、情感和偏好是影响学生阅读选择的重要因素,另一方面,师生之间的交往关系也会对学生的阅读选择产生直接或者间接的正面(负面)影响。如果教师以权威——主控型的角色来定位自己,将师生关系看做是上下级的、垂直的关系,以教学权威、行政命令的方式介入学生的阅读活动,往往会形成一种以教师为核心的阅读学习模式,这种模式削弱了学生的选择主动权,就会产生消极影响力,使学生失去阅读筛选的自由和自主阅读的动力。在这种教师主控的状态下,学生是否只是被动的接受者,接受教师的阅读规约和控制?从实际的调研来看,学生的阅读选择存在多重力量的交织,教师的阅读控制在部分学生中并不产生正向影响,而是具有反向的作用力。这种反向阅读,或者称为颠覆性阅读,表现的是教师与学生之间的阅读矛盾与冲突,也体现出了学生亚文化的叛逆性与学校主流文化统辖性之间的张力。这些矛盾与冲突,主要表现为两种状态,隐在的颠覆性阅读与显在的阅读抵制。

一是隐在的颠覆性阅读。这种冲突并不直接和激烈,而体现的是重要他人与学生在阅读选择上的一种隐在对抗。文化学者米歇尔·德塞图认为,处于弱者位置的大众,往往会以自己的"微权力"来抵制控制者的辖制,弱者是有弱者的战术的。"大众并非被动的受控群体,他们具有反抗的能动性。大众会避免与统治者直接面对面地激烈冲突,而利用统治者提供的一切条件来为自己加工改造自由的空间,甚至统治者的控制策略也能被大众反其道而用来作为抵制的资源,德塞图将大众的这种抵制战术称为'游击战'。"①这种隐在的反抗,同样也存在于学校中的师生之间,权威——控制型的教师往往会感受到来自学生的这种"微权力"反抗,主要原因在于教师的压制性态度、负向情感与学生阅读取向上的背离,学生会以曲折而又隐晦的方式表达自己的反抗与颠覆。

武侠小说、魔幻小说是我的最爱啊,为了不被老师发现,给《射雕英雄传》《笑傲江湖》包上书套,贴上《语文同步训练》的封皮也很重要!O(∩_∩)O!②

---

① 陆阳、王毅:《大众文化与传媒》,上海三联书店 2000 年版,第 122—123 页。
② 与 Z 学生的 QQ 聊天记录。

这里隐在的冲突具有两种状况,一种是阅读逆反,教师越是压制,强调禁止或者批评哪些书,学生越是私下专门找这类书来阅读;另一种则是阅读转移,学生因为教师阅读取向、态度情感上的淡漠,学生不读教师指定的书刊,而是转向同辈群体的阅读导引。这里师生间的阅读选择截然相反,学生体现的是表面的顺从,但阅读的叛逆性依然存在,表达的方式是一种消极对抗的方式。消极反抗在小学高年级阶段已经出现,到初中时,体现得更加明显。

二是显在的颠覆性阅读。表现为阅读上的师生直接冲突,一种阅读反抗和选择上的转移。显在的直接冲突,权威—控制型的教师容易遇到。由于控制型的教师往往以法定权威来定位自己,将师生关系看成是上下级关系,对学生的阅读常常是命令、禁止的表述方式,体现出对阅读范围的规定和圈限,忽略学生自身的选择自由和兴趣点,就会引起学生的逆反,产生颠覆性的阅读。学生的反应是"非要我读,我就是不读老师推荐的书!"这是从师生双方关系有距离或者紧张的角度来说的,而引起冲突的其他因素也很多,例如师生在阅读价值取向上的明显差异,也是导致学生阅读逆反的原因之一。当教师为了完成教学任务,实现考试目标的达成时,对课外阅读的态度往往是工具取向的,推荐教辅书或者禁止学生读感兴趣的课外书,一些学生也会表现出明显的抵制和反感,这里教师作为重要他人,对学生的阅读影响是负强化,对阅读活动介入越多,学生的反向阅读能动性越强,颠覆性的阅读行为越明显。一种反叛的阅读实践。

三、"核心人物"引领下的阅读同化

在重要他人对学生的影响中,不在场的偶像如影视明星、作家等人会以自身的魅力、知名度等对学生的阅读产生深刻的影响力,这从学生(特别是中学生)的追星现象中就体现得非常明显。学生会从对偶像的仰慕、崇拜、追随发展到非常迷恋,产生高度认同和主动仿效的状况,这种追星就会具有强大的感召力,吸引学生仿效偶像的喜好。那么在学生的小群体中,在场的同龄"核心人物"①是否也具有相应的影响力? 从实际研究中发现,学生中的"核心人物"的影响力也是非常明显的,小群体中的班级红人、班级明星以及同龄偶像

――――――――――

① 这些"核心人物",他们或者是班级红人、班级明星、学生榜样等小群体中的偶像人物,是学生亚文化潮流和风尚的引领者。

等人对学生的阅读认同、阅读流行的走向,阅读时尚的导引,都有明显作用。

　　班级核心人物对学生的阅读导引,主要因为他们(她们)是学生学习和生活中重要的参照对象,属于学生模仿崇拜的偶像、榜样,因此会因为这种重要他人的特质对学生具有号召力、吸引力影响学生的阅读活动。如同龄偶像的阅读选择,往往受到大家共同的接纳和看重,成为小群体中众人默化的选择,偶像作为非正式群体中的有效而有力的参照主体,对学生的阅读走向产生直接影响,因为其自身的魅力和感召力,直接引领学生的阅读方向。具体来说同龄偶像主要有两类,一是由教师推荐的学生偶像,二是学生小群体中自然产生的偶像。教师推荐的偶像,往往是班级中学业成绩比较突出,阅读积累较多,写作水平较高的学生,在实际的阅读推荐中,有经验的、注重交流的教师往往也会关注学生群体中的这些关键人物,通过学生自身的阅读感染力以及他们在小群体中的威信和感召力,及时诱发其他学生的阅读兴趣,拓展阅读选择视野。

　　我经常会结合班队课,找一些喜欢看书的学生,让他们给大家讲讲自己的阅读体会和感受,从他们本人的角度,来感染其他同学,我觉得用学生对学生的这种相互影响,比用老师那种说教式的教育好多了,感染性更强些,兴趣更浓一些。积极性能够激发出来。因为对于那些本身课外阅读面广的学生来说,他积累的内在的东西比较多,然后他把这些反映出的,肯定也会很多。其他学生就会很羡慕的,觉得我也要去读读。

　　　　　　　　　　(访谈 H 老师:2010 年 10 月 9 日　上海 H 小学)

　　可见,学生易受小群体核心人物的影响,核心人物所具有的感召力使学生能够实现阅读认同及行为模仿的愿望,"榜样表现出观察者原本不具备的新思维模式或行为模式,通过观察,观察者也能形成同样形式的思维和行为"。[1]而教师对这些班级明星的偏爱以及态度上的赞许,强化了他们阅读导引的力量,构成班级阅读的风向标,引发班级阅读风潮的兴盛。

　　另一类偶像则是学生不同的小圈子中自然产生的核心人物,由于是学生自己认同和追随的重要他者,往往在圈中显示出明显的权威性、感召力和引导

---

　　① [美]A.班杜拉:《思想和行为的社会基础——社会认知论》,林颖等译,华东师范大学出版社 2001 年版,第 49 页。

力,因此这些"圈主"、"帮主",在学生小群体中往往更具有话语权和导引强力。

　　F是我哥们,也是我们的"坛主",他玩什么,我们就玩什么,我们班的"魔幻潮"、"探险潮"还是他带起的啦,我们都最喜欢的是《哈利波特》、《冒险小虎队》、《龙漫》、《鬼吹灯》、《火影忍者》等等吧。

　　　　　　　　　　　　（访谈R学生:2011年7月2日　杭州S小学）

　　学生自发产生的"圈主"、"帮主"对学生阅读导向的影响力是深入的,但从影响效果来看,这种自产的偶像既对学生有正向影响,又可能存在负向的、消极的作用力。但由于自发偶像的阅读选择往往并不是在长辈群体如教师、家长等人的指导下进行的,选择的感性因素和随意性很大,阅读上通常从自我的兴趣出发,猎奇阅读、娱乐阅读或者浅阅读的状况都是存在的,体现出自产偶像在阅读导引上的局限性。

第五章　校外情境：媒介与家庭

第一节　媒介情境：运作与多元推介

在课程知识的传递上学校是权威、核心，而对于介于社会与学校之间的课外知识、课程拓展知识来说，则呈现出多方主体介入的状况，在知识的传递和选择上，受到多元因素的复杂交互影响，其中媒介以其特有的方式和前所未有的影响力，冲击着课外阅读的多个层面，渗透在课外阅读活动的各个环节。2009 年公布的第五次国民阅读调查结果显示：除了报纸、杂志阅读率较高外，互联网阅读率为 36.5%，排第 3 位，比 2005 年的 27.8% 提高了 8.7%；图书阅读率为 34.7%，比 2005 年的 48.7% 降低了 14%。① 网络阅读已经超过了纸本图书阅读，仅次于报纸、杂志居于第三位，可见现代媒体在阅读领域中日渐深度介入的程度。媒体被称为社会的"第四种权力"，美国文化研究者道格拉斯·凯尔纳认为：媒体文化已成为当今的主导文化；它代替了精英文化的诸种形式而成为文化注意力的中心，并对很多人产生影响。并且媒体文化已经成了社会化的主导力量，它以图像和名流代替了家庭、学校和教堂作为趣味、价值和思维的仲裁者的地位，制造新的认同榜样以引人共鸣的风格、时尚和行为的形象等。并且"新的媒体技术同时也通过更为有效、更为巧妙地掩盖起来的教化与操纵的技巧提供了强有力的社会控制的形式，弱化了政治的能

---

① 参见《第五次国民阅读调查》，《中华读书报》2009 年 4 月 29 日。

量"。① 在我国自 20 世纪 90 年代初开启的媒介文化时代已经进入了更加多元和遽变的阶段，三屏阅读的大众化与传统阅读的小众化也在不断地改变着学生的阅读生态环境。而从媒介自身的技术优势以及传播广度、深度来看，媒介重要他人介入学生的阅读活动，与学校情境中的他者有着不同的方式和特点，呈现出多元化、多层次的复杂的状况，不仅存在显在的重要他人，也更存在隐在的重要他人，不在场的重要他人；既有媒体的主控者如编辑、出版商等，也有致力于儿童阅读启蒙的阅读推广人，包括学者、专家以及教师、家长等个体及群体，呈现出多元交汇、多重影响的状况。在媒介情境中，隐在重要他人的"不在场"影响力往往超过了学校及家庭"在场"的影响力，成为影响学生受众阅读的主要力量。如调查中当问学生什么样的书是喜欢读的时，选择"插图、语言很美"（13.3%）、"故事很有趣很幽默"（34.0%）、"书是名著或作者是名作家"（13.3%）的合计比例达到了 60.6%，这说明了媒介重要他人如编者、作者以及插图、封面设计者等人对学生的共同影响是非常显著的。隐在的重要他人虽然不在场，但却会以语言陈述、广告宣传、图像表达、个体知名度等因素渗透到学生的阅读倾向中，影响学生的阅读选择方向。

　　而现代传媒工具的多样化，媒介深入社会生活的广度、深度都与传统社会有了本质上的不同，现代传媒对学生阅读的影响可谓是全方位的："三屏阅读"②不仅影响到学生的阅读内容，还以迅速变换的技术支持深入改变着学生的阅读方式、阅读取向以及学生的阅读习惯和思维方式，媒介人不断增强的话语权也在不断改变着媒体与学校、家庭在教育上的力量对比，隐在的重要他人、不在场的导引者借助推荐策略及技术协助不断颠覆着传统的阅读理念和选择途径，对学生阅读的影响力已经超越了学校的影响力，实现着对学生的阅读控制与观念渗透。"这种共时性和历时性的'远距离事件'往往直接影响人们的决策和行为。"③

一、隐在的他者：畅销运作与阅读制造

在媒介情境中由于 20 世纪 90 年代以来市场化进程的推进，现代传媒所

---

① ［美］道格拉斯·凯尔纳：《媒体文化》，丁宁译，商务印书馆 2004 年版，第 30—31 页。
② "三屏阅读"是指通过电视、网络和手机三种途径进行的阅读活动。
③ 谢维和：《教育活动的社会学分析》，教育科学出版社 2007 年版，第 120 页。

具有的双重性变得更加显著,出版界多个团体的出现,各个团体多元化的运作,不同利益群体之间的竞争以及媒介人自身取向上的差异与矛盾,使他们在童书推选上呈现出复杂的心态,在要人文还是要商业利益、要艺术性还是要娱乐性之间摇摆。而当商业性和商品化的导向不断渗透"文化制造"和"消费文化"的出版意识时,时尚启蒙、快乐启蒙就走向了出版前台,众多媒介人往往看重的是能够带来利益的"可消费读物"。媒介人通过引进洋童书的风潮、同质化阅读制造以及娱乐化的阅读导向,通过精致包装实现"经典化"、系列化的"阅读流行",都体现出了媒介人对学生读物筛选的影响力,学生阅读的是否经典、流行,是否有"价值"与时尚性,主要还在媒介人的主控之中,媒介人的出版导向深刻地影响着当前学生亚群体中的阅读潮流,媒介重要他人的出版取向也直接影响到学生阅读选择的取向。

(一) 商业童书的运作者:过程与实现

1.引进风潮:请读"邻居家的故事"。

在媒介文化时代,我们的文化正日益被各种现代传媒所型构和诱导。而现代传媒对儿童阅读的深度影响,则是需要我们追根溯源,去分析传媒架构文化的现存机制,媒体运作者的取向所产生的文化导向引动的文化生产、发行和循环的过程。具体来说,媒介人中的出版商作为学生阅读选择把关的首要群体、"缺席的在场者",是潜隐的但却非常重要的童书推荐人,最基本阅读范围的圈定者,他们的筛选取向、偏好直接决定着学生阅读选择的可选范围以及阅读的广度。而近年来,出版商在选书中,对国外引进版情有独钟,冷落国内本土版,如浪潮涌的引进版雄霸市场,形成"十本童书九本洋"的状况。国外童书作品是否对学生的阅读选择产生了深刻的影响,从国外作家作品在我国的销售状况就可以看出。《哈利·波特》的作者 J.K.罗琳十年来在中国内地拿到 9550 万元的版税成为最具影响力的作家,排名第二的是奥地利作家布热齐纳,他的《冒险小虎队》,在我国获得了 3000 万元的版税。① 原国家新闻出版总署的统计数据(2009)也显示,国内引进出版的儿童绘本多达 600 余种,但原创不足 20 种。②

---

① 参见《中国作家富豪榜照出什么?》,新华网.http://news.xinhuanet.com/fortune/2010-11/17/c_12785725.htm.

② 参见《没有积蓄别画儿童书?》,《文汇报》.http://epaper.xplus.com/papers/whb/20110516/n3.shtml.

这使家长和孩子在融融的氛围中阅读的是"邻居家的故事",而很少了解"自己家的故事"。

童书引进的狂潮,首先是因为国外童书的销售是名利双收的事,出版商既因为推动中西文化交融获得赞誉,又能够因为引进版收益可观而获得不菲的利润,这是促动出版商引进不懈的驱动力。这里的筛选标准,显然并不主要是从阅读的对象——学生需求来出发的,而是从出版者自身的出版利益和团体竞争的角度出发的。将注意力集中在国外版的引进上,是因为引进版版权清晰、经济收益更高,见效更快,许多国外版在"外国名著"的宣传包装下,更容易销售,销售量的上升,有了骄人的销售业绩,也就提升了自己出版集团的"核心竞争力",这是导致不断引进,各个出版社重复出版国外作品的原因之一。其次,出版商对引进版的青睐进一步削弱了国内原创的力量,原创作者在缺乏创作支持体系和培育土壤的现实下,或者降低质量表现出功利性的快餐创作,或者退出原创队伍,转向他业,这些因素都造成了原创作品的贫弱,引进版的急速繁盛。国内原创作品很难进入小读者的视野,常读"邻居家的故事"就成为一种众人默认的阅读常态。如对国内原创绘本的评价,是题材单调、技法单一、说教味重。那么为何会出现这种情况? 首先是国内很少有专业绘本画作者,从事儿童绘本的作者,90%都是兼职作者,从事广告设计、美术编辑之余来做绘本①,在商业利益的驱动下,出版商并不会耗费成本培养作者,特别是没有知名度还在起步状态的初创作者,这是绘本难以出现优秀作品的原因。我国绘本有影响力的作者熊亮②,为了保证作品的质量一年只画两本,但他也认为,多数画作者在没有出版支持的状况下,很难坚持作品的质量和风格上的统一与完美:

(抽版税,是入行之初最艰难的事)熊亮坦白地说,"我刚入这行当时,手头还有经商时存的一点积蓄,否则没法生活,熬不下来的"。但刚入行的年轻画师都急等钱用,想想自己这书的市场前景难以估计,他们一

---

① 参见《没有积蓄别画儿童书?》,《文汇报》. http://epaper. xplus. com/papers/whb/ 20110516/n3.shtml.

② 熊亮,中国原创绘本作者。作品《荷花回来了》获"2008 年中国最美的书",《家树》获 2008 年台湾"好书大家评"年度最佳童书,《原来如此》获全国图书装帧设计银奖、插图银奖,《小石狮》获 2005 年台湾《中国时报》"开卷"最佳童书。

般还是会先拿了稿费维持生计。在这个行当里,他见过不少年轻画家无奈离开,也见过很有天赋的作者不愿进来。

给小孩编个故事绝不是想象中那么容易,不仅题材和情节要新鲜有趣,还要营造整本书的情绪、节奏、氛围、戏剧效果,给孩子回味。"1500元,让你写个故事,你肯花工夫去写吗?"①

对作者缺乏足够的支持力度和培养途径,从编辑到作者快餐式的创作流程直接造成的结果,就是内容上的粗糙重复,绘图上的造作浮华,这是原创绘本不能主导阅读流行的根本因素之一。

而在引进版的洪流中,一方面是对西方启蒙文化的直接吸纳而同化的快慰,另一方面则是引进过快导致的消化不良。期间更夹杂着因为读"邻居家的故事"而产生的本土阅读陌生与本土文化的相对疏离。尽管我们有着想象中的"文化平等对话",期望阅读文化获得中西合璧的对等交流与互补,但依然难以抗拒单向性"文化植入"的事实经历。而在日日读着"邻居家的故事"的阅读启蒙中,我们的本土文化遭遇西式叙事挤压而日渐式微,传递着"民族身份的焦虑"。在出版者的引进版限制下,无论教师、家长和学生,都被日渐框定国外读物的择优思维,不知不觉中传递着引进版读物的系列:

推荐书目:

1—2年级:必读:1.猜猜我有多爱你(绘本);2.逃家小兔;3.我爱我爸爸(绘本);4.红鞋子;5.爷爷一定有办法;6.安徒生童话选(拼音读物或绘本);7.格林童话选……选读……

3—4年级:必读:1.活了一万次的猫(绘本)或森林大熊(绘本);2.几米作品—森林畅游或月亮不见了;3.夏洛的网([美]怀特著,任溶溶译,上海译文出版社);4.时代广场的蟋蟀([美]乔治塞尔登);5.长袜子皮皮([瑞典]林格伦);6.爱的教育([意大利]亚米契斯著);7.犟龟([德]米切尔恩德)选读……②

家长在读了校长推荐的书目后,看到绝大多数都是国外引进版童书,表达

---

① 《没有积蓄别画儿童书?》,《文汇报》.http://epaper.xplus.com/papers/whb/20110516/n3.shtml.

② 清华大学附小副校长给孩子们推荐的书.http://club.baby.sina.com.cn/thread-3004943-1-1.html.

出自己的忧虑:

　　评论:5 楼　发表于 2009-12-7 00:13

　　只看该作者,读完这些书,孩子将来充其量就是个香蕉人。①

　　而不读本土的作品,最直接的问题就是孩子缺乏母语意识和自身的文化归属感。

　　2. 同质化、娱乐化的出版导向,造成阅读的单一化、肤浅化。

　　在现代媒体的多重技术渗透下,我们的阅读文化已经不仅仅局限在家长、教师小范围中的熏染和督导中,媒体强大的信息传递能力和文化导向能力,已经使媒介人具有了操控文化方向的"超权力",媒介主控者能够运用自己的传媒工具实现在学生阅读选择影响上的强传递和方向性导引。"电子媒介以其强有力的符号暴力摧毁了一切传统的边界,文化趋向于同质化和类型化,媒介文化传播凝聚成一个动力学过程,将每一个人裹挟其中。媒介文化变成了我们当代日常生活的仪式和景观,这就是我们所面临的现实的文化情境。"②在现代文化商品化过程中,媒介人的导引方向往往是消费主义的路途,如何刺激和支配家长和学生的书刊消费,是其运作的核心。这种文化被消费的过程,使童书出版同质化、娱乐化成为一种必然。在利益刺激的状况下,书籍只是商品的一种,如何降低出版成本、化解出版风险、实现畅销获取高额利润,是众多出版者主要考虑的因素。在这种经济利益驱动下,一方面是诸多出版人与作家携手,制造畅销童书,不断主推畅销书的多部系列套书,制造畅销风潮。而过多系列书的出版,作家的短平快式的写作使作品成为了同类主题的改编,严重影响到了作品的价值和创新程度,"作者快写,出版社快出,零售商快卖"是常见现象。另一方面,则是部分出版人与职业写手合谋,共同翻抄仿照、模仿跟风出版畅销书,使盗版、仿版泛滥。据统计,畅销书占国内出书总量的 6.7%,而利润更占了图书市场利润的 68.9%。③ 这些状况共同造成了童书同质化现象的产生。如在杨红樱系列书最畅销的时期(2004),杨红樱的书占到了童书市场的一半。一位民营书店经理说:"杨红樱三年不写书,我们卖什么?"有评

---

　　① 　清华大学附小副校长给孩子们推荐的书. http://club. baby. sina. com. cn/thread - 3004943-1-1.html.

　　② 　[美]道格拉斯·凯尔纳:《媒体文化》,丁宁译,商务印书馆 2004 年版,第 3 页。

　　③ 　吴埔:《图书跟风因何大行其道》,《书摘》2006 年第 4 期。

论家对马小跳系列书的分析指出："这些故事从头至尾没有多少发展,除了马小跳年龄渐长,故事其实只有数量上的增加而已。"①

家长在网上给孩子买了杨红樱的书后评论说:

> 家长 A:(杨红樱的)这本书中的故事情节和《五三班的坏小子》有雷同的部分。"新版女生日记"不是和旧的"女生日记"一样嘛! 除了封面不同之外没有什么区别。搞什么噱头呀! 家长 B:这本书同非常系列升级版《非常女生》重复内容多,谨慎购买。这是当前许多作家生财之道,杨红樱尤甚。②

许多书具有相似的书名、封面、内容(见表5—1):

表5—1　童书同质化状况

原书	作者	系列书(或仿版书)
淘气包马小跳	杨红樱	马小跳爱科学、马小跳爱数学、马小跳爱语文、马小跳漫游丹麦、马小跳漫游埃及、马小跳漫游意大利、马小跳漫游美国、马小跳漫游希腊、马小跳漫游德国、马小跳漫游英国、马小跳漫游日本、马小跳漫游澳大利亚、马小跳漫游俄罗斯
笑猫日记系列	杨红樱	虎皮猫,你在哪里、塔顶上的猫、樱桃沟的春天、幸福的鸭子、能闻出孩子味儿的乌龟、那个黑色的下午、保姆狗的阴谋、想变成人的猴子、蓝色的兔耳朵草、小猫出生在秘密山洞、樱桃沟的春天、一头灵魂出窍的猪、球球老老鼠、绿狗山庄、小白的选择
非常系列	杨红樱	非常爸爸、非常妈妈、非常老师、非常女生、非常男生、非常事件、非常搭档、非常小女生和小男生
窗边的小豆豆	黑柳彻子	小豆豆频道、小时候在想的事、丢三落四的小豆豆、不可思议国的小豆豆
	多位作者	一年级的小蜜瓜、一年级的小朵朵、一年级的小豆包、三年级的花太狼、一年级的小豌豆、一年级(3)班的小樱桃

而这种同质化出版、克隆图书的结果,并不关注阅读的人文性和均衡性,从童书出版的第一环节就窄化了学生的阅读范围,单一的阅读导致学生知识视野上的局限,对学生阅读造成了直接的负影响。"真正的文化事物有其真

---

① 《"杨红樱现象"的回顾与思考》,《博览群书》2009 年 3 月 7 日。
② 卓越亚马逊商品评论《新版女生日记》.http://www.amazon.cn/product-reviews/B0011CGGW2? pageNumber=4.

实性、特殊的气韵，以及权威性，而这些因素都在大众复制的过程中消失了。"①由于有创意、有思想的作品不能进入学生阅读视野，畅销书并不能真正回应学生的心灵饥渴，反造成了阅读上的贫乏与单调。

另外，除了同质化的阅读制造，童书的娱乐化导向非常显著，造成了学生深度阅读的缺失。道格拉斯·凯尔纳曾对媒体的文化属性有着深刻的阐释，他认为，"媒体文化是一种产业文化、商业文化的形式，其产品就是商品，试图吸纳那些对资本的积累感兴趣的大公司所创造的私营利润"。② 媒介人从文化商品化、资本化出发，产出的作品主要满足的是消费的需要、资产增值的需要，反映在童书的生产中，娱乐化、快感粗浅的作品出现就在所难免。如某出版集团总裁对出版界主业辅业颠倒现象的阐述：

> 读书报：随着新一轮出版集团上市融资热潮的来临，出版业主业和辅业关系又一次被人们关注。有观点认为，出版集团是靠主业赚名，辅业赚钱。还有人提出，一些出版集团的主业份额在减少，辅业才是支柱。更有人认为，个别出版机构只是借着出版的名义上市融资，而主业已经名存实亡。

> 王建辉：近年来在出版界确实一直有主业与辅业之争，这是出版集团化运作后出现的一个新情况。我也确实听到负有相当责任的老总们有关"主业赚名辅业赚钱"的说法，也确实是当前出版业的一种现象。③

一旦出版定位是辅业利润为主，关乎人文、关注学生均衡发展的阅读体系就会被打破，主流的文化娱乐化浪潮延伸到学生的阅读之中，童书的娱乐元素、幽默搞笑元素就成为了书籍出版、影视主播的重点。这种娱乐定位，利用大众对教育的关注，将家长学生视为最给力的消费者，以多种方式"媚儿童"制造畅销卖点，导引学生的快感阅读、感性的文化消费观，使魔幻、鬼怪、搞笑读物日益繁盛，不断改变着学生的阅读生态环境，学生在媒介人的合力鼓噪和诱导下，满足于无深度的阅读快乐，沉迷于"趣味消费"的影视、网络阅读的包围之中。如某些引进版中，并不是经典作品居多，而是游戏性很强的图画类

---

① ［美］约翰·霍尔：《文化：社会学的视野》，周晓红等译，商务印书馆2004年版，第222页。
② ［美］道格拉斯·凯尔纳：《媒体文化》，丁宁译，商务印书馆2004年版，第2页。
③ 《访长江出版传媒集团总裁王建辉》，《中华读书报》2009年5月20日。

书、魔幻类书,2001 年推出的"哈利·波特"系列,2002 年引进的法国魔幻小说"魔眼少女佩吉·苏"前三卷,2003 年和 2004 年引进的德国"彩乌鸦系列"丛书八册等都是此类。① 出版定位应当是以儿童的需要为出发点的,但问题是儿童本位、关注儿童的需要、兴趣并不等于是"媚儿童",将儿童的快乐阅读定位在简单的搞笑、幽默上,刺激好奇的恐怖、玄幻上,就已经远离了儿童快乐的本体,不做引导,只是迎合,就走向了肤浅导读的迷途。

(二) 推介方式、力度与策略

由于现代传媒日益强势的文化权力,媒介人从学生阅读活动的初始就深入影响和改变着学生的阅读方向和偏好。媒介中的部分核心个人及群体,以媒介特有的文化传递(传播)优势、特定推荐途径、广告效应以及销售策略,从不同渠道、不同地点以不同方式实现对课外读物的过滤、筛选和偏好导引,成为学生阅读选择中的重要他人。而现代传媒本身具有的多元性与复杂性,对学生的阅读导引是多方面的,一是体现在媒介主控者的单向控制,如出版者的书刊选题控制,哪些题材可以发行,哪些需要禁止或者剔除;二是具体操作者的销售策略和重点推荐的方式与途径,如通过商业运作进行的广告植入、书籍销售(阅读、下载)排行榜、邀请名家或推广人进行书评,包装"青春作家"提升书籍影响力等;三是注重推出书刊导语的力度、包装度和可读性,来实现对流行读物的掌控,对学生和家长书籍选择的诱导和深入的影响力。

1. 经典的引力获得与伪经典包装的繁盛。

2009 年曹文轩的《草房子》突破了 100 次印刷,年销售量达到 40 多万册,曹文轩纯美系列的书每年至少都要重印五六次,最少的年发行量也超过了 10 万册。② 蔡葵评价说:

> 《草房子》描写人物与传统小说偏重情节和环境,多在行动中刻画人物的描写方法不同,它善于写人物微妙的情感关系,表现心灵的颤音和丝丝缕缕的酸楚和慰藉,强调人物的抒情性和心灵化,仿佛它并不是为写人而写人,而是以人物来抒情。③

可以说,曹文轩的作品主要以纯美和诗意来展现对儿童心灵世界的诠释和理解,是融人文性和艺术性为一体的经典童书作品。而经典著作在当今消费主导、娱乐文化的氛围中,能够依旧对学生产生有效力的影响,原因何在?经典作品的影响力来自哪里? 只依靠作品本身的质量是否就可以获得学生和家长的高度认同? 通常我们认为,经典作品本身具有高品质和知名度,不需要其他推荐宣传就能够获得小读者的认同,而一直负责曹文轩作品系列的江苏少儿出版社副总编辑章文焙则认为,优秀的作品不仅要有高的质量,同样需要宣传策划,主力推荐,才能使优秀的作品真正进入学生的视野,获得深入的阅读影响力。

> 曹文轩的作品有一定难度,这就需要成年人来引导。我们和江苏新华发行集团共同开展了"人文进校园活动",有计划地组织作家进校园,直接和小读者交流。曹文轩多次到中小学校和师生们交流,也多次在中小学语文教师培训班上讲演。他充满激情的讲演,他对儿童文学作品深入浅出的解读,吸引了所有的孩子;很多学校的老师主动在阅读辅导课上讲解曹文轩的作品,引导孩子阅读。深圳南山央校的李庆明校长亲自向学生朗读《草房子》和《青铜葵花》,江苏溧水实验学校的校长更是通读了曹文轩纯美系列的所有作品,甚至能背诵许多段落。①

可见,出版社负责人作为隐在的重要他人,重视对经典作品的宣传与推广,通过各种活动加强作者与校长、教师、学生之间的直接接触和交流,既增加了经典作品、作家的亲和力,又通过作者与学生、作者与其他重要他人(教师和校长)之间的沟通,加深了对作品的理解和推荐成功的可能性。从人际互动对阅读选择的重要作用来看,这种活动化的推荐,往往比单调的图书分发更有深入的影响力,传播学者米德认为,传播影响力不仅来自语言符号,更来自表意符号,如传播者的表情、语调、姿态等,因为建立在人际互动基础上的阅读活动,渗透着重要他人情感、态度和人际交流的快乐感受,更能增强他者对学生的推荐引力。

而相比于多数经典作品的推荐乏力,一些质量平平甚至低劣的作品,经过出版商精心的商业包装、多途径的运作获得了"经典"的名衔,实现市场畅销

---

① 章文焙:《〈草房子〉突破一百次印刷的启示》,《中华读书报》2010 年 1 月 27 日。

的繁盛,侵蚀着学生的阅读环境。如对《精灵守护者》的过度推荐:"与《幕光之城》《哈利波特》齐名的金字塔尖之作! 席卷日本各项文学大奖!"对《小狼人系列》的推荐:"荷兰孩子人手一册的超级畅销书!"《萝铃的魔力》:"出版数月加印数次,百万萝迷疯狂追捧!"

形成这种"伪经典"的原因,一是评论的偏颇。一些编辑或者阅读推广人的书评已经滑向了售书推销的体系之中,市场销售额成为筛选的指针体系和标准,通过夸张的宣传和吸引眼球的"畅销排行"来制造伪经典的卖点,获取高额的利润;二是在文化商业化、消费化的产品制造加速中,作家的作品本身缺乏沉淀和推敲,造成了低质量作品的泛滥,重复仿制品的繁盛。在系列化、成套化、多卷本的文化工业生产线中,出版者绑架作者速成"文字"而不是作品,急速、浮躁的写作姿态打碎了曾有的语言从容和文字灵性,媚俗、搞笑、跟风的内容在快速拼贴中完成,知性的优雅和思想的深度淹没在粗浅文字游戏的众人狂欢中。而封面的精美包装、插图的时尚化依然无法掩盖内容的空洞贫乏。

> 我从来都是站在一个旁观者的角度看待郭敬明,无爱无恨。这本书却让我失望了。商业化的文字是不能赢得读者的心的——郭敬明是个成功者,这谁也不能否认。83 年出生,仅靠自己的努力就能身家过亿,这不是假把式。可能是商业运作的原因,他的文字不像以前那么干净透明了。
>
> 帮同学买了 2 本,(《虚铜时代》)1.0 我看了,写的还可以,2.0 里面的我不说,净是厚度,赶稿赶得很急吧? 越来越排斥郭某人了。①

作家重要他人在畅销盛况中的迷醉,为销售而进行的文字制造,也必然以自身浮躁的语言表达再一次加深学生浮躁的阅读心态,盛装下的系列出场、时尚刺激的推荐语,依然不能改变浅文字在心灵上的隔膜,在熔铸精神力量上的贫弱。

2. 推荐的多元策略与影响深度。

首先,是媒介重要他人关注报道和推荐语的作用,注重语言表达和推介的切入点。出版者常常通过电视、网络、报纸广告等,利用新闻报道、名家推荐、

---

① 卓越亚马逊商品评论《小时代 2.0 虚铜时代》. http://www. amazon. cn/review/R3V74C3SPU822Y/ref=cm_cr_rdp_perm.

本书(作者)跟踪报道等不断制造畅销书,通过广告或者报道的重复讲述、重复强调、重复广告等产生心理暗示,潜移默化地影响学生关注选择当前的流行畅销书籍。如对《冒险小虎队》的着力宣传:"重要报告:到 2009 年 1 月 1 日止,《冒险小虎队》在中国市场销量 2358 万册! 里面附有三种功能的解密卡!"有些书还未上市,首先使用前期广告刺激学生的阅读好奇,制造阅读期待:

> 英国图书馆女皇杰奎琳威尔逊超级畅读作品:"最跩女生团"系列!
>
> 不认识 Jacqueline Wilson? 你 OUT 了! 作为"最跩女生团"的独立缔造者,被誉为英国"辣奶"、"图书馆女皇"的 Jacqueline Wilson,将于暑期呈现作品! 作品系列包括:"帅妞崔西"、"女孩不坏"、"辣妈替身"。

而优秀的作品在恰当的推荐表达中,也才更能走入学生的视野,引起他们的关注,产生经典的吸引力和影响力,如编者对梅子涵作品《撑起伞来等啊等》的推荐:

> 它像一个盘子,搁着值得去闻的很多味道。淡淡间,飘逸开来,把你抚摸。让你笑起来,也让你流出泪。让你理解了一点很浅的道理,却发现又是那么深的天理。这样的味道,后来会出现在你的生命里,会在你长大的脚印中看见。①

又如《给孩子 100 本最棒的书》编者的简介推荐语:

> 一个小女孩在读完《月亮晚安》后,她把书放到地板上,努力想要爬进书里去。一位家长一天之内给孩子讲了 25 遍《好脏的哈利》的故事,孩子还说:再给我读一遍。一个讨厌看书的 10 岁小男孩,拿起《哈利·波特和魔法石》,如饥似渴地读了五遍……当孩子们接触到书并阅读这些书的时候,会有许许多多上述这样的故事。②

卓越网统计显示:73%的人看完这一页评论后购买了此书。

其次,是利用多层次评价体系,强化推荐的影响力。

为了加深主力推荐的力度和影响广度,媒介人常常采用更加多元多层次的书评评价体系,如通过畅销书排行、销售量排名、下载率排行、访问量排名等

---

① 《"子涵童书"系列》,《中华读书报》,2009 年 1 月 7 日。
② 《给孩子 100 本最棒的书》,安妮塔·西尔维. http://www.amazon.cn//dp/B003X5RPEI/ref=sr_1_1? s=books&ie=UTF8&qid=1326170236&sr=1-1.

来增加学生对主力推荐书籍的认同程度和喜爱程度。其中部分评价是客观理性的，而部分评价则是脱离理性推荐走向了娱乐推荐，通过广告力度、充分频次、词汇的煽动性来不断制造该书的人气指数："该书销售……万册！"好评指数"五星级图书！"统计购买人数"本月……千人购买！"好评率"该书获得……次读者好评！受关注度直线上升！""本年度最畅销书！"等等，来得到家长和学生的关注，提升书籍的影响力和关注度。另外，随着网络互动程度的提高，媒介人也通过网上交互平台进行多元互动，在平台中设置专家解答、留言点评、网址链接等加强重要他人与学生、家长的交流程度，提高推荐的影响效度。

第三，以封面设计的图像语言刺激学生选择。封面设计是否影响学生的阅读选择？国外学者 Kies 曾做过研究。他改变新出版读物"lois Duncan Thrillers"的封面设计，来测试学生以及相关成人（书店老板、图书管理员及老师等）是否受到封面变化的影响？结果显示：设计时尚的封面更吸引人也更受人青睐。① 由于封面设计对学生感性的阅读选择、随意性的阅读选择有比较明显的影响，因此媒介更愿意在童书的印刷装帧、包装外观上下功夫。装帧华丽、封面时尚、印刷精美的书更多呈现在童书市场上。套书、精装、典藏、全书的系列豪华版、大开本都蜂拥而至，呈现出童书市场上的繁荣盛典。但我们从童书本身的人文价值和艺术含量上分析，适度包装和恰切的美工点缀，对提高学生艺术感受力和情趣阅读是有利的，而一味追求奢华的包装和套系的考究，给予学生的并不是正向的积极影响，反而消解了文字本身的内涵和意义，并不会给孩子带来图文并茂的美文佳图享受。

（三）阅读推广人：角色定位与推荐评价

在媒介情境中，阅读推广人是影响学生阅读活动的重要他人之一，他们之中既包括专职的阅读推广人，也有兼职或者来自民间的阅读推广志愿者，如编辑、作家、专家以及来自民间的教师、家长和学者等人，多群体多层次的推广者的出现，使影响学生阅读活动的他者呈现出多重复杂的状况。不同的推广群体由于各自的取向与偏好不同，对学生的影响也有差异，既存在正向的影响效应，也存在负向的影响效应，既有商业化的推销式推荐，也有民间群体的自觉

---

① Kies, C. (1995, October), "Cover art, consumerism and YA reading choices", In Eyes on the future: converging images, ideas and instruction, Selected readings from the Annual Conference of the International Visual Literacy Association, Chicago.

分享式启蒙。

当我们分析阅读推广人的影响价值和效应时,关注推广者的推介取向是重要的方面。专业性的阅读推广人,对其专业评价能力的衡量倒在其次,重要的是对其推介的倾向性进行探查。首先一些阅读推广人自身的角色定位决定了推介的倾向性。如一些推广人本身就具有复杂的身份,既是编辑又是促销者,既是作者又是推广人,既是出版商又是书评人,这种多重角色的共存,导致推荐中的必然偏向,为了推销和扩大发行,往往忽视书评的客观性和公益性,成为仅仅围绕商业利润循环的营销推荐。在润笔费、车马费的诱惑下,职业书评人常常速成"广告书评"也是常见现象。

在阅读推荐本体的意义上,推荐应当是客观评价,讲究语言的技巧和修辞上的魅力,是为了唤起孩子藏在内心深处的阅读期待和渴望,但为刺激销量而过分强调书籍的"杀伤力",以煽动性的推介语、夸大其词的广告轰炸来获得"眼球效应",则已经背离了推荐本体的意义。因此,商业营销为目的的推荐,在"消费童书"的运作循环中进行的"有价"评论和推销,一方面导致学生迷恋流行读物、时尚读物,造成阅读的窄化和浅化;另一方面,也造成了家长、教师对推介者的不信任,对童书阅读本身的疑虑:阅读这些书究竟有什么意义? 到处都是"魔幻"、"探险"、游戏书。可见,阅读推广者如果站在营销者的位置上,以商业化倾向取代公益性诉求,产生的影响不仅是童书市场上的紊乱,更会加剧家长和孩子之间的冲突:孩子对广告宣传的刺激性推荐并不具有免疫力,往往是媒介人主推什么,孩子就会跟随媒体流行去阅读什么,而家长对于媒介人极力打造的阅读泡沫并不认同,就会激化家长与孩子之间的阅读冲突。

而关注学生深层次阅读的推广者,已经开始参考国外的分级阅读体系①,尝试对学生不同阶段的阅读需求进行分层,对应学生各个年龄段的读书特点有针对性地推荐。如南方报业传媒集团在广州成立的"南方分级阅读中心"推出"南方分级阅读"图书,按六年制小学的不同年级划分成六小套,每套30

---

①　分级阅读在国外是按照学生不同年龄段的心智发育程度进行的阅读划分和设计。国际上通常采用阅读专家弗赖(Fry)和乔尔(Chall)的可读性公式来评估难度。阅读专家罗格(Rog)和伯顿(Burton)则根据字数和词汇熟悉度、印刷形态、故事可预测性、插图和文字的对应、故事内容与概念的复杂度,然后将阅读材料分成10级,每一级列出具有代表性的读物,作为选择其他书籍的参考。参见《中国教育报》2010年4月1日。对于怎样的分级是适合我国少儿读物的具体分级标准,目前学界仍然存有争议。

本;民间阅读推广人阿甲,也在自己的"红泥巴村"网站上介绍自己的《分年龄、分年级(小学)推荐书目》,在新浪亲子论坛中与家长互动,谈论分级阅读的内容:

分年龄、分年级推荐书目　推荐人:王林、阿甲、萝卜探长

【三年级推荐】

国际大奖小说(注音版)——《亲爱的汉修先生》

本书曾获得1984年纽伯瑞儿童文学奖金奖。这本书或许能给你的作文能力提供很大的帮助!五年级男生雷伊因为着迷作家汉修先生的书,给作家写了一封信。雷伊在信里给作家提了九个问题。奇妙的是作家竟然给雷伊回了信,也给雷伊提了十个问题,读了雷伊的记述,你会和"亲爱的汉修先生"一样笑出声来!①

又如:媒体与作家共同举办的原创绘本沙龙,关注对本土文化魅力的挖掘和表达,网上家长评论说:"这个主题不错,也许国外的绘本非常了解孩子,但是只有中国的作者才最了解我们当下亲子关系的模式和问题,因为我们生活在其中。"

【丰子恺儿童图画书奖　原创绘本系列沙龙】:亲子阅读中的本土魅力

本次原创绘本沙龙请来的三位嘉宾,分别可以代表原创绘本的三种形式:新锐创意派、本土生活派及传统经典派。

熊磊——新生代本土原创绘本的领头人之一,正声儿童艺术发起人,探索利用水墨、剪纸等方式对孩子进行中国传统美学思想的熏陶;

保冬妮——儿童文学作家,曾任《超级宝宝》杂志主编,花婆婆绘本馆创始人,是儿童文学作家中关注绘本并身体力行的代表人物;

姚媛(艾斯苔尔)——小书房主创人之一,致力于图画书的研究与推广,后创办毛毛虫绘本馆,挖掘并推广了包括《小蝌蚪找妈妈》《九色鹿》等作品在内的系列大陆早期图画书作品。②

---

① 《分年龄、分年级推荐书目》,亲子阅读,新浪网.http://club.baby.sina.com.cn/thread-1179529-1-6.html.

② 《亲子阅读中的本土魅力》,新浪博客.http://blog.sina.com.cn/s/blog_67f2138b0100qju9.html.

民间阅读推广人则是不同职业、不同地域的阅读启蒙者形成的志愿者群体,以他们自身的思考、实验的热情和探讨的愿望,共同促动阅读启蒙的变革:

> 我们都是普通的大学教师、中学教师、学者、编辑,我们分处在中国的北方和南方,我们或早已相知或原不相识,而有了共同的名称——"新语文读本"人。我们聚集在一起,是为了通过《新语文读本》,发出我们自己的声音,显示我们的存在。①

二、网络中的互动者:分享、互助与潮流

在媒介情境中,网络空间中的人际互动的影响力日益增强。据统计,截至 2015 年 7 月,我国网民已经达到 6.68 亿人,普及率达到 47.9%。② 网络不仅改变着我们的娱乐方式,更不断重构着人际间的交往方式,网络环境下不在场的重要他人;不仅改变着个体的阅读途径、阅读内容,而且依托网络交往平台形成了特定的互动推荐方式。这种以隐在多个他者为核心的推荐活动,呈现出多元、多重影响的状况,既有互助分享的交互影响,也存在潮流制造下的媚俗化的推荐。从不同群体来说,既包括教师群体的推荐,还包括家长群体以及学生群体或个体的推荐,呈现出网络环境中的多元性与开放性。

(一) 论坛及博客:推荐共享与同伴互助

论坛与博客是网络中各群体重要他人进行阅读互荐的有效平台,其中论坛是多人互动互荐的场所,论坛成员间在讨论中接收到的推荐信息往往是多个,推荐主题也并不确定,而是随意讨论中的推荐,但因为论坛本身的形成是兴趣型的,成员往往都对推荐的主题有积极的交流意向,因此相互间受到的影响也会较深:

> 买书买了大半年,家里存了大概 200 多本绘本,我幸运地发现了新浪育儿博客,发现了阅读圈子。我那个兴奋啊,如获至宝,每天上下班路上都用 IPHONE 不停地在新浪育儿博客潜水,找到组织了,每天头都抬不起来了。③

---

① 钱理群:《语文教育新论》,华东师范大学出版社 2010 年版,第 171 页。
② 参见 CNNIC(中国互联网络信息中心)2015 年发布的《第 36 次中国互联网络发展状况统计报告》数据。
③ 《亲子阅读渐入佳境》,橡树湾,新浪博客. http://blog. sina. com. cn/s/blog_6f97791d0100qjm8.html.

从个体在博客与论坛中的角色来看,由于网络平台的互动特征,使参与者互为信息受众,每个个体都具有双重身份,既是信息的推荐者也是信息的接受者,因此在阅读推荐的网络传播过程中,个体之间互为重要他人,这种自由交互的信息沟通,使每个参与者接受到的推荐信息更丰富、更广泛,而且参与者讨论的越深入细致,对各个成员的影响也就更为深入。在这里的阅读共享中,包括两种类型的推荐,一种是以权威型重要他人为核心的推荐,如阅读推广人、作家、教师在博客或者论坛中发起关于阅读的主题讨论,并提供推荐书目供大家参与讨论等;另一种是以普通互动者为核心的推荐,如家长、学生等在自己的博客中的推荐,或者是在阅读论坛、购书网站上的互动评论等。(参见图5—1)

图5—1 网络博客中的阅读推荐

而教师在网络中的教师沙龙、博客等,会给多位教师提供交流阅读体会的平台,在自主自愿的参与中,主动建构的推荐和讨论能够产生思想交融的深度阅读价值,共读分享的阅读乐趣:

> 以个人博客为平台,我随即组织了麓山之友教师沙龙,我们选择性地组织共读一本书。读书会是一个很好的平台,它让阅读不仅仅停留在个人的思考与探索上,而是在师长的引领和同伴的交流中进一步获得自我的确认和心智的拓展。这样的聚会,老师们完全基于个人志愿,读书时大

家一起读书,谈自己的思考与困惑,不读书时聊聊天,不一定是解决问题,重要的是在每个参与者的心中敞开一道理想的读书空间。林语堂曾这样说过,趣味好比放电,要摩擦才能出来。读书也一样,彼此交流,等于是把大家的阅读所得汇集到个人头脑中了。①

在这里的沙龙推荐,推荐的书类包括了多类综合性的书籍交流,如教育实践技巧类书籍、教育综合类书籍、发展性阅读书籍等,涵盖了教育实践问题、教育理论与理念、拓展性的书籍包括了文史哲类的经典书籍,给予交流者的,不仅仅是读一本书的体会,更有彼此间不同视角的分析,不同观点的争鸣,并且能够在共读的氛围渲染中,强化参与者的读书内动力,实现群体性推荐共读的深度影响力。如教育在线论坛(2012年1月10日数据)中,会员达到395099人,发帖总数6546573篇,并办有网络在线阅读期刊如《教育在线周刊 悦读》、《啃读者》等;《关注中国小学生基础阅读书目的价值》等多篇关于小学生阅读推荐问题的探讨文章。② 通过在线教育论坛中多人的交流、书籍推荐的交互影响,实现了跨地域教师、学生的阅读互动,以"共读"、"互荐"实现了学生阅读、写作探讨的深度影响。

与学校领导自上而下的行政命令式读书相比,存在于网络论坛中的阅读推荐共读活动,更体现出了教师个体自发的"存在式"读书,这里的阅读不以学校考评职务晋升为目的,而是来自多位教师自我提升、共享阅读的文化自觉,这样的虚拟读吧,给予的是真正的心灵阅读。

在论坛讨论和博客交流中,共享程度的提高加强了重要他人阅读推荐的影响效度。由于交互式平台不存在传统媒体中单向信息传递的限制,而是多元共享、交互渗透的网络系统,受众不再是无话语权的沉默者,而是互为主体,他者与他者之间、个体与群体之间、核心人物与参与者之间有着高度的信息共享,信息的交流是双向甚至多向的,这使参与者之间交互推荐和交互影响的程度提高,有了更强的推荐效应。

另外,网络平台的互动交流,产生的是"积极的受众",相互的影响度比单向垂直关系中的影响显著。在论坛中,参与者多是因为对少儿阅读非常重视

① 刘铁芳:《教育生活的永恒期待》,湖南教育出版社2010年版,第288页。
② 参见《教育在线论坛》.http://bbs.eduol.cn/bbs_index.html.

或者有研究兴趣的成员,因此主体性和兴趣性决定了重要他人的主动性、能动性、积极性,个体具有自主参与和主动选择议题、主题的自由,互动意识的强烈,因此推荐的主动性和接受的积极性都很高,对讨论主题表现出积极地参与性与介入性,因此彼此间的交互影响显著。如许多亲子论坛或者读书论坛、购书论坛中,一些家长在阅读某书后,写出几百到几千字的书评,对书的内容、书中方法在实际教育中的应用、对自己阅读取向的改变等等,都以深入的叙述影响到其他家长及学生的选择:

> 记得那个神秘的小哈利,
>
> 从刚刚踏上 9.1/4 火车,
>
> 探寻神秘的魔法石,
>
> 而后,又走进神秘的密室,
>
> 正义的对抗着邪恶的力量,
>
> 他给了我们这些哈密们精神的力量,
>
> 渐渐的,我们爱上了哈利,
>
> 我们不会忘记哈利对付那些食死徒时的凛然,热血,
>
> 也不会忘记我们一同走向火焰杯,历经种种艰险,
>
> 在凤凰社里,我们在恐慌中,感受了爱的温暖,
>
> 在混血王子中,我们又和哈利第一次被神秘的爱所震动,
>
> 让我们在回味中,细细品味,
>
> 在幻想中,寻求寄托,现在,我们又要和哈利一起启程了,
>
> 一同迎接新的挑战,感受不一样的哈利,(哈密:sunmeng_cus)

……就是这样的你,凭借着顽强的毅力与坚定的信念创作了风靡全球的《哈利·波特》,在我们享受这场文学盛宴的时候,我们不禁要问?是怎样的执著与坚持让你挨过了生命中最为艰难的岁月?又是怎么的灵感让你创作出百般神奇的魔法世界?莫非你曾置身于其中?抑或是为了生存你曾将灵魂出卖给了撒旦换得日后的成就!我们不得而知……但不管怎样,我们希望你是幸福的,你让全世界这么多人分享着你的快乐与幸福,你的灵魂是无比高贵的。真心地谢谢你,我敬爱的罗琳,愿你也能够快乐地生活并继续你的创作,让我们把对哈利所有的期许全部倾注于对你的祝愿。如果我们能做些什么,我们愿在哈利的世

界沉睡……①

在卓越亚马逊书评上，《哈利·波特与死亡圣器》的学生评论达到了171页、1704条（2012年1月数据），这些深度的评论对其他学生的选择产生了直接的影响。在当当网上，《朗读手册》的评论也多达1759（新版+旧版共计数：933+826）条（2012年1月数据）。可见，网络论坛里的评论，首先对重要他人本身的取向、态度产生了影响，特别是一些有引导作用的亲子阅读指导书，对家长、教师的童书选择进行了深度的引导，从自己的阅读感受、阅读效果、理论分析和实践操作等多方面进行了叙述，具有直接的说服力和可信度，从而改变着其他家长的阅读观和选择方向。

藤蔓青青：……《朗读手册》，此书拥有一个更为宽大的格局，"如何让孩子爱上阅读"。于是，推广儿童阅读的这本书，无可避免的必须直面"阅读的价值"这一关键命题。……②（书评长达1300多字）

妈妈波斯菊：自2006年买了第一版的《朗读手册》后，一直按书中的指导坚持给儿子朗读，现在儿子上二年级，我基本上每周朗读一本几万字的儿童文学给他听，如《小英雄雨来》《爱德华的奇妙之旅》等；儿子自己也每周读一本，感觉儿子的理解能力和文字能力比较好，现在可以自己写300字左右的日记，会正确运用标点符号和分段，想得快，写得也快，他开始学习如何写得生动一些，自己会对所读书中的一些精彩描写发出"写得太好了"的惊叹，有意识地尝试自己也写得生动一点。……（评论达到1800字）

一木一520：……35.就像如果你没有患感冒，你就无法将感冒传染给别人；如果你自己不喜欢阅读，也就无法影响孩子爱上阅读。

45.影响孩子阅读能力最大的因素是家长本身对阅读的态度，以及在家里孩子是否可以随手取得书。

39.唯有书的内容非常有趣，孩子们才会舍弃电视，把时间用来阅读该书。孩子和大人一样，都喜欢那些可以吸引他们一页一页看下去的小

---

① 卓越亚马逊商品评论《哈利·波特与死亡圣器》. http://www.amazon.cn/product-reviews/B0011C69X8/ref=dp_top_cm_cr_acr_txt？ie=UTF8&showViewpoints=1.

② 《朗读手册（新版）》的全部评论，当当网.http://comm.dangdang.com/review/reviewlist. php？pid=20633120.

说。……(3300多字的评论,列举了46条,详细介绍了自己的童书选择观以及阅读心得)

财经书虫123:读了这本《朗读手册》,才发现原来给孩子读书真是父母送给孩子最好的礼物。也许父母给孩子念书时那种温馨而充实的情感体验才是孩子们最为看重的吧。(评论共300字)

fengdeyanse88:让孩子重视读书,只有家长或老师自身足够重视读书,与孩子一起平等进入阅读世界,在互读分享、激烈讨论等氛围中才能找到阅读的乐趣,养成阅读的好习惯。(评论346字)

leigh1205:《朗读手册》及时的改变了我的观念,只是每天在我的威逼利诱下给我念故事,我能感受到他并不乐意给我讲故事,读了《朗读手册》才发现自己犯了一个大错,必须马上更改,当我宣布给孩子重新朗读时,他特别兴奋,借助《朗读手册》这本朗读辅导书,我现在每天给孩子读《夏络的网》,因为《朗读手册》给出的建议,给孩子念长篇小说,孩子很喜欢听,……真诚推荐此书。① (共415字)

(二) 网络阅读的推介者:潮流与媚俗

随着网络日渐深入现代生活,阅读行为和方式也被网络所重构,网络阅读已渐成为阅读的主要方式之一。CNNIC《第36次中国互联网络发展状况统计报告》的数据显示,截至2015年7月,我国网民达到6.68亿,而网络文学使用率达到了45.3%,网络在线阅读、手机阅读、电子阅读器阅读等阅读率已达到50.1%。而从阅读的途径看,通过电脑、手机及手持阅读器等多介质进行的网络阅读,使这种阅读活动更加普及和快捷,比起传统的阅读方式更具便捷性。网络阅读的迅速渗透,不仅改变着成人的阅读方式,也更改变着少儿的阅读行为,其中通过网络导引和改变少儿阅读的他者,就显得尤其重要,他们包括哪些群体和个人?在网络信息鱼龙混杂的现实下,对学生的阅读选择产生了怎样的影响?

从网络他者对学生阅读影响的不同途径看,互联网的隐在重要他人主要包括两类:一类是各网站的策划者;另一类是不在场的同龄人,如网友、博主等人。网站策划者的影响力主要是通过网页中的广告宣传实现的,如通过综合

---

① 《朗读手册(新版)》的全部评论,当当网.http://comm.dangdang.com/review/reviewlist. php? pid=20633120.

性网站、网上书店上频繁更新的"本网畅销书排行榜"、突出在线阅读人气数,强调该书点击率、下载率等引起学生受众的关注;另一种是通过 QQ、MSN、微博等网上交际平台进行的阅读推荐讨论活动。而当网络读物通过多媒体的制作,融合了文字、插图、Flash 动画以及视频插播等技术后,对阅读内容的诠释、解读上有了进一步的拓展,在融汇思想性和艺术性上有了更完美的体现,网络中的重要他人正是以这些变化来吸引学生,使他们更喜欢看网上的读物而不是传统的书籍,网络阅读现象在小学高年级有一定的发展,而在中学生中更为普遍,中学生用 MP4、手机等进行的阅读频率更高,如学生阅读的电子版书籍(参见图 5—2):

图 5—2 学生的网络阅读

这种虚拟阅读,对学生的影响是双重的,既可能通过多媒体阅读获得生动、全面的理解和艺术的熏陶,也可能因为媒体的商业化炒作,只得到低俗、空洞的浅阅读。

网络阅读推荐的影响效果,是网站运作中网站策划者与投资人的携手,为了吸引家长和学生的注意力,频繁制造从视频到读物的全程"阅读风潮",让众人在多重诱导、时尚阅读的推动中不知不觉认同、追随媒体制造的各个阅读"亮点"。在电视和网络发展的初期,影视动画出版曾经与纸质出版形成竞争,相互争夺对受众的影响力,而随着互联网和影视业步入成熟期,网络及影视媒介人已经形成了更多的竞合关系,影视媒介人制造的影视剧、新闻快报"流行点",由网络媒介人以及书刊出版商共同"跟风",相关内容转载到各大网站或者由出版商出版纸质本;网络媒介人捧红的网络文学,则由影视媒介人改编成影视剧,形成网络文学的"影视版阅读风潮";传统报业集团出版的畅销书流行书,会迅速传递给各个主流网站或者阅读网站,由他们再"主力推荐",多媒体包装制作,形成二次阅读流行。① 如当前影视热播的穿越剧,基本来自青少年阅读的网络文学作品,如《步步惊心》等。但网络上的推荐者中,各媒介群体为了商业利润进行的宣传诱导,加之网络自身的开放性、随意性,缺乏传统传播方式的规范和过滤机制,也常常会导致网络阅读推荐中的负影响,如纯娱乐性的漫画、卡通、魔幻、武侠类、恐怖类内容,许多书包含了低俗、暴力和色情的内容,加之多媒体制作的画面刺激,动态冲击效应,学生自身缺乏分辨能力,就会迷失在感性化的猎奇阅读中。

第二节　家庭情境:导引方式与教育期望

你或许拥有无限的财富,一箱箱的珠宝与一柜子的黄金,

但你永远不会比我富有,因为我有一位读书给我听的妈妈。

——[美]吉姆·崔利斯

一、家庭阅读文化:导引现状与误区

(一)亲子阅读:谁是在场的重要他人?

在学生的阅读中,家庭成员是最初的导引者,孩子阅读启蒙的第一影响人,在小学低年级阶段,家长对孩子的阅读影响更为明显和持久,因而家长作为第一层次的重要他人,他们的阅读取向、方式和态度等,都会对孩子的阅读行为产生深刻的作用力。国外学者通过大量的调查和实验表明,不仅家庭背景因素如家庭经济状况、父母职业和受教育程度等对儿童阅读发展有影响,而且家庭文化氛围对孩子的阅读发展也有重要的影响力。如 Clark.M.Young 的研究显示,家庭拥有读物的数量与儿童阅读能力之间存在较高的正相关,儿童能获得的阅读书籍数量可以在较大程度上解释儿童阅读能力的个体差异。

---

① 在消费主义的导引下,大众文化已经模糊了"主流"与"非主流"文化的界限,因此网络"俗"文学与流行"经典"影视剧的合拍、纸质畅销书与网络排行榜的同步就是必然,而图书风潮的阶段性爆发也是三大媒体相互跟进、交互引导的结果,这里,"经典"与"流行"得到了有效的对接,如一些书的推荐语:"纸上大片,铅字电影! 无限精彩!"

Senechal 的研究也表明,父母早期给孩子读故事、与孩子共同阅读图画书可以促进孩子口头词汇获得,提高孩子阅读兴趣及阅读能力。① 国内舒华、李文玲等人对家庭文化氛围进行了四方面的考察,包括家庭文化资源(家中书刊数量);亲子文化活动(父母自身的阅读状况、父母与孩子共同参加的阅读活动:去书店、图书馆的频率,亲子共读状况,儿童独立的阅读频率等);父母的受教育程度;抽取一年级和四年级小学生共 574 名进行分析,结果显示,家庭文化背景与儿童初始阅读呈显著相关,家长对小学孩子的阅读都有明显影响。② 那么我们进一步去分析,在家庭文化背景的诸多因素中,哪些方面是最核心的影响因素? 人(家庭成员)的因素,还是物的因素(文化资本量和质上的影响)?

在实际的调查中发现,在孩子的家庭教育中,许多家长虽然对孩子的阅读重视程度很高,却在阅读观念、导引阅读的方式、态度上存在误区,认为孩子阅读选什么样的书、书的多少很重要,但往往忽视了家长主体自身参与的核心影响力,家长成为孩子阅读启蒙"在场的缺席者",这是造成家长阅读导引影响力减弱或者产生负影响的首要原因。如家长 D 的观念:

> 亲子阅读? 在孩子小的时候(小学入学前)有过,上了小学,他自己会读了,还需要家长读给他听吗? 我觉得不必要了吧,一般都是买了书让他自己看。

但许多相关研究表明,亲子阅读绝不只在学龄前有作用,而在小学阶段依然对孩子的阅读习惯、阅读偏好以及阅读深度有着直接的影响力,这种影响的有效性将是长期的、持久的。(参见表 5—2)

表 5—2　家庭共读与少儿阅读量的相关度分析

一学年的读书量	≤5 本	5—10 本	10—30 本	≥30 本
拿出书与你一起读	13	66	74	93
	5.3%	26.7%	30.1%	37.9%

① 参见舒华、Richard Anderson 等:《家庭文化背景在儿童阅读发展中的作用》,《心理科学》2002 年第 2 期。
② 参见舒华、Richard Anderson 等:《家庭文化背景在儿童阅读发展中的作用》,《心理科学》2002 年第 2 期。

　　如从 J 小学的调查数据分析,家长很少与孩子共读的情况下,孩子一学年的课外阅读量只有 5 本左右,而家长参与共读的条件下,孩子的阅读量上升明显,5—10 本的达到了 26.7%,而 10—30 本的达到了 30.1%,30 本以上的达到了 37.9%,可见,共读对扩大孩子的阅读量、稳定孩子的阅读习惯有显著影响。

　　因而,在家庭文化资本、家长受教育程度相似的情况下,家长的态度、情感和与孩子的互动程度更重要,更能直接影响孩子的阅读选择、阅读偏好和阅读的持久性。许多家长认为亲子阅读是在孩子学前教育期间的活动,当孩子上了小学之后,往往认为亲子阅读没有必要而放弃了家庭中的亲子共读活动,这是家长对孩子阅读影响力降低的主要原因之一。而在现代传媒以多种方式途径对孩子进行强力渗透的媒介文化氛围中,家庭阅读氛围的缺失,更加速了孩子阅读方式和阅读行为的改变。究其原因,一方面是现代传媒的多形式阅读,深刻改变了延续多年的口传式阅读,在媒体视频、电子书以及有声读物的强势介入下,家长的亲子阅读受到削弱,亲子阅读不再有过去的吸引力和影响的深度;另一方面则是学校教育的专业化,客观上常常使家长将阅读提高等同于了孩子在学校的语文学习,认为教师是引导的主要责任人,期待教师给孩子阅读上的督促和提升,而降低了自己的家庭阅读意识和阅读支持程度。"父母们把孩子送到学校时,总喜欢说:'老师,孩子全交给你啦,拜托啦!'他们的潜台词就是'孩子成长的责任就与我无关啦'。"① 当家长将阅读启蒙的期望都寄托在教师身上时,也就同时给予了自己不需要承担孩子启蒙的理由,由此家庭中的启蒙者、"讲故事"的重要他人的缺席,是造成孩子阅读选择偏颇、阅读效力降低的原因。

　　而从家庭人际交流的角度看,亲子共读本身不仅仅是阅读文字的行为,更是通过阅读,融洽家庭关系、弥合家庭亲情的有效途径。缺失人际沟通的单纯文字阅读,既无法实现阅读深入个体内心世界的可能,也无法导引孩子理解书中阐释的情感,因为阅读感受往往是以书为中介在人际交流的过程中获得的一种体验和感受。在一些家庭中,阅读资源很多,童书经典也不少,但依然引不起孩子阅读的兴趣,书籍成为家庭书架上的美丽缀饰,这里启蒙者无法发挥

---

① 朱永新:《过一种幸福完整的教育生活》,华东师范大学出版社 2008 年版,第 115 页。

影响效力的原因,主要还是在于阅读中作为主体的"人"的缺失,阅读感受中人际"共读"体验的缺失。有些家长还用录音或者网络下载的"有声故事"给孩子进行阅读的启蒙,但这种剥离了家长与孩子共读体验、乐趣的阅读,缺失相互间温情交流的机械启蒙,并不能引起孩子真正的阅读好奇和长久的阅读兴趣。①

　　既然在家庭阅读影响的诸因素中,"人"的因素是非常关键的因素,重要他人的态度、观念导入是非常重要的,那么我们再进一步从另一个维度考察,在家庭中,哪些家庭成员是起到实质作用的阅读导引者,孩子阅读的重要他人? 首先我们来看来自网上《2011 儿童阅读调查报告》的调查数据(参见表5—3):

表5—3　谁经常陪孩子一起看书②

爸爸	44. 36%
妈妈	92. 84%
爷爷或奶奶	17. 62%
姥姥或姥爷	18. 10%
保姆	1. 36%

　　可见家庭阅读中母亲的参与度,占到了 92% 之多,母亲是影响孩子阅读的重要他人,这里母亲的影响,一方面是因为母亲对孩子的家庭教育和学习状况投入较多,母亲的家庭角色使她更倾向于参与亲子共读;另一方面,也反映了父亲在阅读导引上的影响力相对较弱,这种重要他人在性别比例上的差异,一定程度上也会造成孩子阅读类型上的不均衡。通常母亲会更愿意选择一些情感性的故事,历史方面的、传统经典的故事,而父亲更愿意选择具有知识性、科学探索、思维能力提高方面的书,这在一定程度上也容易造成孩子阅读的非均衡发展。因而,如果父亲能够更多参与孩子的阅读互动,成为在场的重要他人而不是在场的缺席者,对于推动孩子的均衡阅读是会有利的。

---

　　①　这里的分析主要是在家庭文化资本相近的状况下进行的分析,而在家庭文化资本、父母受教育程度差异较大的情况下,阶层文化的影响力比较显著,参见本书第二章第三节。
　　②　《2011 儿童阅读调查报告》,新浪网.http://baby.sina.com.cn/z/yueduhuanjing/index.sht-ml.

（二）推荐还是共读？理念与方式

在家庭中,孩子阅读兴趣、习惯以及阅读品味的形成,非常依赖家长的阅读观念及情境创设,也更依赖于家长与孩子的互动方式、互动程度以及情感关系等。家长在孩子阅读中的参与程度、情感投入程度,都极大地影响着孩子的阅读兴趣和习惯养成。家长作为这样的导引者,重要的阅读启蒙人,无论是采取阅读推荐还是亲子共读,都会对孩子产生相应作用,而从"共读"和"推荐"的影响效力来看,共读的影响效力要大于推荐的效力,这种影响力在小学低年级的学生中表现得更加突出。共读之所以能够催化孩子的阅读意愿,增强阅读兴趣,主要还在于共读中渗透着家长的情感导入,也包含着人际互动带来的愉悦和分享乐趣、共同体验的感受等。

"读书是享受书",说的多棒！现在的孩子一上幼儿园就开始学那么多东西了,我们做家长的何必再给孩子那么大的压力？如果你能从孩子一出生就开始给孩子讲故事,我相信比任何的早教都有意义。"孩子是用耳朵来听故事的",有的家长说我买了那么多书孩子都不爱看我能怎么办？呜呼哀哉,你自己都不读怎么指望你的孩子读?！想一想吧:孩子坐在你的腿上,你搂着你的宝贝,一起享受着美妙的故事是多么惬意啊!①

从家长与孩子的情感密切程度分析,家长与孩子的情感联系密切,容易将阅读看成彼此情感交流的途径之一,愿意构造融洽的亲子阅读氛围、采取亲子共读的方式较多。其中贯穿于亲子阅读过程之中的情感因素,如家长对孩子的关爱、欣赏以及期待等,通过阅读实现的与孩子的心灵交流和平等的对话关系,是促进孩子阅读深入的重要因素。"你(父母)和孩子的关系越亲密、越自然,你对他的影响就越会广泛,你能够改变、改善、帮助他的地方就越多。"②家长情感的介入以及融洽的阅读心理场的形成,使阅读不再是一种平面词语单向传递的过程,而是家长与孩子情感交流、思想互启的家庭文化塑造过程。这种渗透着情感和爱的阅读推荐与共读,会给孩子深切的感受和影响终生的印记,成为家长与孩子共同体验感受、思考的家庭人际互动过程,这里,情感是孩

---

① 《幸福的种子》,当当网. http://product. dangdang. com/product. aspx? product_id = 20163031&ref=search-1-pub.

② 转引自刘铁芳:《教育生活的永恒期待》,湖南教育出版社 2010 年版,第 235 页。

子阅读提升的催化剂和驱动力。

父母亲用自己的口,将这些文字一句一句地说给孩子听,就像一粒一粒地播下语言的种子。当一粒种子在孩子的心中扎根时,亲子之间就建立起无法切断的亲密关系。真正让父母与子女密切联系在一起的,不是户口簿或出生证明书,而是温柔的、人性化的言语。①

亲子共读,从其作用上说,不仅仅是对孩子阅读能力的提高,更是以阅读为中介,促进家庭人际交流的有效途径。当我们将阅读互动看成是一种家庭中人际互动的方式,不只享受阅读内容上的共读愉悦,更享受灌注在互动过程中彼此的情感交融,使家长与孩子都感受到亲情分享的快乐,享有亲人适时的温情陪伴时,感受阅读分享中的共同探险、共同悲喜和共同疑惑时,就不会成为"生活在同一个房间的陌生人"。

"也许你有很多珠宝,也许你有很多财富,但是你永远不会比我富有,因为我有读书给我听的妈妈。"一年多前看到这句话时,我就心头涌上一阵感动,并暗下决心,一定要让我的孩子将来长大也能回忆满满,每个夜晚,他依偎在我的怀里,在床头台灯下,共享美好的阅读时光。②

另外,从家长导引的方式看,不同类型的家长,由于育儿观念、教养方式及情感密切程度上的不同,对孩子的阅读影响效果和程度也是不同的。权威—控制型的家长,往往采取限制性的阅读方式,指定孩子读自己选择的书刊,在阅读方式上体现出家长与孩子的疏离,很少有亲子共读的时光,容易引起孩子的阅读逆反;而亲和型的家长,由于平时与孩子的关系密切互动频繁,更容易采取亲子共读的方式,与孩子一起体验阅读的乐趣;其他类型的家长如放任型和疏远型的家长,则很少过问孩子的阅读状况,不了解孩子的阅读水平和兴趣需求,对孩子的影响力很弱。如有不少家长感叹:"自己忙于工作,回到家就感到很累了,也就很少抽时间和孩子聊天、一起读书交流,时间长了,才发现孩子只爱看电视、上网了!"各个类型相比,亲和型的家长对孩子产生的正向、积极的影响最为明显,也更是孩子阅读中的导向性重要他人,放任型和疏远型的

---

① 幸福的种子:《亲子共读图画书》.http://product.dangdang.com/product.aspx? product_id= 20163031.

② 美妙的感觉:《亲子阅读渐入佳境》,橡树湾博客.http://blog.sina.com.cn/s/blog_6f97791d0100qjm8.html.

家长,往往会对孩子的阅读产生消极的负向的影响。①

二、重要他人的教育期望与阅读倾向

当我们分析造成学生阅读倾向的差异时,不仅重要他人的教育观念、教养方式是影响因素,而且他者的教育期望也是影响因子之一。不同家庭的教育期望不同,就会带来不同的阅读倾向,即使通过学校教育,这种差距也并未减小,而只是以教育的隐性分层进一步发展和维持着这种差距。社会学家鲍尔斯也指出:"儿童对于不同学校教育形态的反应似乎是主要依赖于经过家庭所发展出来的人格特质、价值与期望的形态。"②不仅家庭重要他人以不同的教育观念和方式营造了不同的家庭文化氛围,而且因为家长对孩子的期望值不同,造成孩子的阅读选择差异和阅读的持久性不同。

(一) 教育期望的差异性

从重要他人教育期望的阶层差异分析,中上阶层的家庭首先在孩子的未来发展预期上具有高的期望值,这种高期待决定了家长在给孩子的阅读选择上具有综合性和多样性。"中上阶级倾向于发展出长期性的视野,而劳工阶级则大都停留在短期性的范畴。"③不同家庭中重要他人对孩子的成就期待不同,影响到孩子阅读选择行为的诸方面,一种是长期的综合素养养成,一种则是短期的功利性阅读应用。如中间阶层的家庭既考虑到孩子自身的阅读兴趣,也会考虑到孩子阅读的全面性和均衡性,采用多种方式方法扩大孩子的阅读视野,以及孩子阅读习惯的养成,选择的阅读书刊通常覆盖面广、类型多样;而大众阶层的家长,对孩子的阅读期望值较低,比较关注阅读的短期效应,因此在给孩子的阅读选择上体现出较多的功利倾向,并不会太重视阅读的综合性和全面性。

---

① 美国心理学者 Baumrind(1971)将父母教养方式划分为权威型、专制型和容许型。我国研究者左占伟、石岩将其分为接纳型、中间型和干涉型。参见张丽华:《父母的教养方式与儿童社会化发展研究综述》,《辽宁师范大学学报(社科版)》1997 年第 2 期;邱雯婷分为专制型、民主型、溺爱型、放任型。笔者依据重要他人与学生的关系密切程度以及干预程度,将父母的教养方式分为权威—控制型、权威—亲和型、疏远型和放任型。

② 鲍尔斯:《不平等的教育和社会分工的再生产》,参见张人杰主编:《国际教育社会学基本文选》,华东师范大学出版社 2009 年版,第 236 页。

③ 转引自谢维和:《教育活动的社会学分析》,教育科学出版社 2007 年版,第 112 页。

这也就体现出了家长对孩子有着两种不同倾向的期望,学业成就期望和个人素养期望,中上阶层的家长,对孩子全面的阅读素养更为关注,而大众阶层的家长希望通过提高孩子的学业成绩,改变现在的阶层位置向上流动时,就对孩子的学业成就有着强关注,对个人的素养教育期望值降低。体现在阅读选择上,就是功利化的阅读内容(如教辅书、作文书等应用性的书籍)占了主导。这种选择,实际体现的是家长对孩子未来的职业选择和身份地位的忧虑。

而从社会因素来看,社会竞争的加剧,对学生学业成绩的片面追捧,又进一步增强了家长功利性的阅读导向,造成了多数孩子的短期阅读行为。这里社会的"近视阅读"导致的是家长的取向矛盾,取向矛盾也更反映在了家长的教育期望上,影响到了孩子的阅读倾向。家长在孩子的阅读导引过程中,不能够从孩子自身的特点、兴趣出发,进行未来发展的均衡阅读导引,而是只能根据社会竞争的要求限定孩子有关学业提高和未来职业倾向的框架,这种家庭阅读阈限,就造成了对孩子的负影响。

具体来说,一是家长不得不呼应应试体制,出现"子女升学焦虑症",使阅读范围局限在教科书和教辅书上,造成孩子阅读视野受限。应试导向要求的是对课文的熟悉程度,对各种题型熟练应付的能力,这是直接造成教科书崇拜的原因。在这里,形成的阅读误区就是:读书=读教科书。而家长在孩子课外阅读的选择上,强化教辅书的选择,就是教科书崇拜的必然和延伸。家长的矛盾在于,既要考虑孩子的综合发展,又要极力提高孩子的应试能力,获取优质的教育资源,保证孩子今后的学业优良和求职成功。在考虑到社会竞争压力的严酷后,依然会把着力点放在孩子的应试能力培养上,这是造成阅读选择狭窄化的原因之一。

　　儿子今年六年级了,小升初成了悬在头上的剑。纵观分析了儿子的情况,想上好学校有两条路:一是奥数考高分,一是参加各种比赛拿奖牌。但是,这几天一直在跟儿子生气,情绪几近失控。

　　说到这里,我不由得抱怨,不,是控诉现在的小升初政策。正因为他们取消了考试,弄的家长无所适从,才会报这种班,那种班,才会参加这个比赛,那个比赛,才会削尖脑袋打听这个中学有什么考试,那个中学有什么考试,这根本不是给小学生减负,是增负。而且也给家长增负,家长要八仙过海各显神通,看看谁认识教委主任吧。

看看现在的小升初,没有标准,我们这些普通人家的孩子只好拼命去读奥数,参加比赛,我这个当妈的只好恶声恶气地逼着儿子读奥数了。①

(二) 启蒙的误区:期望偏差

从家长教育期望的变动性上说,家长在孩子学业不同阶段上的期望是有差异的。在孩子小学低年级段,一定程度上还能够注意到孩子的综合培养,阅读面的拓展,而到了小学中高年级,就演化成了学业成就期望主导的局面。前后阶段家长教育期望的变化,也在一定程度上说明了社会文化制度对家长的控制性影响,家长不得不屈从于应试的选择。

再就是兴趣培养的褊狭,既挤压了孩子的阅读时间,也破坏了孩子真正的情趣培养。当前多数家长送孩子参加名目繁多的兴趣班,如舞蹈、绘画、各种乐器培训班等,从表面上看,都是为了孩子拓展兴趣,学得多种技艺,丰富个人的修养和艺术品味的"趣味"引导班,但从兴趣班的实际效果看,则往往背离了兴趣培养的初衷,考试体制规约下的技能培训,获得级别证书就是技艺高超的凭证,考试加分的砝码,因此家长都会不遗余力地为孩子多报各种班,以自己孩子各种技能培训获得某项特长的几级几级为荣耀,给孩子升学加分打下坚实的基础。兴趣班的考级评价导向,一方面使兴趣班本身的价值评价越来越功利化,情趣提升功能早已弱化或者退化,而考证培训机制得到了极大的强化,许多孩子在枯燥单调的技能强化下失去了对艺术领悟的敏感和趣味体验感受。

妈妈波斯菊:现在的学校和家长都"疯"在起跑线上了,想当然地"折磨"孩子。一个亲戚的孩子(女孩),读小学二年级,放学先去琴行弹 1 小时钢琴,回到家 6 点半。吃完饭洗澡,开始做作业时已经是 8 点了。作业多如山,什么小状元、倍速、一课三练、语文报数学报、画画写日记,一直忙到 10 点半或 11 点,上床睡觉时已经 11 点了。还要学才艺,绘画、钢琴、围棋、书法等等。这样的学习生活,生生把"孩子气"给磨没了,一个个从二、三年级起就神态如老人了,懒洋洋的,对什么都不感兴趣,连"玩"都不会了,实在可怜。②

---

① j 家长心声:《小升初成了悬在头上的一把利剑》. http://mama.kid.qq.com/t-2591-1. htm.

② 《朗读手册(新版)》的全部评论,当当网. http://comm.dangdang.com/review/reviewlist. php? pid=20633120.

　　另一方面,各种兴趣班严重挤压了孩子的阅读时间,削弱了家长对孩子阅读活动的影响力。从实际调查看,家长送孩子去的兴趣班,主要是音乐、美术、外语、奥数等方面的课程,基本不见有关孩子阅读方面的提高课程,这也必然导致家长和孩子忽视阅读培养的重要性,即使家中有许多经典,因为很少有时间阅读使用率极低,也就形同虚设,成为书架上的装饰品。

　　而当家长对孩子的高期望值转化为现实的教育观时,"超前阅读"、"过度启蒙"就是具体化的家庭启蒙现象。

　　家长非常重视孩子的早期阅读启蒙,问题是启蒙应该是怎样的启蒙?

　　超前阅读或者说过度启蒙,一是指让孩子阅读不适合他年龄阶段的读物,甚至是成人读物,使孩子难以消化,导致负影响的现象。如小学低年级就推荐看《三国》《红楼》等名著,《绿山墙的安妮》等成长小说,《边城》等,并不符合孩子年龄需要的读物,孩子不能理解,也不可能从中获得高度的认同和体验,产生的影响就是逆向的。二是指家长过于强调从当前的阅读中获得某种现实可用的技能或知识的现象。如要求孩子在阅读中识多少字、读多少篇,完成多少抄写等。这种实用化、功利化的阅读取向,过度的知识性启蒙,只是通过阅读增加了孩子的知识积累和基本技能,却并不能提升孩子的思维品质,导引真正的阅读兴趣。从启蒙的本意来看,启蒙本身是包含了两方面的含义,如《辞海》中的解释:开发蒙昧、教育童蒙,(1)使初学的人得到基本的、入门的知识。(2)指通过宣传教育,使后进的人们接受新事物而得到进步。① 这里启蒙既包含了知识的传递,也包括了通过教育开启悟性,思维提升的意义。在英文词义的表述中,我们就更能够理解启蒙的第二层含义:"enlightenment"是指"以光芒照亮",清晰地展现了开启孩子悟性,改变原有思维方式的意义。而当家长的阅读启蒙僵化在日复一日的知识、字词、套作文的枯燥训练中时,已经失去了启蒙本身给予孩子智慧和思维活性的可能。我们且不论启蒙的人文性和艺术审美意义,就只分析单维度的知识灌输对孩子思维活性的危害,就已经触目惊心了。

　　在"望子成龙"、"望女成凤"的心理中,家长在多学早学,超前学习的宣传中感染的子女学习焦虑症,表现在阅读上就是早读多读多写多识字,"不要让

----

　　① 参见《辞海》,上海辞书出版社 1979 年版,第 1574 页。

孩子输在起跑线上",而起跑线上的片面灌输,又怎么才能够给孩子活跃的思维、创造的灵性和热情,去完成随后的漫漫跋涉? 家长更需要关心的应是怎样的启蒙是适度的? 合乎孩子心智发展的? 去尽力避免喂养式阅读对孩子独立思维力的破坏。适当的阅读积累和阅读广度,首先影响的就是孩子的文字理解力和学习后劲:

> 而一旦到了四年级,,学习上的分化很大程度上和文字理解力相关。再往上,孩子的语文成绩尤其是作文成绩,和阅读量的关系就越来越明显。所以很多老师说,到了五、六年级,孩子们小时候的欠账就都看出来了,但是很多孩子已经无力弥补。①

---

① 安妮鲜花,新浪博客.http://blog.sina.com.cn/s/blog_5ff19a290100juw7.html.

结　　语

一、重要他人对学生阅读影响的具体表现

显然,从以上各章的现状分析来看,重要他人对学生的阅读活动有着显著的作用,重要他人主体性的因素以及重要他人相互之间的互动关系等,是分析学生阅读选择变化状况的重要影响因子。具体表现在以下几个方面:

（一）**由于重要他人对学生阅读活动的强影响力,使我们不仅需要关注阅读文本的作用,更要重视阅读活动中的重要他人主体性因素对学生阅读选择的效应。了解重要他人介入学生阅读选择的具体过程,关注和分析重要他人的语言、情感、态度上的变动状况对学生阅读的导引有着重要意义**

阅读导引中重要他人自身的真情实感非常关键。当重要他人以自己真实的体验、阅读的激情来激活学生内在的感受时,阅读才能穿透生硬单纯的文本,具有生命的温度与力度,给予学生贴近心灵世界的生活方式。

同时,重要他人的积极情感是学生阅读好奇、阅读兴趣唤醒的重要关节点之一,而消极情感、情感淡漠会导致学生的兴趣封闭甚至导致阅读兴趣转移。积极情感的导入,能够激起学生阅读的激情与探求的渴望,通过手势、动作、语气、表情等情感性的氛围渲染,在情境与情感交融的互动中,就能够激起学生的阅读渴望。不需要生硬的阅读推荐,就会有学生迫切的阅读眼神,急切的阅读冲动,因而积极情感能够起到温暖柔和而不可抗拒的推动力量。

某些群体(或者个体)的重要他人在读书推荐上的导入失效,既反映了重要他人自身情感、态度等方面的偏差,也展现出了消极情感导入对学生阅读选

择产生的反向作用力:学生的阅读兴趣转向受其他类型重要他人的影响(如同辈群体,媒介人等)。可见,通常认为的孩子没有阅读习惯、不读书,并不总是书籍本身的问题,很多情况下恰是家长、教师这些重要他人,在导读的过程中的情感表达问题。主体的情感投入与阅读期待目标之间的这种密切关联,可以使我们认识情感因素对阅读目标导向的重要作用,重要他人的情感投入程度、情感性质(积极情感还是消极情感)都直接影响着孩子的阅读行为,是接受还是回避,是认同还是转移。

（二）需要关注不同类型重要他人的差异性和冲突状况,不同类型的重要他人对学生阅读活动的影响有显著差异,在一定情境下也表现为阅读导引冲突。在同一类型重要他人中,由于自身取向的矛盾以及观念上的变动性,对学生的影响也具有双重性,需要具体分析。可能是正向积极影响,也可能是负向消极影响

不同类型的重要他人由于所处社会位置不同,所具有的取向和介入方式是不同的,甚至重要他人群体之间也存在着对立与冲突,对学生阅读选择的影响效力不同。因此,要确定重要他人对学生阅读选择的影响状况,需要针对具体情境中特定类型的重要他人进行具体分析,才能有效揭示产生特定影响的内在因素。

权威—控制型的重要他人如行政管理者、教师、出版人、家长等,介入方式通常是单向控制式,具有控制性和支配性,往往对阅读进行支配、干涉,能够使部分学生产生阅读顺从,但也会由于过强的控制性和阅读辖制导致学生的阅读抵制。权威—亲和型的重要他人具有内在的威信、威望,通常能够以亲切、柔和的态度、注重阅读互动中的沟通、关怀和鼓舞,是少儿阅读中的促进者、关怀者、导引者,孩子的心理认同度较高,具有很强的影响力。偶像—引领型如作家、专家和教师等人,由于具备个人特质的感召力、吸引力,属于魅力型的导引者,学生的崇拜、认同度和仿效度很高。偶像—制造型的重要他人,如部分少年作家、人气明星等,由于是媒介依靠包装和广告宣传打造出的人造偶像,容易引发学生的"追星"行为,造成流行时尚化的阅读,通常负向影响多于正向影响。

在同类型重要他人群体或者个体中,由于重要他人自身的文化价值判断和角色本身的规约,使他们在对学生的阅读推荐活动过程中呈现出矛盾性和冲突性,如官方群体在阅读文化的建构上也具有双重性,一方面是文化的控制与规训,另一方面则是作为文化的建构者出现的,既可能通过行政命令实现对阅读选择的限制和规训,也可能推出适当的阅读评价体系实现阅读扶持和积极导引。家长群体的影响也常常体现出双重性,家长和教师面对社会竞争压力表现出教育的焦虑,常常会在功利阅读与人文阅读之间摇摆,既希望孩子读综合发展的优质图书,又不断逼迫孩子阅读教辅书、参加各种培训班考级班,造成许多孩子的阅读排斥,甚至是反向阅读。媒介群体在出版筛选过程中,也存在文化坚守与文化商品化之间的矛盾,当为了实现市场竞争的成功时,就会呈现出取向上的偏离,打造娱乐性和实用性的读物给学生。

（三）由于重要他人存在多元互动的状况,使我们不仅需要重视单个的重要他人个体的作用,更需要重视和关注重要他人相互之间、重要他人群体内部以及群体与群体之间互动状况对学生阅读的影响力,包括互动程度的量以及质上的影响度

从重要他人与学生、重要他人相互之间的互动关系分析,情感密切型的互动往往因为彼此情感联结紧密、表现出相互间情感上的依恋、认同、喜欢、亲密;由情感联结上的密切而产生阅读取向、趣味上的趋同,对学生的影响程度较深。从"情感强度"来衡量,主体间的情感越密切、熟识程度越高,彼此的关联度就越高,对学生的阅读影响力也就越大。双向频繁型往往是"趣缘"互动和"业缘"互动形成的阅读交互影响。由于彼此间因趣味相投、活动频繁形成的阅读互联,彼此互动越频繁,影响程度就越深。多元互动是多个重要他人的多层次关系的交互作用,是多个群体或者个体形成的互动网络,在网络中可能只是通过不在场的连接点实现阅读活动的网际互联,有些可能并不具有情感连接的密切度或者互动交往的频繁度,但通过互动网络的不同个体"节点"互联,有些甚至是网络社区讨论,仍然对孩子的阅读产生了较强的影响力。影响者既可能是在场者,也可能是不在场的导引者。偶在影响型是重要他人与学生个体偶然的一两次交往(联系)产生的影响。在这种类型中,有些重要他人与重要他人之间、重要他人与孩子之间的交往频度并不高,但却对孩子的精神生活形成了深远的影响,如某些阅读推广人、某些网络中人。这类影响者主要有两种类型,一种是权威型的重要他人,如一些编辑、作者,虽然是一两次的见面,或者是隐在的推荐,但因为自身的知名度、在儿童阅读领域的权威性等,会对学生产生直接的影响力。另一种则是偶然相遇型,如有些家长或者同龄的学生,在聊天中或者在网络论坛中,偶然性的推荐,虽然互动的次数非常少或者仅有一两次,但因为推荐者的推荐力度、阅读理解深度等,同样产生明显影响。

(四) 不仅需要关注直接的、显在的重要他人的影响力和影响效度,还需要关注潜在的、不在场的、间接的重要他人的影响意义,虽然在场的重要他人如教师、家长等人对学生的阅读活动有强影响力,但隐在的、不在场的重要他人(媒介人如出版商、记者、作家、编辑等,官方群体如行政人员,网络中人如网友、论坛成员等)同样对学生的阅读选择有着强影响

如媒介重要他人虽然不与学生直接接触,但常常通过间接的方式如阅读排行榜、畅销书排行、广告植入、阅读率评价、出版量评价、下载率排行、点击率(访问量)、专家推荐、售书签名、主力推荐、重点关注、留言认同、包装偶像、链接度、及时报道等获得较高的影响力。特别是媒体商业运作中的评价体系如人气指数、好评指数、购买比率、购买人数统计、在线阅读人数、好评率、受欢迎指数、受关注度、星级指数、评论数量等等,都很容易对家长和学生的选择产生重要影响。

隐在重要他人的影响还体现在媒介推出的偶像型重要他人上。偶像型重要他人的推出本身则具有双重性,一方面,推出的"少年作家"等偶像可能是具有真实写作能力、具有感召力和影响力的实力派人物,能够以文字的功底和作品的深度内涵实现对学生群体阅读上的正向积极性导引;而另一方面,如果是媒介基于商业目的而打造出的商业化"人气写手",这类青春偶像则主要是通过宣传炒作,造出的适合市场口味的明星。这类制造型偶像在商品和消费的裹挟下不可能负载真正的文化内涵和品位魅力,作为一种被外设的模具,对少儿的负向影响作用是明显的。少儿会在与偶像的狂欢、消费文化的幻象中沉迷,陶醉于虚假的偶像完美形象,获得消费与被消费的短暂性快乐,而找不到真实的自我认同。

网络中的重要他人则存在多元互动、交互影响的状况,既包括直接的影响,也包括通过其他中间人获得的间接影响,展现的是多个群体或者个体形成的互动网络,通过不在场的连接点实现阅读活动的网际互联,如网络社区成员间的互动,某些专家、家长在博客以及育儿论坛中的深度探讨,就对学生的阅读选择进行了深入的分析、持续的探讨，形成了一种深度影响的状况。

隐在的重要他人还包括官方群体。官方群体并不直接参与学生的阅读活动，但通过对出版的控制、对阅读测评体系的制定，来实现对学生阅读基本范围的框定和掌控。如在"文革"期间，由于政治核心群体对文化、教育的强势控制，少儿的阅读启蒙被完全操控并被意识形态化，"合法性知识"成为唯一的启蒙内容。而这种"合法性知识"体现的则是政治权力与文化教育之间的密切关联，对少儿的这种单一性的知识启蒙实际上是为了对少儿思想意识的控制、对政治权威的认同，实现的是意识形态在文化领域的全面渗透。而当官方群体关注并与其他群体共同扶持和引导学生的阅读时，则能够从文化准入的层面净化学生的阅读生态环境，有效避免媒介人文化权力的滥用，文化低俗化、文化植入过度的状况。

（五）重要他人的文化偏好会以隐在的、无意识的方式影响学生的阅读选择，在文化偏好的传递上，长辈型重要他人的文化偏好具有较强的传递性，学生同辈群体的偏好传递则具有情境性和可变性。不同阶层的文化偏好传递中，中间阶层的代际传递性最强

一是隐在性。从重要他人自身的文化偏好来说，这种趣味偏好具有隐在性。重要他人的文化偏好是潜隐在个体性情之中，稳定化为文化无意识的部分，属于隐在的文化资本，因此重要他人的阅读趣味偏向也同样是以隐在的方式影响着学生的文化倾向性和阅读的品位，会在个体选择过程中以无意识中的"喜好模型"来潜在地诱导个体的决策行为，对学生阅读倾向产生重要影响。二是稳定性。重要他人的文化偏好表现为一种选择上的稳定倾向性，产生决策中的路径依赖，如对类型作品的偏爱、对某位作家写作风格的喜好等，经常阅读此类作品或与之相关的文化产品。而同辈群体（学生同龄人）则因为年龄和阅历的缘故，文化习染的可塑性较强，因此并不具有偏好上的稳定性，而是容易受到多元影响，具有可变性和动态性。

从不同类型的重要他人来看，长辈型重要他人如教师、家长等人的文化偏好具有较强的传递性。在同一学校同一年级，不同班级由于不同教师的文化偏好，会对学生的阅读倾向产生相应影响。在家庭中，家长对某类型读物的偏好，常常也是影响孩子阅读选择的重要因素，家长的偏好越明显，孩子的偏好越强烈。其次，同龄人的文化偏好传递具有情境性和可变性。如同龄人之间

的互动程度也是影响偏好传递程度的重要因素。在情感越密切的状态下,互动越频繁,偏好的可传递性越强,影响越深,互动时间越长,偏好传递性越强。这种状况在小学低年级更为明显。可变性在小学高年级和初中表现明显。从不同阶层文化偏好的传递差异上分析,中间阶层的文化偏好就日益受到重视和强化,传递性和影响力最强,大众阶层的趣味倾向受到削弱,呈现出代际传递中的异质性和非连续性。

(六) 学生同辈群体具有阅读趋同现象,学生自身也是重要的影响者、导引人,需要重视学生的"颠覆性阅读"、"隐在阅读抵制"的存在,同龄偶像型重要他人对学生的阅读风潮的掀起、时尚化阅读的走向都有不可忽视的影响力量

从本书对历史上(1949—1999 年)学生小群体阅读现象的状况分析,以及对当下在校学生亚群体的阅读状况的实际调查(2010 年数据)分析显示,影响学生阅读活动的重要他人不仅仅是长辈群体如教师家长等人,还有同龄人的影响力度也非常明显,学生群体自身也是重要的影响者和导引者。由于学生们同辈群体之间的频繁互动、情感上的密切联系,以及学生小群体中的核心人物的引领等,都会导引出亚文化圈中的阅读趋同现象。在小学高年级段和初中段,同龄人的影响力更是超过了家长和老师,他们的阅读偏好和对阅读时尚的追逐,都常常默化成为学生阅读中的主要评价标准,同龄人之间互为重要他人,导引着小群体的阅读走向和潮流;而另一类同辈重要他人则是小群体中的关键人物,如学生偶像、社团、组队负责人等,更是影响学生阅读的核心主体,他们的阅读选择行为、阅读评价以及阅读偏好等,会对小群体中的阅读偏好产生重要的导向作用。重要他人在学生小群体中的阅读导引表现在:

1. 交互型重要他人的导引,使学生阅读呈现出明显的趋同性、从众性和模仿性。

2. 小群体中的多人互动形成阅读选择的易变性、多元性和复杂性,其中既存在较固定的重要他人,也存在多个临时性的导引者,呈现出阅读导引上的非稳定性。

学生隐在的颠覆性阅读与显在的阅读抵制表现在:学生与教师(或者家长)的阅读冲突并不直接和激烈,而体现为重要他人与学生的一种隐在对抗。这种隐在的反抗,学生体现的是表面的顺从,但阅读的叛逆性依然存在,表达的方式是一种消极对抗的方式。消极反抗在小学高年级阶段已经出现,到初中时,体现得更加明显。主要原因在于教师的压制性态度、负向情感与学生阅读取向上的背离,学生会以曲折而又隐晦的方式表达自己的反抗与颠覆。

显在的颠覆性阅读,表现为阅读上的师生直接冲突,一种阅读反抗和选择上的转移。这种显在的直接冲突,由于权威控制型的教师往往以法定权威来定位自己,对学生的阅读常常是命令、禁止的表述方式,体现出对阅读范围的规定和圈限,忽略学生自身的选择自由和兴趣点,就会引起学生的逆反,产生颠覆性的阅读。这里教师作为重要他人,对学生的阅读影响是负强化,对阅读活动介入越多,学生的反向阅读能动性越强,颠覆性的阅读行为越明显。

学生的阅读趋同还表现在同龄"核心人物"引领下的阅读同化上。从实际研究中发现,学生中的"核心人物"的影响力也是非常明显的,小群体中的班级红人、班级明星以及同龄偶像等人对学生的阅读认同、阅读流行的走向、阅读时尚的导引,都有明显作用。学生易受小群体核心人物的影响,核心人物所具有的感召力使学生能够实现阅读认同及行为模仿的愿望,而教师对这些班级明星的偏爱以及态度上的赞许,也强化了他们阅读导引的力量,构成班级阅读的风向标,引发班级阅读风潮的兴盛。另一类偶像则是学生不同的小圈子中自然产生的核心人物,他们是圈中众人的权威同伴、魅力同伴和领导者,由于是学生自己认同的核心人物,这些"圈主"、"帮主",在学生小群体中往往也更具有话语权和引导力。学生自发产生的"圈主"、"帮主"对学生阅读导向的影响力是深入的,但从影响效果来看,这种自产的偶像既对学生有正向影响,又可能存在负向的、消极的作用力。

二、启示与期待

既然重要他人对学生的阅读活动有着强影响力,如何增进重要他人的正向积极影响效力,化解负向消极影响,就是值得我们深思和关注的核心。一方面,通过关注或者改善重要他人主体性的因素如情感、态度、取向或者介入方式、方法等,使重要他人成为学生阅读活动的激发者、促动者、感召者、正向导引者,通过他者有力度的引领,使学生从阅读中得到真正的人文滋养和情趣培育;另一方面,也督促我们深思主体间关系性因素对阅读活动的重要意义,需要关注主体间的交往作用,使阅读的过程成为重要他人与学生个体、重要他人相互之间共同的沟通、合作的过程,使阅读的过程成为交流的过程,彼此共在、共解的过程,使多方个体共同成为阅读实践的对话者、参与者、共读者、分享者、互助者,这样的"共在",形成的是阅读的有机"共同体",让学生通过阅读活动,能够获得彼此交往、分享发现的悦然、欣然、怡然的存在感觉。具体来说,包括以下方面:

(一) 期待通过阅读观念的更新、阅读文化的构建,使校长成为学校阅读活动中的引领者、激发者,提升重要他人的导引力度和影响强度,改善学校的阅读文化氛围

从校长方面来说,校长作为学生阅读活动的方向性导引人,更新阅读理念、实现阅读测评的变革,是提升校长影响力的重要方面。

在学校情境中,校长虽然不是影响学生阅读最直接的重要他人,但却是最主要的方向性导引者、措施上的催化者和过程中的促动者。校长在学校宏观层面的政策制定中,是否关注阅读对学生发展的重要性,是否将阅读看作是塑造和提升学校文化品位、改变学校文化氛围的重要方面,则对学校的阅读文化有着至关重要影响。

1.期待校长自身阅读理念的更新,以及对阅读文化构建的积极持续关注。

校长作为学校的核心管理者,不仅需要常规事务的督导,更需要对学校文化建设、持续发展有更多的关注,而问题是怎样的管理才能实现学校深层的、内涵式的发展? 我们且不论先进管理方式的引进,我们只立足于学校本身文化内涵的挖掘和校园文化氛围的构建,就已经触及到了学校内在的深层次力量,以共读的阅读文化来滋润师生的内在世界,以营造阅读共同体的方式来促成共同文化意念的形成。从这一意义上说,校长的阅读理念直接影响着学校的内涵式发展。具体包括:

第一,具备共读观、共同体观,是校长内蕴学校文化、增强教师专业性发展的重要方面。共读的观念,是指校长对多个群体共读、建构阅读共同体的推动和支持。多元的共读,则不仅是指校长推动学生之间共读行为,而更是包括了对教师之间、教师与学生之间以及学生相互之间的多群体共读的重视。这种多元多层次的共读,师生才会在阅读过程中通过彼此交流讨论获得共读的体验、交流的快乐和思想提升的欣悦。而共读的观念,不是临时的会议式共读,而是需要校长通过多种途径构建阅读共同体,一种能够拓展思维、提升素养的实践性学习共同体。校长从实践性的意义上出发,主要的侧重点就是强调共同体中问题性的讨论、兴趣性的分享对师生整体阅读素养提升的作用,这种问题导入、发散式讨论才能激发起阅读的兴趣和深度思考的可能,改变的是形式化、汇报式读书会对师生阅读兴趣的挫伤和消解,同时,也因为成员间多视角的分享能够给予每个成员更广泛阅读的内在驱动力。因此,如果校长关注到实践性阅读共同体的建构,也就对师生的深度阅读起到了实质上的促动和催化。而我们从教师的专业发展问题上看,学校管理者对教师的专业发展引领,需要落实在具体的实践共同体中,以群体性的阅读探讨、共思来促动本校的教学研究发展,并通过共同体中的激励制度来实现对教师的专业发展推动。在这里,教师的专业发展不是通过短期的培训或者外出进修的"外促型"引领实现的,而是依托于校内"内促型"共同体中的知识交流、共读互促来得到专业素养的提升的。专业化首先需要专业素养和综合素质的具备,而这些基本素养,通过校长对阅读共同体的营造,将教师阅读内化成为教师的生存方式、生活方式,成为自身提高的一种自觉意识和行动,培养有素养、有吸引力的教师团队,才能有利于抵制来自社会上功利性阅读的冲击。

第二,校长促进共同体的阅读,实现的是阅读过程中主体间互动的激活,相互的文化濡化过程。这种阅读共同体的营造,就是要以整体性的思维来看待教师群体文化素养的提升,以教师群体的共同文化来感染引导学生。由于学生阅读水平的提升,需要多个重要他人的导引,不仅语文老师(班主任)的情感、思维方式和文化素养、阅读品位影响着孩子,还有其他课程代课老师的言行也常常影响和框限着孩子的阅读视野。因此,关注影响孩子阅读发展的重要他人,就不能将范围只局限在提高语文老师的阅读素养上,作为校长,更要将以整体性的思维去关注多个个体的影响者,形成校园文化氛围的多个重要他人对孩子的精神构筑的文化网络,一种整体性的合力,也就能够通过阅读厚重学校的文化底蕴,塑造学校的文化品位和人文之境。

2.校长关注学校阅读测评体系的变革,能够进一步增强校长的导引力度,使校长成为学生阅读活动重要的启动者、激发者和督导者。

校长成为分级阅读体系①应用的推动者是非常重要的。首先校长从观念上重视和了解分级阅读的重要意义和价值，将分级阅读的理念贯穿在学校的测评制度中，才能真正对学生的阅读活动产生积极的强导引力。② 而为了符合学生阅读发展的阶段性需求，实现分级阅读的落实，多主体的参与和推动是非常重要的。分级阅读不仅是媒介人、专家应当重视的事，也是学校中校长、教师以及家庭中父母应当关注的事，分级阅读要实现满足学生阅读阶段性的需求，需要媒体、研究机构、学校和家庭的合力才能从理念进入现实。当前只有出版界和专家的初步分级标准③，而在学校中学生的阅读分级则是模糊的，甚至在多数学校是被忽略的，分级阅读形成了从媒介到学校之间断裂的状况，这直接影响到学生的阅读选择效度，并削弱了学校对学生阅读选择的正向影响力。因此，校长只有从观念上重视分级的效力，通过分级体系推动教师关注不同年龄段学生的阅读需求，才是真正关注学生本体的学习需求，指向的是校长关注的侧重点问题。如果侧重点放在对学生本体需求的关注上，学生阅读素养的层次性提升上，不仅增强的是校长对学生阅读的影响力，也是提升校长对学校文化的影响力的途径。

而进一步说，为了实现分级阅读的操作效度，校长需要联合专家，推动在

---

① 目前国际上通常采用阅读专家弗赖（Fry）和乔尔（Chall）的可读性公式来评估难度。评估时选取书中任意 3 篇文章作为样本，每篇取 100 字，计算句长和音节数，然后对照常模图，由横坐标和纵坐标的交集查看平均文章难度落入哪个年级的水准。阅读专家罗格（Rog）和伯顿（Burton）则根据 5 项指标作为分级的依据：字数和词汇熟悉度、印刷形态、故事可预测性、插图和文字的对应、故事内容与概念的复杂度，然后将阅读材料分成 10 级，每一级列出具有代表性的读物，作为选择其他书籍的参考。参见《中国教育报》2010 年 4 月 1 日。

② 分级阅读体系的优势，主要在于其有效性、针对性和科学性。在分级阅读的基本理念中，首先关注的重点，就是在学生怎样的阅读水平下、心智发展的层次上，能够给予最及时恰切的指导，引发他们强烈的阅读兴趣，稳定他们的阅读习惯。虽然经典的童书是 0—9 岁适用，但在最适合学生的年龄推荐最适合的书，则能够对学生阅读活动产生积极的催化效应。学生读太简单的书，会弱化思维，而读难度太大的书，则会因为消化不良而失去阅读兴趣。

③ 当前我国的分级阅读体系基本上是按学生年龄划分的，如南方阅读中心制定的《儿童青少年分级阅读内容选择标准》：小学 1—2 年级以阅读具体形象的图书为主；小学 3—4 年级逐步增加文字阅读数量，逐步扩展阅读范围，巩固阅读兴趣，培养良好的阅读习惯；5—6 年级增加不同体裁的读物，拓展思维空间，形成个人的阅读倾向；7—9 年级进一步扩大阅读范围，提高阅读质量，养成阅读个性。

学校的分级阅读"前测"①,提高分级阅读的可操作性,导引出学生对阅读的回应性,这样更能够提升学校对学生阅读的影响力。② 从已有的经验看,西方的阅读分级更注重关注每一个孩子的阅读状况,更有个体的针对性,关注的是个体差异性。对个体阅读状况的关注,指向的是对"具体的人"的重视,重视具体学生的阅读水平、阅读偏向和存在的障碍等,才能导引出每一个学生的阅读兴趣,而不只是优秀生的拔高训练。在具体个人的阅读需求上做细致考察和实验分析,回到每个学生的阅读状况本身,实际也是关注了学生的回应性。有强回应性的导引,才可能产生动人的力量,才会是有效和有深度影响力的导引对学生的阅读乃至其他相关能力产生深度持久的影响。因此,校长如能胸怀"具体学生"的观念,重视学生个体阅读的"前测",联合专家进行阅读测评和实验,才能从基础层面改变阅读推荐的粗放、随意状况,使校内的阅读导引不仅仅停留在简单的年级分类上,而是深入每个学生的内在求知的愿望,进行适时的、有效力的指导,这样的导引,校长才会成为阅读活动的促动者、激发者,才会产生深度的持久的影响效力。

(二)从教师方面来说,教师具备融通的课程观、批判性的阅读观,注重阅读导引中自身的情感态度以及与学生间的互动的作用,激发学生中"核心人物"的正向积极影响力,是增进教师对学生阅读的导引深度和广度,强化教师引领力量的重要方面

1. 教师具备融通的课程观,是提升影响力的重要方面。

(1)从阅读与课程本体之间的关系分析,融通的课程观就是整体性的阅读观,教师具备了融通的课程观,打通课内课外的壁垒,将课外的"源头活水"注入到课内,才会增强教学本身的吸引力和教师的影响力。融通的课程观,或者称为整体性的阅读观,是将课内教学与课外拓展视为一体,注重的是课内课

---

① "前测"就是学校在给学生阅读材料时,首先对学生当前的阅读水平能力等进行测试,依据学生当前阅读达到的水平划归不同的阅读等级,再给予不同的阅读材料和指导。

② 从欧美分级阅读体系的实施中,我们可以看到,为了实现对每个学生阅读分级的准确定位,学校往往要引入专家的"前测"阅读标准,对每个学生的当前阅读现状进行细致测试,关注到每个学生的阅读水平差异,找准学生应该对应的阅读级别,这是能够促使学生读到最适合自己读物的有效路径。如加拿大推行的分级,首先包括的就是对应个体的阅读评估(Assessment)。参见《北美孩子选书的五个手指法则与阅读等级标准》. http://blog. sina. com. cn/s/blog_5ff19a290100fok8.html.

外的连接,以课内的"点"去带动课外阅读的"面",这里教师需要关心的不是知识量的累加,而是知识广度和深度的拓展。

而从融通性的课程观本体上的要求看,融通也必然指向了课程的综合性和跨学科的性质,教师只有充分认识到整合性阅读的意义和价值,才能有效导引学生的阅读走向纵深,获得导引时的效度和力度。跨学科的阅读观念直接指向的是对综合知识的建构、对知识深层结构的积极探索,是通过阅读和有关活动"激活思维"的导读过程,这种导读就会因为选材的广泛性和阅读的美感、趣味性而导引出学生的读书享受和阅读愉悦,使学生在文、理、情、意等交融的阅读情境中获得有效的学习。同时,融通的课程观注重培养的是学生思维的宽广性、可迁移性和关联性,而这些思维品质则正是创新思维的核心。迁移性给予的就是思维的广度、灵活性、新颖性,这些素养才进一步构成了创新的意识。教师如能够关注多层次阅读、多类型阅读对学生思维上的积极效应,就非常有利于创新性学生的培养。"课程不再被视为固定的、先验的跑道,而成为个人转变的通道。"①当我们的课程观念不再固化为单学科的知识训练,而与广泛涉猎的课外阅读对接时,知识的割裂就会消失,生动而有效力的引领效应就会产生。

(2)期待教师发展批判性的阅读观,从阅读质疑中导引学生的思考力、创新力,这是增进教师阅读导引深度的关键点之一。

批判、质疑的阅读能够引发出学生内源性的学习需求。当教师通过批判、质疑式的阅读导引,激起学生的阅读兴趣、好奇和主动思考的意识时,就已经给予了他们思维上的自由、多元和创造迁移能力,导出的是学生自我阅读的可能性和主动性。指向的是学生在阅读中的主体意识、主体能动性和思维提升的欢悦。当我们期待教育转型能够从根本上改变学生的被动学习状况,实现学生自发主动的学习状态时,促动他们从"读"到"疑",从"疑"再到选择性的吸收而不是对他人观点的照搬时,这种阅读导引就已经提升了学生的阅读境界和层次,使阅读从"翻书"、"信书"走向了"悟书"和反思、追问的思想之旅。这种导引给予学生"因思而开悟"时获得的"澄明之境"、"喜悦之旅"的快乐

---

① [美]小威廉姆·E.多尔:《后现代课程观》,王红宇译,教育科学出版社2000年版,第6页。

体验,也就促使学生将阅读从"兴趣"转化成为"志趣"、"情趣",实现的是唤醒内在的驱动力、对知识的持久关注度。从这一点上说,批判阅读所导引出的阅读深度,也就必然增强了学生对教师的信服程度、敬重程度,这是教师增强引力的原因。我们需要给予学生的是生成性的知识、有着探究乐趣的知识、"活化"的知识本身,才会激活创新力本身。①

2. 充分重视自身的态度、偏好、情感等主体性因素的作用,使教师成为学生阅读热情的唤起者、持续阅读的催化者,实现对阅读导引的积极效应。

"教学过程不仅仅只是一个知识授受的过程,更是一个交流和交往的过程。正是在师生双方的交流和交往过程中,教师自身的素养、行为模式、思维方式、兴趣特长等因素才转化为教育因素,并在学生默会的过程中转化成自己的素质,获得相应的发展。教师与学生的交流和互动方式,极大地影响了学生现实的发展状况。"②因此教师作为学生阅读选择的关键性重要他人,关注自身的主体性因素,以自身积极的态度、诚挚的文化信念和温情的阅读陪伴来进行有力度的导引,才会强化教师对学生的正向影响力,给学生终生留下"意义阅读"的深刻印记。而通过师生共读的心灵之旅,师者就是学生的心灵导师,"心灵导师的力量在于他们能够唤醒我们内心的真谛,这是多年后通过回忆其当初对我们生活的影响,可以重新点燃的真谛"。③ 是通过阅读沟通他者与现实世界的愉悦之旅,是比克纳(Buechner, F.)所言"深层愉悦与外部世界深层渴望之间相遇交融的圣地"。④ 从教师态度因素来说,角色定位下移是提升教师影响力的有效途径。本书曾分析了权威—控制型与亲和型教师在阅读导引上的差异对比,显然避免权威式的阅读辖制,改变对学生阅读范围的命令式

---

① 如美国的教育的阅读观,首先强调的就是批判性的阅读。美国基础教育,即"童子功"的第一招就是,发展批判性的阅读行为。国内传统的标准的阅读是一种外在、强加的被动积累式学习过程。而美国的批判性阅读是在理解的基础上,先对阅读材料进行质疑、批评,然后再对其有选择地吸收。这是一种主动的吸收,过滤后的吸收,吸收的是精髓、精华,这种批判性阅读的过程,也是对知识进行重构、成为知识的主人、学习的主体的过程。参见《黄全愈谈美国教育的"童子功"》.http://blog.sina.com.cn/s/blog_5ff19a290100n1k0.html.

② 丁钢:《日常教学生活中的教师专业成长》,《教育科学》2006 年第 12 期。

③ 〔美〕帕克·帕尔默:《教学勇气——漫步教师心灵》,吴国珍等译,华东师范大学出版社 2005 年版,第 22、31 页。

④ 〔美〕帕克·帕尔默:《教学勇气——漫步教师心灵》,吴国珍等译,华东师范大学出版社 2005 年版,第 22、31 页。

限定,以"对话者"、"倾听者"、"共读者"、"同议者"的态度定位,让学生感受到阅读交流中的温馨和同伴式的平等关系,是实现阅读导引成功的核心方面。

从教师的情感性因素分析,教师在学生阅读活动中以怎样的情感介入其中,就会有怎样的影响效果,因此增强影响力的关键是积极情感的介入。控制式、冷淡式或是疏远式的师生关系,由于在师生交往关系上体现出的情感联系淡漠、疏远、强制性等都是消极情感,往往会使学生产生阅读抵制、淡漠及兴趣转移等状态,难以激活学生的阅读好奇感、阅读兴趣等,而只有以积极情感来支持、分享、体验学生的阅读快乐,以温情的共读来唤醒、激活学生的阅读热望和阅读渴求,才是唤起了他们的内源性求知需求,才会以感性的柔和来增强引领精神世界的力量。在具体的实现中,教师积极情感的导入、具体情境的创设,是唤起学生的阅读兴趣,提升阅读感受性、广度以及深度的有效途径。成功的教学和阅读指导,都是以情感融入创设的情境之中,使学生获得"潜心会本文,披文以入境",在情境中感受和体验,这样才会达到"入情入境,语语悟其神"①的效果。"或实体情境,或推理情境,或模拟情境,或想象情境,或操作情境,再现教材的相关情境,使教学贴近儿童,使其因感受真切而产生亲切感。"②这里,关键的是"情"与"境"的交融,通过具体化情境的展开,导引学生"入境",去感受、体验阅读内容上的生活原态、感受到的是文本与生活之间密切的关联,这样的阅读导引,就会成功唤起入情入境的"经验",并进一步拓展为丰厚的语言素养和思维活性。"教师需要把注意力从研究教学内容转向学生的前在状态、潜在状态、生活经验和发展需要。"③这里"经验"、"体验"的给予,就是唤起学生主体性学习意识的重要环节,也是通过阅读,丰富生命存在本身,给予精神世界的丰富性、广延性和持久度本身,这样的导引,才是最具力量的导引。回到关注学生主体性本身的导引,就是使他们获得内在精神生活的愉悦,一种阅读中透射的心灵沉醉、怡然状态,给予其追求中坚守的尺度、对纯净而有情趣的生活的向往。所以当教师关注学生的主体性阅读状态导入,就是关注学生的那些生命之流,形成的态、状、情、意、绪、变、越,在情境中通过阅读给予他们来自心灵的接纳与帮扶。

---

① 李吉林:《美·智·趣的教学情境》,人民教育出版社 2006 年版,第 79 页。
② 李吉林:《儿童·知识·社会的和谐建构》,人民教育出版社 2006 年版,第 199 页。
③ 叶澜:《新基础教育论》,教育科学出版社 2006 年版,第 256 页。

3. 期待教师重视主体间交互关系对学生阅读活动的作用,重视学校场域中人际互动对学生阅读活动的深刻影响力,从知识分享和人际互动的意义上提升教师导引的有效性。

这是因为,(1)重要他人对学生的阅读影响,首先表现为各群体的互主体性、主体际性(intersubjectivity)①,一种主体间知识的协商、交流对学生阅读兴趣的唤起。胡塞尔认为:"知识的基础并不是客观,而是交互主体性,是主体间的关系。我是通过与客观世界以及他人之间的互惠式关系而获得人性的。"②学生的阅读活动本身就是建立在多元主体交往的过程中的,其中多个主体都会对学生的阅读选择产生影响,各个主体间的情感密切程度、交往频繁程度等都直接影响到选择的质量。以这种共生性、交融性的群体意识来重新审视学校场域中的多层次交往关系,如师师交往、师生交往、生生交往等,就能深入到教学框架的背后,从人本身的交往需求、精神成长的"同谐共振"意义上,理解重要他人对个体阅读介入的深度和有效性。

(2)主体性本身的焕发,也包含在主体间"共生"、"对话"、"共通"的精神交往之中,是主体间相互促动的共同精神成长过程。单纯强调教学中教师的主体性或者是学生的主体性,造成的是教学过程中的片面性和机械性,并不能真正体现出对主体性本身的诉求。因为"主体性"从内涵上说,就是为了彰显个体的自主性、能动性、创造性等属性,忽视主体的这些主动性主要来自"社会人"、"群体人"这一基本人际互动关系,就等于忽视了个体的社会"存在链",断裂了个体与个体之间、个体与群体之间基本的、内在的关联属性。因此,重视阅读导引过程中的主体际性,也就是还原阅读活动本质上的人际互动、人际依赖对学生心灵成长的意义。从主体间互动关系的角度分析,发挥学校场域中多主体"谐振"在阅读导引上的重要作用,主要包括以下两个方面:

---

① 主体际性(intersubjectivity)也称为主体间性(intersubjektivitaet),即"互主体性"、"交互主体性",胡塞尔提出了主体间的交互性,海德格尔将主体间性理解为"此在的共在"关系,哈贝马斯则从主体间的交往行动上分析主体间的交往关系对个体主动性、理性等的构建意义,指出只有主体间的关系才能才是相互关系,是互动的、双向的,而主客体间的关系则只有被动和主动,是单向的,因而不能称之为相互关系。无论何种视角,都强调主体间互动对个人及群体现实生活的重要意义,对主体精神世界的"共生"、"同感"、"共筑"的意义和价值。

② [加]大卫·杰弗里·史密斯:《全球化与后现代教育学》,郭洋生译,教育科学出版社2000年版,第56页。

第一，通过多群体的"共读"活动，以主体间交互的融洽关系催化学生的阅读兴趣。由于学生的阅读选择是受到多个重要他人的影响，因此当教师期待提升学校对学生的引导力、感染力时，就需要发挥多元主体的"合力"作用，使多个主体真正成为有积极正向影响的重要他人，成为引领者、催化者和促动者。这里的"共读"，就包括了多层次的共读，如师师共读、师生共读、生生共读等等。当共读中形成一种和谐的对话关系、分享的愉悦体验时，阅读也就实现了它的本体意义：一种心灵的对话、对精神成长的有效促动。"教育是人的灵魂的教育，而非理智知识和认识的堆积。"①这种彼此的教育成长，不是用课程评价能够显示的，却构筑的是个体的生活情趣、精神归依和文化底蕴，个体持久的精神世界。从主体间心灵晤对的意义上，共读就是一种精神的相遇，一种因"思"而聚的对话与"同在"，一种彼此间情境交融的来自灵魂的悦纳。这里彼此共享的，无论是感性的细腻还是理性的深邃，都是内在灵魂的旨趣：由文而生的情趣、理趣，而贯穿其中的，是对人精神生活的充盈。一种相互的开启与生成，捕捉的是那些思想碰撞中的灵动，生命舒展的欣悦，主体"诗意栖居"的可能。

第二，关注学生中的重要他人，通过学生亚文化的效应导引阅读方向。

在学校情境中，教师不仅需要改善自身的情感、态度、偏好等，来以积极的状态导引学生的阅读选择，并且注重教师之间、教师与学生之间互动关系对学生阅读导引的意义，而且还需要关注学生小群体的阅读倾向性，查看学生亚文化所内涵着的阅读导向作用。学生阅读受重要他人的影响在不同阶段是有差异的，在小学低年级由于自我意识尚不完善，选择的感性因素、比较明显，因此受到长辈群体的影响较深，而到了小学高年级和初中，随自我意识的增强，同辈群体亚文化的导引力度逐渐显著，其影响力甚至超过了教师和家长的影响力。由于重要他人在学生不同年龄段的影响度是有变化的，并且由于学生亚文化本身具有显著的亚群体特征，因而提醒我们要主动关注学生中"核心人物"的力量，善用学生群体中的同龄重要他人，增强亚文化阅读导引的正向积极效应。

---

① ［德］雅斯贝尔斯：《什么是教育》，邹进译，生活·读书·新知三联书店1991年版，第4页。

学校中教师积极关注学生群体中的"核心人物",实现间接的阅读导引,主要在于以下两个因素:

第一,由于同辈群体亚文化的随意性、不稳定性、自发性等感性选择因素,也就使学生小群体阅读导引具有了"可塑性"和可变性,有了通过对关键人物、阅读感召者的导引,来引领众人的可能性。

第二,因为学生小群体中的阅读互动体现出亚文化的特征,具有从众性和模仿性,教师寻找到小群体中的核心人物、重要感召者,就能够通过对核心人物的指导进一步感染其他学生,实现对整个亚群体的导引。而班级的核心人物如学生偶像、班级红人等,由于他们在班级中的地位和个人感召力,常常是班级阅读的风向标,班级阅读风潮的激发者,容易使其他学生产生模仿和认同的现象。因此,如果教师能够积极与引领小群体文化的"核心他者"、"关键感召者"之间沟通,并感染和传递有着积极意义的阅读内容,就能够有效地导引学生阅读的倾向和主旨方向。

（三）在家庭情境中,家长成为孩子阅读活动的"在场者"非常关键。以"共在"的方式、共同的参与与发现,作为阅读的"陪伴者"、"叙事者"、"共读者",通过阅读实现家庭人际交流和温情陪伴的共同精神之旅,就能够改善孩子的阅读状况,发挥家长的积极影响效力

1. 在场伴读:共同的精神成长。

（1）当家长能够作为孩子阅读的"在场者"、"参与者",以温馨的亲情陪伴、积极的态度与孩子"共读"时,家长才能以亲情的力量最大限度地唤起孩子的阅读激情,并在共读的过程中,获得共同的心灵成长经历。

在实际调查中发现,家长由于阅读观念上的误区,减少甚至放弃了亲子阅读,成为孩子阅读的"旁观者",这极大地削弱了家长对孩子的影响力。因此,重构亲子"共读"的场景,以"在场者"口传语言的"叙事者"身份,陪伴孩子进入书籍构建的精神世界,获得共同体验精神漫游的乐趣和分享中的喜悦,是家长获得强引导力的重要方面。这是因为:

第一,"在场"重要他人的陪伴能够淡化家长的权威式教育,以积极柔和的"共读"同享体验唤起孩子的深层阅读愉悦,迅速感知、思考书中的世界。

故事叙述者的一声一色,以及作为听者的我们的一惊一乍,还有伴随故事展开而摇曳的灯光,构成一个由多重生命脉络交织起来的整体的生命故事场域,我们自然地沉浸其中,我们全方位地被触摸,被打动,不知不觉地孕育着、形塑着我们的生命样式。①

第二,通过家长与孩子的"共读",实现共同的精神成长。共读不仅是对孩子阅读的促进,也更是家长自身的心灵成长途径,在对孩子进行文化浸染的过程中,家长自身也会获得阅读的乐趣和心灵成长的愉悦,形成的是家长与孩子共同的情感体验、共同的探索经历。② 当父母成为孩子的阅读同伴,与他共享阅读的快乐、共历故事的惊险、共解知识的谜团时,阅读不会是一件常规乏味的事,而成为共同的心灵成长旅途,这样的导引,由于其全过程的呵护、帮扶,共同提升,必然产生强大的影响力和感召力,因为感受同在、体验同在、思悟同在、乐趣同在。

(2)从"共读"对家庭人际互动的作用上看,共读的价值,远超出了阅读提高的本身价值,它更是一种弥合家庭亲情的有效方式,有助于重构曾经淡漠了的亲情关怀,缩短亲子间的心灵距离。而现代传媒的"屏幕式"交流、虚拟交流方式,"三屏阅读"的入侵,更进一步弱化了家庭成员间的亲情互动。因此,要融合彼此间的温情和关怀,改善曾经疏远的交流,父母与孩子的共读就是彼此间切近心灵的有效方式。

另外,亲子阅读也呼唤父亲的积极参与,父亲的加入能够给予孩子更均衡的阅读滋养,有助于改善孩子阅读的偏向,并且进一步密切父亲与孩子的情感关系。父亲的伴读、陪读不仅能够给予孩子阅读广度上的拓展,也更能通过阅读陪伴,加强彼此间的情感连接,融洽父亲与孩子间的关系。对孩子的精神成长来说,需要的不仅仅是文字上的趣味,故事中的惊险,更需要父母共同的温情和陪伴中的愉悦感受。

2. 取向的更新与导引方式的转换。

(1)倡导存在式阅读取向,重视阅读长期效应,降低对孩子学业成就的过

---

① 刘铁芳:《守望教育》,华东师范大学出版社 2004 年版,第 19 页。

② 如家长和孩子对亲子共读的体会:在家里我和妈妈读《亲爱的汉修先生》里的故事,妈妈也入迷了,边看还边与我聊,把菜都烧焦了。汉修先生答复鲍雷伊时给他出了 10 个问题,这 10 个问题对我们也很有用。我已经想到暑假写日记的好思路了,我计划按照这 10 个问题展开,也给"假"×××写信。我想我的日记也会写得越来越好。参见《好书大家读》.http://club.lets-study.com/thread-269-16-1.html.

高期望值。① 但从孩子阅读的阶段性效应来看,家长如能够从孩子小学低年级阶段就开始重视亲子共读,坚持长期的亲情阅读陪伴,在低年级就给孩子打下坚实的阅读基础、广阔的知识视野,到了高年级或者初中阶段,反而会逐渐显示出存在式阅读对孩子学习能力的提升作用。一些研究者的调查也发现,过于强调阅读应用训练,容易使孩子丧失对学习内在的兴趣和需求:

（2）重视阅读导引的方式方法和态度,增强相互间的阅读互动,做孩子阅读的陪伴者、朗读者、聆听者和支持者,强化积极影响力。从人际交往互动程度对个体的影响效力看,显然家长与孩子间的互动越频繁,对孩子阅读活动的支持和积极评价越多,对孩子的正向影响力越强。限定和强制、命令等方式的共读起不到正向导引的作用,孩子得不到亲子交流中应有的关注、赞赏、温情和分享快乐,就会产生阅读逆反。共读是有效的导引方式,但只有关注孩子的回应性,家长既能够做朗读者,也能够转换角色位置,与孩子平等交流,做孩子朗读的聆听者、彼此交流的讨论者,这样的"共读",共同分享阅读的乐趣,这样的导引才是最有效的。

（四）期待构建联通家庭、学校和社区的多层次阅读网络,汇集多个他者的力量,形成导引合力,共同生成强化正向影响力的社区阅读情境

在阅读实践层面,依托多个个体、多个群体的力量,形成多层次的阅读互助团体、共同营造阅读文化氛围,是增强多个重要他人引领力的有效途径。这里的阅读互助,既包括现实层面中依托各个机构的实体互助（在场互助）,也包括存在于网络社区中隐在重要他人的不在场互助。如实体互助更直接地体现在家庭——家家——家校——社区之中的阅读互动,而不在场的互助集中在网络论坛、微博、网络社群之中。这里多层次的阅读互助,更能够体现出多个重要他人互荐共读的导引意义,在校园阅读共同体、家庭阅读共同体、社区阅读共同体以及网络阅读共同体的同谐共振中,实现对学生阅读活动的全方

---

①　在阅读取向上,一直存在着两种不同的观念,一种是存在式阅读,一种是生存式阅读。存在式阅读关心孩子的阅读情趣、阅读兴趣和深度阅读的思考力培养,注意的是孩子阅读的广度和深度,关注的是孩子未来的综合素养提高和阅读对人格的塑造。而与之相对的,则是生存式阅读。生存式阅读强调的是孩子阅读内容的实用性,期望通过短期的阅读训练就使孩子获得写作能力的提高、考试分数的提高。为了迅速提高孩子的考试成绩,许多家长在对孩子的阅读导向上封杀存在式阅读,限制或者取消孩子的课外书读物,强化教辅书的训练,就人为地造成了代际间的冲突,对孩子的阅读产生了负向的作用。

位引领。

1.强化社区中的在场互助,通过重要他人相互间的沟通和理解,分享阅读理念,共商导引策略方法,实现现场指导和在场交流。这里发动的参与者是多类型的,既包括家长、教师、学生,也包括社区中心的文化督导者,如文化宫、社区图书馆人员等,形成的是家校互联、家家互联、家社(社:是指社区)互联、校社互联的多元共读互荐阅读场域。如美国在家校互助互联中,首先依托已有的机构 PTA(家长—教师联合会),邀请家长志愿者来校服务,并通过"阅读180"(Reading 180)项目来推动学生阅读活动的全程督导。① 我国的许多民间阅读推广人也是强调,学生的阅读导引不仅需要家长、教师的加入,还需要有更多社区中的人员参与孩子的导读互动,成为"故事义工",形成导读的团队,以社区中"分享"、"共启"的导读,一起强化孩子的阅读意识,激发阅读兴趣和专注力。这样我们的导引,是群体推动下的导引,是共读阅读文化熏染下的导引,才会有深入的、呵护全程的影响力。

2.通过网络汇集更多的阅读导引人,推动不在场的阅读互助,增进多个隐在重要他人之间的交流,产生影响合力,形成一定的阅读导引网络,将会对学生的阅读活动产生积极的强效应。

这是因为,网络环境本身的广延性和多元性,使关注学生阅读活动的主体也呈现出多类型和多层次的状态,有权威型的家长、教师,也存在强吸引力的偶像型重要他人和同龄人,参与者数量的众多,议题的丰富广阔,是实体阅读互助所不能比拟的通过多群体互动中的交流,在共读、共评、共享的过程中,提升个体的阅读观念、获得相互间的指导和鼓励。这里的提升作用,既是对重要他人本身阅读理念和导引方法的更新修正,也是通过他者群的合力,进行积极

---

① 在美国小学里,像这样家长与老师共同帮助孩子渡过阅读难关并不是偶然现象。教室里贴着一张家长志愿者来校服务计划表,每天都有家长来学校帮助孩子。他们把这种家长与学校合作、共同帮助孩子成长的机构称为 PTA(家长—教师联合会)。当然,家长给予学生的帮助毕竟有限,要真正彻底解决孩子的阅读难题,这项任务必须由政府来承担。一个由政府提供资金、委托 Scholastic 公司建立"阅读 180"(Reading 180)项目已经启动,并在全美实施。"阅读180"的意思是通过阅读指导,让学生的阅读水平获得 180 度的大转变。这个项目从小学、初中直至高中,甚至特殊教育和第二语言学习者都能够获得相应的资助。参见《阅读与生存:看美国语文教育追求的阅读境界》。http://book.ifeng.com/special/yuwenshu60/list/200908/0806_7527_1287938.shtml。

的正向引导,进一步实现对学生阅读的强影响力的过程。

(五) 呼唤政府关注学生的阅读活动,成为协助者和支持者,协调阅读导引的内生态系统和外生态系统,构建起良性有效有序的整体阅读文化生态环境,有力推动围绕阅读的文化扶持过程

1. 从政府导引的迫切性来看,政府的协助能够有力促进学生阅读文化的形成。这是因为:

第一,政府协助能够从文化准入的层面净化学生的阅读生态环境,有效避免媒介人文化权力的滥用,文化低俗化、文化植入过度的状况。

政府督导,首先是一种文化取向上的确定,长期的文化积淀使我们的少儿启蒙倾向于"集体本位"的选择,对儿童阅读的内在需求重视不够,这是削弱我们影响力的重要因素之一;但当前在媒介人文化权力明显扩张的现状下,童书出版及推荐常常反映出以"儿童本位"为装饰,实际追逐经济利益的状况,显示出媒介重要他人介入中的强势而其他导引者的弱化,甚至媒介各个群体中相互恶性竞争导致的重复出版、低俗读物泛滥、暴力动画的增多、洋书批量引入和"伪经典"洋书的现象,都给学生的阅读启蒙造成了不良的影响,产生了负向的作用。因此,这些问题的解决,需要的是来自政府决策层面的强有力督导和监管。净化少儿阅读环境的最核心重要他人,政府的协助者依然是最为关键的基础把关人,措施得当,将是非常有力的阅读文化导引者,阅读生态环境的净化者。

第二,政府协助者的加入,有利于协调各群体间的关系,增强各群体之间的交流互动以及对话协商,减弱群体间的冲突,实现阅读文化共建的制度性保障。

学生的阅读导引者,来自多方群体的多元影响,如何凝聚众人之力,减少各群体之间由于阅读取向上的差异、群体利益以及个体利益之间的冲突,也并不是民间重要他人能够独立实现的问题。而政府协助者的积极介入,以儿童本位、利益协商以及交流沟通为主旨,通过立法或者是决策措施化解冲突、进行多元对话和多层次沟通,将各方群体的意见建议统筹协调,形成群体共商共促的合力,就能有效减少少儿阅读文化建设上的重复、松散状况,凝聚民间力量、专家力量以及家校力量共同形成促动、催化阅读启蒙的"他者群",强化导引的辐射面和深入度。

　　第三,政府协助者的参与,也有利于政府倾听来自民间参与者的声音,通过与民间参与者的对话交流,了解学生阅读文化推进中的实际障碍、问题瓶颈所在,使政府的文化决策更有现实的针对性和可行性。从民间重要他人的导引现状分析,民间人士如阅读推广人、儿童阅读研究专家等对学生阅读导引的参与热情,对阅读实践问题的准确把握,使他们成为少儿阅读启蒙的重要生力军,推动阅读实践变革的重要力量。但由于民间重要他人往往是自发行为、志愿义工、个体单独研究的状态,也常常会出现阅读导引停留在"点"上,不能够辐射到"面"的状况,这在很大程度上造成了阅读导引或者浮在理论探讨的层面,或者隐没在小范围的阅读实验中,显然不利于带动大范围的阅读启蒙。因此,政府协助者的介入,与众多民间参与者的沟通了解,是非常必要和重要的。政府协助者了解民间人士指出的问题所在,就能够迅速深入阅读启蒙的核心困境矛盾,避免单个群体利益导向的阅读推荐行为的负向影响,并以制度性规约保障阅读导引的辐射面和深入度,实现阅读启蒙的强导引力。如朱永新倡议"建立国家基础阅读书目"时,就认为民间力量的加入,对于实现阅读推荐的公益性和资源共享,有着积极的意义:"让民间学术研究机构参与阅读推荐书目的策划、组织、研究、推广工作,对于保证'阅读推荐书目'的公益性和资源共享,对广大读者是有利的。发挥民间力量,将是书目质量和公信力的重要保证。"①

　　2. 举措与借鉴。

　　从政府协助者的实际介入来看,如何使自身的举措具有导引的力度? 现实的有效针对性? 他国的部分经验一定程度上能够给我们一些启示。如在国际学生测评 PISA 的考评中,芬兰的学生阅读能力居于前列,是哪些因素使学生的阅读具有了出色表现?

　　　　1990 年代初期,芬兰政府与许多民间机构组织不断推动强化阅读的扎根。不仅各个学校长期推动阅读,芬兰的书籍协会、出版公会、图书馆协会、报业公会、期刊协会、教师协会等等都广泛长期参与,这就像一张绵绵密密、生生不息的网络,把芬兰男女老少紧紧地拥抱在书香世界的怀抱里。当整个社会不分世代、族群、性别都有了相当的共识,就是促使阅读

---

　　①　朱永新:《时代呼唤建立国家基础阅读书目》,《中国社会科学报》2011 年 4 月 21 日。

平实化、平等化的最佳基础。阅读的培养与引导,方法很多,但来自父母与家庭的陪伴和鼓励,绝对有极大效果。这一点,芬兰的父母与学校师长,一直都有相当普遍的共识;再加上芬兰基础教育的根基扎得稳,人民知识水准普遍不错,所以阅读习惯成了代代相传的良性循环。①

显然,芬兰对学生的阅读导引是集聚了多个群体机构中多个重要他人的力量,从阅读观念如亲子共读、家校共促、激励原则等一直到社会各个机构、各个群体的积极介入,多方合力的群体性督导、引领来深入学生阅读的各个情境环节之中,产生强劲的影响力的。

（六）媒介人作为文化传承的重要筛选者、导引者,在学生读物的文化选择路向和文化特色表达上有着重要影响力,如果媒介人能够从传播导向上、内容选择上主动把握筛选的尺度、择优的标准,贴近学生的内在需求,就既能够催生时代呼唤的文化气质,也能够使传媒集团获得长期效应,实现良性发展的循环

1. 文化选择:路向与尺度。

呼唤媒介人关注学生阅读文化的现状,首先在于现代传媒日渐强大的隐在教化功能,已经显著影响并渗透在学生学习生活的方方面面,媒介重要他人如能以积极的导向构建健康积极的阅读文化市场,就能够对学生产生正向的导引作用。由于传媒技术的发展,给予了媒介人更多的"超权力",借助多媒体介质、网络电视等现代传输手段,媒介已经强力介入了学生的生活之中,与教育领域的"教化"方式相比,媒介人依靠现代传媒工具以"涵化"(accultura-tion)②的方式潜在影响学生的文化生活,具有更强的渗透力和导引效应。因此,传媒的这种隐性教化——"涵化"作用,由于其隐蔽性和娱乐性,往往对学生具有强影响力,关注媒介群体的文化导向就至关重要。

---

① 转引自《芬兰全球第一的秘密》,豆豆树,新浪博客.http://blog.sina.com.cn/s/blog_6a67a5f00100rijw.html.

② "涵化"原意是指异质的文化接触引起原有文化模式的变化。美国人类学家 M.J.赫斯科维茨和 R.雷德菲尔德、R.林顿在《涵化研究备忘录》中认为,"涵化"是指"由个体所组成的而具有不同文化的民族间发生持续的直接接触,从而导致一方或双方原有文化形式发生变迁的现象"。而在传播学中,涵化的概念强调了通过现代传播手段实现的异文化、媒介文化的渗透,主要特点在于对受众的文化输入过程中是以潜在的、隐性的方式进行的观念导入。相比"教化"而言,"涵化"对个体的渗透更隐蔽、更柔和,但从影响的深度、广度上说,效果却更显著。

而从传媒自身的发展和影响力来说,关注传播的内在价值需求,秉持优选的尺度和各自的风格,既能够使传媒各集团获取长期效应,避免内部各集团的恶性竞争,也能够增强媒介人导引阅读文化的力度。由于当前传媒产业运作、文化商品化的倾向,传媒内部各群体之间、个体与群体之间也不断出现取向冲突和价值选择困境,这种价值多元和出版混乱的状况,也严重损害了媒介人在受众面前的形象,一些家长不愿意孩子读课外书、看动画片的原因,就是因为这些作品中充斥着肤浅搞笑、低俗暴力的内容。因此,传播者作为重要他人,秉持自身的文化追求和应有的文化选择,抵制商业利益诱导下的短期价值效应,而以积极健康、有深度有文化内涵的作品导引阅读文化,才会实现持久、长期的效应,增强自己的文化吸引力和影响度,获得更多稳定的受众群和内涵式发展的可能。

另外,媒介人作为首要的文化传播者、阅读导引的最基本筛选人,引领怎样的文化路向,才能唤醒我们的文化自主性,彰显我们的时代文化特质,传承给学生应有的文化自信?

这里依托学生的阅读活动,实际体现和反映的就是传播者需要给予学生受众怎样的文化认同,这种文化认同里是否内涵了稳定的文化归属感,能够反映出我们民族的文化底蕴和人文特质? 以自己的文化特性来彰显一种行动上的文化自主? 美国学者弗里德曼(Thomas L. Friedman)曾就文化的内外两个向度进行了阐述,他认为,"文化在两个方面会影响不同人群的发展。其一是文化的外向程度:在多大程度上,它可以接受异己的文化? 它在全球化与本地化的结合方面表现如何? 其二是文化的内向程度:多大程度上人们认同所谓的民族团结;在多大程度上,社会中的人与人彼此信任,可以共同合作……"① 而当前我们的文化情境,体现出的更多是外在向度上的认同、包容和接纳,如大量的文化输入,表现在儿童阅读上,是大量的国外版童书的引进、国外动画片的播出;而相对文化外在向度上的文化宽容,回视我们的文化内在向度,则显示出明显的薄弱:首先是由于过度文化植入导致的文化自信缺失,因为对本民族文化特色挖掘不够、民族文化气质的培育不足,而显示出一种自我的"文

---

① [美]托马斯·弗里德曼:《世界是平的》,何帆等译,湖南科学技术出版社 2006 年版,第 331 页。

化矮化"现象,这种内在文化凝聚精神上的匮乏、一种"共在"精神结构深层认同基础上的不稳,就直接弱化了我们的文化自信,也就必然导致在文化归属和文化取向上的困境。丁钢教授认为:"仅从'工具理性'的角度出发,虽然可以回避或消解本土知识与外来文化在价值理性层面的紧张,但却是遗忘本土知识的历史文化处境与教育价值取向,进而迷失本土知识的文化优势,而这种优势恰恰就是国际对话中借以立足并显示自身知识价值的根本资源。"①显然,要给予我们的少儿应有的文化自信,面对他者文化悦纳自如的从容和淡定,就需要媒介人——我们的文化筛选者、传播者的文化自主性,积极主动的介入其中,体现出应有的文化情怀和文化选择自主意识,去除对他者文化的过度仰视、对自我文化的简单否定等倾向,建构呼应当下而又体现自身韵致的文化气质。

2. 文化定位:何种特色表达?

在媒介人给学生读物的筛选中,怎样的文化定位直接影响着下一代精神成长的塑型,在筛选的方向性把握上,具有怎样的文化均衡、彰显怎样的文化特色,就会有怎样的导引效果和影响度。一种文化的吸引力和影响深度、广度,以及对众人的凝聚力、归属认同感的唤起,对个体文化身份的确认和文化特质的塑造,都有赖于文化传播者的均衡意识。如对异质文化的包容度、对本土文化的传承度、更新度以及对原创文化的促动程度,都是需要深思的。如我们说文化吸纳,关键是如何吸纳? 吐故纳新的度? 更新哪些? 怎样更新? 文化的开放性,依然是需要准确定位的,怎样的兼收博采,吐故纳新? 和而不同? 而本土文化特色如何能得到更新而不是被消解? 原文化的表达是否就是保持完全的原生态? 具体来说,这里涉及的是三个方面:一是引进中的筛选、剔除程度;二是本土经典的改编、加工、更新程度;三是本土原创的培育、发掘程度。实现吸纳兼容和原创生成的融合,是有难度的,但也唯有如此,才能完成"自塑"而不是"他塑"。重复出版、洋书包围的现象,一方面反映的是文化工业化、商品化对我们文化创造的蚕食;另一方面,也同样暴露出的是我们自身文化创新的不足,导致的文化"被更新"的状况。如许多本土原创作品缺乏文化品位,浮躁文字中显示出文化内涵上的贫困,也是导致多数家长不选择本土作品的原因。原创的肤浅

---

① 丁钢:《课程改革的文化处境》,《全球教育展望》2004 年第 1 期。

与原创的贫弱同在,不能提升本土的韵味、特色,就只能被洋潮淹没,被重复抹平。因此,实现文化选择中的均衡,筛选中的准确定位,才能增强我们文化传播的吸引力和影响效度。具体来说,包括以下几个方面:

(1)从内容筛选上看,对本土作品的主动挖掘,打造本土特色精品,是提升媒介人影响力的重要方式之一,也是给予学生文化自主意识和文化自信的重要基础之一。

当前童书出版混乱的状况之一,就是引进过度导致的中外比例失衡状况。这种失衡,从各个出版集团的短期效应看,大量引进国外童书可能使出版者快速获得了相应的商业利益,但多家出版商同期引进的状况,却造成的是出版雷同、重复率、相似率暴增的现状,因此短期获利的现象引起的却是各集团长期的恶性竞争加剧,后期出版乏力的问题。因此,解决各出版群体的非正常竞争,改善出版生态的重要举措,仍然需要回到塑造自身的文化特色,挖掘具有文化内涵的精品上来。有了自己文化特色的作品,就能够围筑起属于"我们"的而不是"他者"的"集体记忆"、"共同记忆",标示出自身的文化个性和特定内涵,给予我们下一代应有的精神归属感和文化认同感,民族自尊和自信的基础。具备了这样的"中国记忆"而不是"欧美记忆",抢救性地保护日渐远离的本土特色作品,通过出版者的精心编撰展现出本源的内涵和神韵,也自然会以特色的魅力吸引受众的关注,而不是仅仅依靠追随欧美的流行热点来求得短时期的畅销。而当各个集团拥有自己的特色精品时,也就自然避免了同行间的非常态竞争,实现了出版的有序发展。如编辑对《开明国语课本》系列书[①]的发掘,就受到了家长、教师以及学生的热捧和好评,出现了再版买断市的现象。《上海市中小学语文教材》主编徐根荣说:"这套老课本一下子吸引了我的注意。一篇篇地翻阅下去,精彩的篇目令我目不暇接。有些课文我品味再三,不愿意翻过,真有点爱不释手……好多都是符合儿童阅读口味的妙文佳作。"[②]家长认为很适合孩子的国学启蒙,因为生动、有趣,孩子易于理解。许

---

① 《开明国语课本》由叶圣陶主文、丰子恺插画,1949年前共印了四十余版次。当时叶圣陶、丰子恺、朱自清、吕叔湘等文人名士,都曾热心于小学课本的编撰,参与其中。参见《小学生喜欢近100年前民国课本》.http://sc.sina.com.cn/edu/campus/2010-11-30/11406423.html.

② 《民国时期国语教材受家长学者追捧引热议》.http://news.xinhuanet.com/edu/2010-11/30/c_12829854.htm.

多教师也推荐这套书作为课外读物，认为"几乎不用教，孩子们一读就能成诵"。①

　　在上海科学技术出版社担任编辑的陈宁宁，五年前从旧书堆里刨出全套 1917 年版《商务国语教科书》，开明书店 1932 年版国语课本和世界书局 1930 年版课本。三个版本均插画精美，陈宁宁两只手指掐着黄脆的书角，啧啧称奇，"这种书编得太用心了，小孩子怎么会不喜欢？"②

　　"我们看到这本书时也被吸引了"赵炬（上海科学技术出版社社长）说，这套书篇目简单，虽然话不多，却朗朗上口贴近生活，加上丰子恺的配图，构成了一幅幅意象优美的儿童田园诗。③

　　显然，编辑的筛选，如果能够不仅仅拘泥在国外经典的再版上，能够沉入本土史籍，进行旧藏拂尘，寻找融本土文化与儿童趣味于一体、人文关怀与儿童心理相契合的佳作，也就立起了自身出版的特色和文化韵味，使出版的童书贴近我国文化本身，才会赢得更多家长、教师和学生的认同，既能够产生显著的导引力，也能够因为对本土文化的发掘，给予学生本民族文化的有效传递，使学生从实际的阅读体验中感受传统的魅力、厚重的文化含量，提升自己的文化自信。如《开明国语课本》中的内容，就巧妙地融合了人文教育、语言教育以及趣味性：

　　《开明国语课本》的开篇第一课只有两行手写体的字，一行是"先生早！"，一行是"小朋友早！"。开学第一天，就是孩子口吻与老师口吻的两句问候语，真是再贴切不过的情景教学了，再看看书上大画家丰子恺画的校园一角，美人蕉叶绿花红正当秋令，一切都是那么亲切、美好、自然，让孩子尊敬老师、长辈的"人文"教育与教会孩子语言文字的"工具"教育，就在这么融洽和谐的氛围中轻松达成了。④

　　"小猫姓什么，你知道吗？小猫姓小。怎么知道他姓小？大家都叫

　　①　上海市高安路小学、上海师大第一附属小学等都将《开明国语课本》系列书作为学生的课外推荐读物。
　　②　《小学生喜欢近 100 年前民国课本》.http://sc.sina.com.cn/edu/campus/2010-11-30/11406423.html.
　　③　《小学生喜欢近 100 年前民国课本》.http://sc.sina.com.cn/edu/campus/2010-11-30/11406423.html.
　　④　《叶圣陶版〈开明国语课本〉重印卖断》.http://www.palswd.com/thread-5694-1-1.html.

他小白小白,他不是姓小吗? 不对,不对,小白两个字是他的名字。那么他姓什么? 我也不知道。"

"太阳,太阳,你起来得早。昨天晚上,你在什么地方睡觉?"①

这些内容少了说教,多了关怀和趣味;少了抽象,多了情境和口语;少了灌输,多了文化的意会和涵咏。编辑选择了此类读物,也就给了儿童生活的本土文化语境,呵护了我们的本土文化传承,展现的是我们自身的文化风格和特色资源,自然也就有着独特的魅力、出版的长期效应和导引学生阅读的强影响度。所以说,传播的自主不是单纯引进的快慰,传播中的交流也不是对"他国故事"的循环编撰,而在于立起了怎样的文化特质,这样的特质是否切近了我们的生活积淀,是否构成独有的文化个性,具备了与他国文化对话的可能?

(2)编者如果能够注重长期效应,培育本土作家、挖掘原创作品,就能从文化创新的本源上提升文化自信,增强少儿读物的影响力度与广度。

媒介重要他人的文化传播,对学生阅读内容的筛选,不只是需要从已有的经典中去挖掘,从国外的畅销书中去寻找热点,也更需要对当下本土现实作品的关注,对本土作家的悉心培育。当前少儿读物中原创作品的缺乏,一方面,是因为一些作者自身的素养欠缺,表现出作品的肤浅、粗糙,缺乏应有的文化内涵和艺术审美情趣,作品表达方式的简陋和技巧的单薄,尚未形成自己的独特风格和审美旨趣;另一方面,也是重要的方面,主要是因为传媒在商业化运作过程中,为追求短期效益而放弃或者忽视了对部分有潜力作者的培育和指导,这在很大程度上削弱了原创者的创作动力,缩小了原创作者的队伍,使本土原创呈现出徘徊不前的现状。而我们从传媒集团本身的内涵式发展看,关注短期的经济效益,急于推出系列化、套装化的粗糙作品,模仿同行机构推出的畅销版本,包装制造偶像来促销产品,实际上是削弱了自身发展的后劲,损毁了自己的文化导引者形象。而当出版者积极打造本机构的独有精品,主动培育自己的作者团队,形成自己的选材特色并坚持本机构的出版风格和定位时,就已经为自己赢得了更多潜在的学生受众,形成了良性发展的环境和长期效应的可能。对有创造性、有潜力的作者,出版者需要敏锐的目光去发现,也

---

① 叶圣陶编,丰子恺绘:《开明国语课本》(上),上海科学技术文献出版社 2005 年版,第61、35 页。

需要一份耐心和宽容,在资金上、创作环境上、创作题材上,给予多方面的扶持、鼓励和促动,在个人的创作方式上不要给予太多的框限,而是尽量给予宽松的扶持环境、鼓励的态度,这样的培育,才能激发原创者的创造热情,生成更多有文化底蕴、有着思想深度的原创作品。如本土原创绘本作品《阿狸》,就以自身独具的绘画风格、内容上的人文关怀获得了众多学生的喜爱(卓越亚马逊上的评论1495条,150页:2012年1月数据):

　　第一眼看见阿狸就萌了,说什么都要把他弄回家,中国终于有了自己的漫画,脱离日本风格真是值得一赞,中国动漫加油呀![①]

　　然而,阿狸总是能给人一种温暖,让你坚信,影子会在你丢掉自己的时候依然陪伴你,亲人即使离去也会变成星星守望着你,心爱的人总会在时针与分针相聚的时候和你在一起,朋友最终会在故事的最后和你相遇,信念会像鸡肉卷的花,一定会盛开在某个世纪。

　　不知道从什么时候开始,阿狸住进了心底,就像影子一样,让我学会闭上眼睛呼吸每一丝温暖的气息。在生活十分不如意的时候,会向他倾诉,因为他永远会安静地听着你的每个言语,不烦躁,不离去。[②]

　　很厚,很喜欢这种画风,线条简单而色彩凝重。现在连Q秀上都用着阿狸做伴。水彩的感觉非常好,都能看出水彩纸的纹理,超级喜欢。很好吃的童话味道,让人都想将它啃到骨头里,它真的很让人迷恋。细腻的笔触,有晕染出的大片大片浓烈的色彩,却是安静的、温暖的小小故事。[③]

《阿狸》系列呈现的,是色彩的和谐、至纯至简的笔触,而色调的对比所传递的美感和生命的感受,营造的是一种安静的情境诠释,让读者体验到的是文字的魅力和画面的感动。因此,传播者培育本土原创的作者,能够生成贴近现实生活的、有着独特风格的作品,而这些作品本身,也就因为其现实性、生动性和气韵独具的个性表达,将会成为下一站流行的风向标。这种流行,来自于作

①　卓越亚马逊商品评论阿狸·梦之城堡. http://www. amazon. cn/review/R3RJXLTOLEUS42.

②　卓越亚马逊商品评论阿狸·梦之城堡. http://www. amazon. cn/product-reviews/B001TDLSSA/ref=cm_cr_pr_btm_link_next_3? ie=UTF8&showViewpoints=0&pageNumber=3.

③　卓越亚马逊商品评论阿狸·梦之城堡. http://www. amazon. cn/review/R1U76ER2R6IA4T/ref=cm_cr_pr_perm? ie=UTF8&ASIN=B001TDLSSA&nodeID=&tag=&linkCode=.

品内在的品质魅力,并不需要传播者的刻意包装和广告宣传,就能以独具的风骨吸引学生和家长等人,获得原创文化的广泛影响力和文化实现上的自在和自为。这里的自在与自为,实际就是来自特色文化所内蕴着的主体性,一种文化独特性的自我确认,一种与他者文化对话交流的从容和淡定,它会吸收传统,而不固守传统;它能悦纳异文化,但不被消融自我,体现出的是借鉴中的融合气度,自我文化创新中的主动行为。

主要参考文献

一、书籍部分

（一）论著部分

谢维和:《教育活动的社会学分析》,教育科学出版社 2007 年版。

吴康宁:《教育社会学》,人民教育出版社 1998 年版。

鲁洁、吴康宁:《教育社会学》,人民教育出版社 1991 年版。

吴刚:《知识演化与社会控制——中国教育知识史的比较社会学分析》,教育科学出版社 2002 年版。

张意:《文化与符号权力——布尔迪厄的文化社会学导论》,中国社会科学出版社 2005 年版。

戴锦华:《隐形书写——90 年代中国文化研究》,江苏人民出版社 1999 年版。

王葎:《价值观教育的合法性》,北京师范大学出版社 2009 年版。

钱理群:《语文教育新论》,华东师范大学出版社 2010 年版。

金元浦:《接受反应文论》,山东教育出版社 1998 年版。

洪子诚:《中国当代文学史》,北京大学出版社 1999 年版。

陈刚:《大众文化与当代乌托邦》,作家出版社 1999 年版。

黄忠敬:《知识·权力·控制》,复旦大学出版社 2003 年版。

李吉林:《情境教育的诗篇》,高等教育出版社 2004 年版。

叶澜:《新基础教育论——关于当代中国学校变革的探究和认识》,教育科学出版社 2006 年版。

李吉林:《儿童·知识·社会的和谐建构》,人民教育出版社 2006 年版。

李吉林:《美·智·趣的教学情境》,人民教育出版社 2006 年版。

朱永新:《写在新教育的边上》,华东师范大学出版社 2006 年版。

刘铁芳:《教育生活的永恒期待》,湖南教育出版社 2010 年版。

吴刚:《从课程到学习——重建素质教育之路》,上海教育出版社 2007 年版。

罗钢、王中忱主编:《消费文化读本》,中国社会科学出版社 2003 年版。

梁漱溟:《中国文化要义》,上海人民出版社 2005 年版。

叶澜主编:《中国基础教育改革发展研究》,中国人民大学出版社 2009 年版。

朱永新:《回到教育的原点》,安徽教育出版社 2009 年版。

刘铁芳:《守望教育》,华东师范大学出版社 2004 年版。

钱理群:《钱理群语文教育新论》,华东师范大学出版社 2009 年版。

一行:《论诗教》,北京师范大学出版社 2010 年版。

张人杰主编:《国际教育社会学基本文选》,华东师范大学出版社 2009 年版。

卢现祥:《西方新制度经济学》,中国发展出版社 1996 年版。

沈展云:《灰皮书,黄皮书》,花城出版社 2007 年版。

蔡翔:《日常生活的诗情消解》,学林出版社 1994 年版。

旷晨、潘良:《我们的 80 年代》,广西人民出版社 2004 年版。

朱永新:《朱永新教育讲演录》,华东师范大学出版社 2008 年版。

朱永新:《诗意与理性》,人民教育出版社 2004 年版。

吴康宁主编:《课程社会学研究》,江苏教育出版社 2003 年版。

陆学艺:《当代社会阶层研究报告》,社会科学文献出版社 2002 年版。

陆阳、王毅:《大众文化与传媒》,上海三联书店 2000 年版。

金生鈜:《理解与教育——走向哲学解释学的教育哲学》,教育科学出版社 1997 年版。

石中英:《教育学的文化性格》,山西教育出版社 2003 年版。

黄书光、王伦信、袁文辉:《中国基础教育改革的文化使命》,教育科学出版社 2001 年版。

宫留记:《资本:社会实践工具——布尔迪厄的资本理论》,河南大学出版社 2010 年版。

丁钢主编:《中国教育:研究与评论》,教育科学出版社 2001 年第 2 辑。

丁钢主编:《中国教育:研究与评论》,教育科学出版社 2001 年第 7 辑。

梁漱溟:《东西文化及其哲学》,商务印书馆 2006 年版。

刘云杉:《学校生活社会学》,南京师范大学出版社 2000 年版。

(二) 译著部分

[英]麦克·F.D.杨:《知识与控制——教育社会学新探》,谢维和、朱旭东译,华东师范大学出版社 2002 年版。

[澳]马尔科姆·沃特斯:《现代社会学理论》,杨善华、李康译,华夏出版社 2000 年版。

[美]乔治·H.米德:《心灵自我与社会》,上海世纪出版集团 2005 年版。

[美]威廉·F.派纳:《理解课程》(上),张华等译,教育科学出版社 1999 年版。

莫琳·T.哈里楠主编:《教育社会学手册》,傅松涛、孙岳等译,华东师范大学出版社 2004 年版。

[美]奈尔·诺丁斯:《教育哲学》,许立新译,北京师范大学出版社 2008 年版。

[英]本尼特:《文化与社会》,王杰等译,广西师范大学出版社 2007 年版。

[法]埃德加·莫兰:《复杂性理论与教育问题》,陈一壮译,北京大学出版社 2004 年版。

[美]迈克尔·W.阿普尔:《教育与权力》,曲囡囡译,华东师范大学出版社 2006 年版。

[美]迈克尔·W.阿普尔:《意识形态与课程》,黄忠敬译,华东师范大学出版社 2001 年版。

[法]埃德加·莫兰:《复杂性思想导论》,陈一壮译,华东师范大学出版社 2008 年版。

[德]卡尔·曼海姆:《文化社会学论要》,刘继同、左芙蓉译,中国城市出版社 2001 年版。

[法]布尔迪厄:《再生产——一种教育系统理论的要点》,邢克超译,商务印书馆 2004 年版。

［德］雅斯贝尔斯:《什么是教育》,邹进译,生活·读书·新知三联书店1991年版。

［英］钱伯斯:《打造儿童阅读环境》,许慧贞、蔡宜容译,南海出版公司2007年版。

［美］吉姆·崔利斯:《朗读手册》,沙永玲等译,南海出版社2009年版。

［加］麦克卢汉:《理解媒介》,何道宽译,商务印书馆2000年版。

［美］华勒斯坦:《学科、知识、权力》,刘健芝等译,生活·读书·新知三联书店1999年版。

［加］阿尔维托·曼古埃尔:《阅读史》,吴昌杰译,商务印书馆2002年版。

［加］大卫·杰弗里·史密斯:《全球化与后现代教育学》,教育科学出版社2000年版。

［英］A.N.怀特海:《教育的目的》,徐汝舟译,生活·读书·新知三联书店2002年版。

［巴西］保罗·弗莱雷:《被压迫者教育学》,顾建新等译,华东师范大学出版社2001年版。

［美］劳伦斯·E.卡洪:《现代性的困境:哲学、文化和反文化》,王志宏译,商务印书馆2008年版。

［美］弗雷德里克·詹姆逊:《文化转向》,胡亚敏译,中国社会科学出版社2001年版。

［美］约翰·费斯克:《理解大众文化》,王晓珏、宋伟杰译,中央编译出版社2001年版。

［美］F.杰姆逊:《晚期资本主义的文化逻辑》,张旭东译,生活·读书·新知三联书店1997年版。

［英］尼克·史蒂文森:《认识媒介文化》,王文斌译,商务印书馆2001年版。

［美］赫伯特·西蒙:《管理行为:管理组织决策过程的研究》,杨砾等译,北京经济出版社1988年版。

［美］道格拉斯·凯尔纳:《媒体文化——介入现代与后现代之间的文化研究》,丁宁译,商务印书馆2004年版。

［美］戴安娜·克兰:《文化生产——媒体与都市艺术》,赵国新译,译林出

版社 2001 年版。

[法]让·波德里亚:《消费社会》,刘成富等译,南京大学出版社 2006
年版。

[德]霍克海默、阿尔多诺:《启蒙辩证法》,洪佩郁等译,重庆出版社 1990
年版。

[美]爱德华·罗斯:《社会控制》,秦志勇、毛永政等译,华夏出版社 1989
年版。

[德]伽达默尔:《真理与方法》,洪汉鼎译,上海译文出版社 1999 年版。

[法]布尔迪厄:《文化资本与社会炼金术——布尔迪厄访谈录》,包亚明
译,上海人民出版社 1997 年版。

[美]伯顿·R.克拉克:《高等教育系统》,王承绪等译,杭州大学出版社
1994 年版。

[英]怀特海:《过程与实在》,杨富斌译,中国城市出版社 2003 年版。

[美]彼得·伯格:《现实的社会构建》,汪涌译,北京大学出版社 2009
年版。

[美]克莱德·M.伍兹:《文化变迁》,何瑞福译,河北人民出版社 1989
年版。

[美]克利福德·格尔茨:《文化的解释》,纳日碧力戈等译,上海人民出版
社 1999 年版。

[加]迈克·富兰:《变革的力量——透视教育改革》,中央教育科学研究
所译,教育科学出版社 2000 年版。

[美]迪克·赫伯迪格:《亚文化风格的意义》,陆道夫译,北京大学出版社
2009 年版。

[印]阿马蒂亚·森:《理性与自由》,李风华译,中国人民大学出版社
2006 年版。

[美]D.C.菲利普斯·乔纳斯·F.索尔蒂斯:《学习的视界》,尤秀译,教育
科学出版社 2006 年版。

[美]约翰·霍尔:《文化:社会学的视野》,周晓红等译,商务印书馆 2004
年版。

[美]福塞尔:《格调》,梁丽真等译,中国社会科学出版社 1998 年版。

［美］M.米德:《文化与承诺》,周晓虹等译,河北人民出版社 1988 年版。

［美］戴维·波普诺:《社会学》,李强译,中国人民大学出版社 2003 年版。

［美］A.班杜拉:《思想和行为的社会基础——社会认知论》,林颖等译,华东师范大学出版社 2001 年版。

二、论文部分

（一）论文

吴康宁:《教育社会学视野中的班级》,《教育研究》1999 年第 7 期。

周怡:《代沟现象的社会学研究》,《社会学研究》1994 年第 4 期。

朱伟珏:《象征差异与权力——布迪厄的象征支配理论》,《社会》2008 年第 3 期。

丁钢:《价值取向:课程文化的观点》,《北京大学教育评论》2003 年第 1 期。

吴刚:《教育理论的特质及其研究使命》,《教育研究》2005 年第 9 期。

石中英:《21 世纪基础教育的文化使命》,《教育科学研究》2006 年第 1 期。

郑金洲:《基础教育改革与发展的世纪走向》,《华东师范大学学报》2000 年第 3 期。

王德如:《课程文化自觉的价值取向》,《教育研究》2006 年第 12 期。

金生鈜:《论教育权力》,《北京大学教育评论》2005 年第 2 期。

王成全:《各级学校班级体人际交往心理的比较研究》,《心理科学》1989 年第 1 期。

［美］弗雷德里克·詹姆逊:《批评的历史维度》,胡亚敏、李恒田译,《华中师范大学学报》2004 年第 5 期。

刘少杰:《中国社会转型中的感性选择》,《江苏社会科学》2002 年第 2 期。

李利芳:《论中国现当代儿童文学中的儿童观》,《兰州大学学报》2000 年第 1 期。

李明德、张英芳:《传媒对文学的双重影响》,《人文杂志》2005 年第 3 期。

郝德永:《走向文化批判与生成的建构性课程文化观》,《教育研究》2001

年第 6 期。

钟启泉:《"学校知识"与课程标准》,《教育研究》2000 年第 11 期。

侯爱民:《国内儿童同伴关系研究综述》,《山东教育科研》2002 年第 7 期。

夏正江:《关于中小学生课外读物选择标准的思考》,《宁波大学学报》2003 年第 4 期。

北岛:《七十年代》(上),Today Literary Magazine Winter 2008 年第 83 期。

刘华:《培育学习共同体促进有效学习——一项校本行动研究》,《教育科学研究》2011 年第 2 期。

边馥琴、约翰·罗根:《中美家庭代际关系比较研究》,《社会学研究》2001 年第 2 期。

周晓红:《文化反哺:变迁社会中的亲子传承》,《社会学研究》2000 年第 2 期。

杨小微、吴黛舒:《关系思维视野中的教育"图景"》,《教育理论与实践》2004 年第 13 期。

李颖清、谭旭东:《论日本绘本的发展历程》,《中国出版》2010 年第 6 期。

张茉楠:《不确定性情境下行为决策研究之综合述评》,《现代管理科学》2004 年第 11 期。

曹文、陈红等:《选择扩散效应研究的回顾与前瞻》,《心理科学进展》2009 年第 1 期。

叶澜:《教育创新呼唤"具体个人"意识》,《中国社会科学》2003 年第 1 期。

谯旭:《决策偏好的理论与发展》,《统计与决策》2007 年第 4 期。

张其学、姜海龙:《主体性的式微与文化霸权的解构》,《学术研究》2010 年第 3 期。

李煜:《文化资本、文化多样性与社会网络资本》,《社会学研究》2001 年第 4 期。

陈会昌:《群体社会化发展理论述评》,《教育理论与实践》1997 年第 4 期。

王霆:《教师研究共同体:小规模学校发展的文化路径》,《教育科学论坛》

2011 年第 1 期。

周勇:《教育研究的文化学路向》,《教育研究》2000 年第 8 期。

马和民、周益斌:《走向对话与支持的教育共同体》,《南京社会科学》2010 年第 3 期。

钟启泉:《教师"专业化"理念、制度、课题》,《教育研究》2001 年第 12 期。

齐学红:《学校、家庭中的文化资本与社会资本》,《全球教育展望》2007 年第 1 期。

吴康宁:《学校课程标准的社会形成》,《教育科学》2003 年第 12 期。

谢维和:《综合课程建设与伯恩斯坦的编码理论》,《教育研究》2003 年第 8 期。

周勇:《现代课程的文化研究》,《全球教育展望》2003 年第 11 期。

（二）学位论文

张玲:《论互动性重要他人对小学生社会化的影响》,广西师范大学 2002 年。

王文彬:《社会资本情境与个人选择行为》,吉林大学 2006 年。

朱海英:《儿童自我概念与重要他人评价的相关研究》,华南师范大学 2002 年。

潘春梅:《初中生英语自我概念的形成》,广东外语外贸大学 2003 年。

聂玉玲:《初中生自我意识及重要他人对其影响的研究》,曲阜师范大学 2008 年。

陈群:《幼师生社会化过程中"重要他人"影响力的研究》,华东师范大学 2002 年。

唐彬:《重要他人对大学生社会化的影响研究》,华中科技大学 2009 年。

孙振东:《教育研究的主体性问题研究》,西南师范大学 2003 年。

刘宪俊:《教育主体间性:意义及彰显》,四川师范大学 2005 年。

申彤:《论中学语文阅读教学中的个性化阅读》,华中师范大学 2005 年。

蒋蓉:《中小学生课外阅读现状调查研究》,湖南师范大学 2003 年。

彭晓红:《高中生语文阅读兴趣现状调查与培养策略研究》,南京师范大学 2004 年。

三、外文部分

Granovetter, Mark, *Getting a Job : A Study of Contacts and Careers*, Cambridge : MA : Harvard University Press, 1974.

Granovetter, Mark, "The Strength of Weak Ties", *American Journal of Sociology*, 1973.

Steven Roger Fischer, *A History of Reading*. UK : Reaktion Books, 2003.

Bourdieu, Pierre, *Distinction : A Social Critique of the Judgement of Taste*, Cambridge : Harvard University Press, 1979.

Lyons, Martyn, "The History of Reading from Gutenberg to Gates", *European Legacy*, Oct99, Vol. 4 Issue 5.

Stacey R., *Complex Responsive Processes in Organizations*, London : Routledge, 2001.

P. Freire, *Pedagogy of the Oppressed*, New York : Continuum, 1970.

Aronson, *Social Psychology : The Heart and the Mind*, New York : Harper Collins College Publisher, 1994.

Fitzsimons, G. M., & Bargh, J. A., "Thinking of you : Nonconscious pursuit of interpersonal goals associated with relationship partners", *Journal of Personality and Social Psychology*, 2003.

Bruno Bettelheim, *The Uses of enchantment : the meaning andimportance of fairy tales*, Random House, 1976.

Danenis Lawton, *Curriculum Studies Planning*, Hodder and Stoughton. 1983.

Croy, S., "Technological and non-technological supports aimed at increasing volun-tary reading : a review of the literature", Retrieved July 25, 2003.

Wendelin, K. & Zinck, R., "How students make book choices", *Reading Horizons*, 1983.

Doll, W. E. Jr., *A post-mordern perspective on curriculum*, NewYork : Teachers College Press, 1993.

Ford, M. E., *Motivating humans : Goals, eynotions and personal agency beliefs*, London : Sage Publications, 1992.

Ainley, "Interest in learning and the disposition of curiosity in secondary students: Investigating process and context", In L. Hoffmann, A. Krapp, A. Renninger j. Baurnert(Eds.) , *Interest and learning: proceedings of the Seeon Conference on fender and interest*, Kiel, Germany: IPN, 1998.

Slovic P. , "The construction of preference", *American Psychologist*, 1995.

Bourdieu, Pierre, *Outline of a Theory of Practice*, Cambridge: Cambridge Universitty Press, 1977.

Brehm J. W. , "Postdecision changes in desirability of choice alternatives", *Journal of Abnormal and Social Psychology*, 1956, (3).

Becker, *Accounting for Tastes*, Cambridge: Harvard University Press, 1998.

Tversky A. , Kahneman D. , "The framing of decision and the psychology of choice", *Science*, 1981.

Payne J. , Bettman J. , Jolurson E. , "Behavioral decision research: A constructive processing perspective", *Annual Review of Psychology*, 1992.

Herbert J. Gans, "Popular Culture and High Culture: An Analysis and Evaluation of Taste", Basic Books, 1999.

Cushla Kapitzke, "Information Technology as Cultural Capital: Shifting the Bound-aries of Power", *Education and Information Technologies*, 2000.

Bernstein, B. , *Class, codes and control(volume 1) : Theoretical studies sociology of language*, London: Routledge, 1971.

Annette Lareau and Elliot B. Weiningre, "Cultural capital in educational research: A critical assessment", *Theory and Society*, 2003.

Wenger, E. , McDermott, R. , & Snyder, W. M. , *Cultivating Communities of Practice: A Guide to Managing Knowledge*, Harvard Business School Press, 1991.

Stuart Hall. Paddy Whannel, *The Popular Arts*, Boston: Beacon Press, New York. Pantheon Books, 1967.

Dich Hebdige, *Subculture: The Meaning of Style*, London: Methuen, 1979.

Stuart Hall, Tony Jefferson, *Resistance Through Ritual: Youth Subculture in Postwar Britain*, 1967.

Agger, Ben, *Cultural Studies*, London: Falmer Press, 1991.

Williams, *Keywords: A vocabulary of culture and society*, New York: Oxford University Press, 1985.

Berger, E.H. , *Parents as partners in education*, Columbus, OH: Merrill, 1987.

Bernstein, B. , "Social class, language and socialization", In Karabel & H.H. Halsey, *Power and ideology in education*, New York: Oxford University Press, 1987.

Metsala, J. L. , "Early literacy at home: Children's experiences and parents' perspectives", *The Reading Teacher*, 1996, 50.

Anderson, R.C. , Wilson, P. , & Fielding. L. , "Growth in reading and how children spend their time outside of school", *Reading Research Quarterly*, 1988, 23.

DiMaggio. Paul, "Cultural Capital and School Success: The Impact of Status Culture Participation on the Grades of US High School Students", *American Sociological Review*, 47, 1982.

Jenny Yau and Judith G. Smetana, "Adolescent-Parent Conflict among Chinese Adolescents in Hong Kong", *Child Development*, 1996. Vol. 67, No. 3.

Peggy J. Miller, Angela R. Wiley, Heidi Fung and Chung-Hui Liang, "Personal Storytelling as a Medium of Socialization in Chinese and American Families", *Child Development*, 1997. Vol. 68, No. 3.

附　录

一、访谈及问卷

（一）学生课外阅读问卷调查表

一、基本情况(请在符合的选项前的号码上打"√")：

1.性别：A 男　B 女

2.年级：A 小学1—3年级　B 小学4—5年级　C 初一　D 初二　E 初三

3.父亲的文化程度：A 小学及以下　B 初中　C 高中、中专　D 大专　E 本科　F 研究生

4.母亲的文化程度：A 小学及以下　B 初中　C 高中、中专　D 大专　E 本科　F 研究生

5.父亲的工作：A 行政单位　B 事业单位　C 公司企业　D 个体经营　E 现在不工作

6.母亲的工作：A 行政单位　B 事业单位　C 公司企业　D 个体经营　E 现在不工作

二、基本问题：

(一)单项选择题：

1.一学年(包括假期)读的课外书有多少?

A 5本以内　B 5—10本　C 10—30本　D 30本以上

2.对老师课上推荐的课外书

A 都读　B 只读少量的一部分　C 大部分都读　D 不想读　E 没时间读

3.家长推荐或帮你买的课外书,你会

A 不读　B 只读一小部分　C 读大部分　D 都读　E 其他_____

4.家里的藏书有多少(包括父母的和你自己的)

A 100 本左右　B 300 本左右　C 500—1000 本　D 1000 本以上

E 其他_____

5.家里的藏书,父母会

A 常拿出给你读　B 拿出来与你一起读　C 很少拿给你读　D 家里没有多少适合我读的藏书　E 其他_____

6.你喜欢的书家长不让读或买,你会

A 坚持要买或读　B 听家长的　C 当时听从,随后自己私下买或读

D 与家长协商　E 其他_____

7.和同学一起谈感兴趣的书吗?

A 经常谈　B 偶尔谈　C 一起评论书中的内容　D 不谈

E 其他_____

8.经常上网读书或学习吗?

A 经常　B 偶尔　C 不读　D 没时间　E 其他_____

(二)多项选择题(请在符合的选项前的号码上打"√",可以多选):

1.课外书是自己选的还是推荐的:

A 老师推荐的　B 自己选的　C 家长选的　D 同学或朋友推荐的

2.家长经常给你买的书是:

A 学习辅导书　B 文学经典　C 科普书　D 儿童(少年)报纸、杂志

E 其他_____

3.家里有哪些方面的书刊:

A 名著　B 科普　C 儿童(少年)书刊　D 流行杂志　E 报纸

4.就自己读过的书刊杂志:

A 常常讲给家长听　B 与家长讨论书刊中的内容或问题

C 不与家长交流　D 会自己写读书笔记、心得

E 与朋友交流心得　F 其他_____

5.你喜欢哪些课外书?

A 科普书　B 武侠　C 玄幻　D 流行文学　E 经典名著

F 其他_____

6.喜欢读的书是因为:

A 现在很畅销很流行 B 插图很美语言很优美 C 故事很有趣很幽默
D 能了解很多不知道的知识 E 书是名著或作者是名作家
F 其他_____

7. 你喜欢的书,会:

A 与同学互相交换着看 B 推荐给同学或好朋友 C 推荐给老师
D 推荐给家长,要求买 E 推荐给网友

8. 除了书籍,你经常读的还有:

A 少儿杂志(如儿童文学等)B 儿童(少年)报 C 网络书籍
D 其他_____

9. 在选课外书时,谁对你的选择影响比较大?

A 家长 B 老师 C 同学 D 好朋友 E 图书排行榜 F 其他_____

10. 在网上读,主要是读:

A 电子书刊 B 围绕问题查资料 C 看动画片 D 玩游戏
E 其他_____

11. 你觉得哪些书是你不愿意读的?

A 名著 B 科普 C 课外辅导书 D 流行文学或杂志 E 其他_____

12. 买书或借书时:

A 按照自己事先计划买或借 B 到书店或图书馆随意挑
C 如果没有要找的书,就找同类相似的书
D 看别人借(买)什么就要什么 E 看哪些畅销(或借)的人多就要哪些
F 看图书排行榜上什么最热就买(借)什么
G 同学朋友经常谈论的是什么就借(买)什么

13. 经常参加的读书活动有:

A 班上的读书比赛 B 学校的读书会(读书节) C 社区的读书活动
D 其他_____

14. 你觉得读课外书对你的课程学习:

A 有些帮助 B 很能提高我的语文水平 C 没作用 D 其他_____
请写几本你自己非常喜欢的课外书或报刊名:

1._____ 2._____

3._____ 4._____

（二）论文访谈提纲

第一部分:对 50—80 年代生人的访谈

1.您在上小学、中学时喜欢读哪些课外书?

2.您觉得哪些人对您的课外书阅读影响较大?（家长、老师、同伴)这些书是哪些人提供的?

3.很多人谈到那个年代书十分匮乏或被封存,很难买到书,有趣的现象是抄书、听书、借书;谈谈您当时的状况,怎样读到或借到、听到的?

4.您觉得对您的成长历程影响最大的书有哪些? 哪些内容给了您难以忘怀的印记?

第二部分:对中小学在校生、家长及教师的访谈

对象:学生是指 1990—2000 年生人

A.家长部分:

1.您希望孩子多读课外书吗? 您给孩子订了哪些课外读物?（报纸、杂志)

2.孩子读哪些书,您会指导他读吗? 会给孩子买哪些书?

3.孩子会对读的书的内容和您聊天和讨论吗?

4.您对孩子的网络阅读怎样看?

5.您觉得孩子的课外阅读和学习、做作业之间冲突吗?

6.如果孩子选择的课外书与您选择的不一致,或者有些是您反对的,您会怎样做?

7.您经常给孩子买教辅书吗?

8.家长之间对孩子课外要读哪些书,有交流吗?

9.买书是计划好的才买,还是随意买的?

B.教师部分:

1.您认为当前学生课外阅读中存在的问题是?

2.您建议学生课外读哪些书? 选择这些书的原因是?

3.您怎样进行课外阅读指导的? 当学生的阅读兴趣与您的不一致时,您怎样协调?

4.您拟定推荐书目是依据哪些资料? 教育部推荐? 教师交流? 家长推荐? 自己拟定?

5. 开设课外阅读指导课吗？如果开,效果如何？如果不开,理由是？

6. 学生自己选择的书和您选择的有哪些差异？您觉得这些差异对学生有哪些影响？

7. 就阅读教学中的问题,老师们经常一起交流心得吗？

8. 您课余读哪些书？是自己买还是借？

9. 有网络阅读的情况吗？如果有,都读哪些？

10. 如果说教师课外阅读已经成为一种奢侈,您怎样看待？您觉得阻碍教师阅读的最大障碍是什么？

C. 学生部分:

1. 怎样的阅读课你们喜欢？（形式、内容、方法）

2. 课外读了哪些书？谁推荐的？还是自己选的？哪些书你很喜欢？（内容、插图、语言、玄幻、科技、文学……）

3. 同伴们一起讨论课外读的书吗？讨论哪些是较多的？大家都感兴趣的？互相交换读吗？还是相互推荐？

4. 哪些书是你很喜欢的？为什么喜欢？哪些书是不喜欢的,为什么？

5. 学校有读书节、读书会、图书室（角）吗？常用吗？社区里有读书活动吗？

6. 家长或者老师推荐的课外书如果不愿意读,是为什么？

7. 喜欢在网络上阅读吗？都读哪些呢？

8. 买书或借书是事先计划好的,还是随意挑选？

二、各群体重要他人的阅读导引资料

（一）校长及教师的导引

T 小学第十七届读书节活动方案

(一)活动目的

1. 结合《小学生日常行为规范》和公民道德建设要求,引导学生知书、明理、践行,培养良好的道德品质和综合素养。

2. 通过读书活动,进一步培养学生良好的阅读兴趣、习惯和能力,展示读书成果,形成浓厚的读好书、好读书的氛围。

(二)活动主题　好书伴我健康快乐成长

（三）活动时间　2010年3月

（四）活动内容及具体要求

（五）展示评比要求

1. 所有活动内容先以班级为单位进行,学生人人参与。班主任要加强动员和组织,语文教师要指导阅读优秀、健康的课外读物(教辅书籍除外),保证活动质量。

2. 在班级人人参与的基础上,人人评价,推荐部分学生参与年级的展示与评比,评出一二三等奖(比例分别为10%、30%、60%)获奖率100%,并以10、8、5分计入班级团体总分。同时计入总分的还有班级参与分。

3. 各项活动具体评比时间由各校自定。读书会、朗诵比赛可结合阅读课班队课进行。

4. 各年级比赛评委由教导处协调,请年级组长、教师代表和行政人员共同参与。

5. 以班级为单位进行好书推荐卡的集中布展,要求全体学生的作品都上墙。

6. 学生全程参与,自主准备、布展、表演、评价。

7. 邀请家长参与活动过程。

时间	参加人员	内容	具体要求	完成时间	指导、落实
启动阶段	全校学生	人人看两本好书	每位学生自选两本优秀健康的课外读物进行阅读。其中三至五年级必读《我爱我的祖国》。	2月9日 —— 3月22日	班主任语文老师
		出一期黑板报	各班以"读好书、好读书、读书好"为主题出一期黑板报。	3月9日 —— 3月14日	班主任大队部
	全校师生	开幕式	进行第十七届读书节动员、布置。	3月15日	教导处

续表

时间	参加人员	内容	具体要求	完成时间	指导、落实
准备阶段	全校学生	好书推荐卡	人人制作,大小32K,颜色和款式不限,图文并茂。要求有书名、作者、出版社,简要写清推荐理由,教辅书不能推荐。	3月16日——3月22日	班主任
	全校学生	朗诵比赛	学生人人参与,朗读、背诵均可,自选本册课文一篇。要求仪态大方,声音响亮,有感情。	3月16日——3月23日	班主任语文老师
	三至五年级	征文	在阅读《我爱我的祖国》一书的基础上,人人撰写征文,800字以内,有真情实感。	3月23日	语文老师
	六年级		人人撰写一篇读后感,800字以内,有真情实感。	3月23日	
展示、交流阶段	全校学生	好书推荐卡	全班学生作品展示在教室外墙上,全校参观。	3月23日(周二)	班主任
	一、二年级	朗诵比赛	各班推荐3个学生参赛,内容为自选本册课文一篇和指定课外阅读一篇(当场抽签)。要求仪态大方,声音响亮,有感情。	3月22日——3月26日	年级组长
	三至五年级	征文	每班挑选10篇优秀征文进行年级评比,挑选部分优秀作品精心修改参加区比赛。优秀作品展示在年级橱窗里。	3月23日上交教导处	年级组长教导处
	六年级		每班挑选10篇优秀读后感进行年级评比。优秀作品展示在年级橱窗里。		
	三至六年级	班级读书会	学生以个人或合作的形式展示,以班级为单位,人人参与。内容选自自选的两本优秀课外读物之一。	3月22日——3月26日	语文老师班主任
总结阶段	全校师生	闭幕式	总结、发奖	3月29日	教导处

（二）网络中他者的互动

一小的推荐书目——小学1—5年级——推荐书目,-e度教育论坛

http://bbs.eduu.com/thread-223153-1-1.html

一小的推荐书目

小朱朱2008 　发表于 2009-9-25 10:40 | 只看该作者 | 发短消息 加为好友 | 打印 字体大小 T T 倒序看帖 | 跳转到　＊ 1＊

一小的推荐书目
推荐书目

分享到: 新浪微博 腾讯微博 开心网 人人网

推荐给一年级孩子的课外读物

最近不少家长要我推荐一年级孩子的课外读物，我也一直关注这件事，因为读书贵在少年时，从低年级就能读到不少好书，养成良好的阅读习惯，对孩子今后的语文学习，对提高孩子的语文素养益处多多！针对低年级孩子的年龄特点和知识结构，浅显易懂、图文并茂、文质兼美的彩色绘本无疑是他们课外阅读较好的选择。
下面向家长们推荐一些适合小学一年级孩子阅读的图画书：

1、《可爱的鼠小弟》（共12本）
　　推荐理由：该套书故事内容简单、文字较少，画面比较清晰，但构思奇妙、趣味十足。这套书的每一本封面都有一个彩色单色的边框，空白的上部写着红色的书名，下部中央是一只小老鼠。进入到正文，则分成了左右对衬的文字页与图画页。文字页是彩色底白字，而图画面依然保持了那个彩色的边框。它就好比是一舞台，铅笔画的鼠小弟、猫子、大象。。。一个个鱼贯登台亮相，为我们上演了一幕幕可笑而又温情的话剧。老师讲进时，可注意到"舞台"的场景。例如：登台亮相的窗们有一个接一个地不断发生着变化。鼠小弟站在舞台中央的时候，是那么小，不过是画面十分之一多一点的高度。而到了大象出场的时候，把整个画面都填满了，头都伸到了绿色的边框外头，让人不由哑然失笑。
一年级的孩子会特别喜欢，并可让孩子回家复述给家长听。或者是假如他是鼠小弟，遇到书中的情节时，会怎么样想，怎么样做，请孩子试着画一画。

2、《爷爷一定有办法》
推荐理由：一块陪伴着孩子成长的魔毯，在经历了一次又一次的"不中用"时，被爷爷灵巧的双手，不断地起死回生，再放光芒。这是一个极其简单却又意味深长的故事，约瑟却从父亲的书中得到了无到有的秘密。老师除了讲述故事本身，还可以让孩子们看一下文字中没有提到的部分：页面下的小老鼠一家，这是不是另一个奇妙的"从无到有"的故事呢？地面上小男孩约瑟和爷爷快乐地生活，地下的小老鼠一家生活得也很快乐。地下空间的故事没有文字说明，却和地上的故事有着千丝万缕的联系。你看，约瑟的纽扣不见了，透过石缝，竟然掉到老鼠的世界里，看，有一粒还溅起了一片水花呢！

3、《蚯蚓的日记》
推荐理由：小蚯蚓文图并用地把他一段时间的感受都写在了日记里。光是看文字，我们或许不能理解小蚯蚓的一些话，但一看到图画，立刻就会恍然大悟。这就是图画书的魅力。另一方面，孩子们往往会觉得日记无从下手，不知如何选材。带孩子们看这本书的时候，老师可以顺带着指导孩子们如何记录日常生活中的小事。有时候，孩子们或许觉得不起眼的小事，一旦写在日记上，就会显得富有童趣和灵气。

4、《猜猜我有多爱你》
推荐理由：这是两只小兔子睡前的一段对话，整个画面很温馨。文字很简单，孩子们很容易理解，会很喜欢这种把心里的爱明白无误地用肢体语言表现出来这样的方法。爱的是大兔子和小兔子之间的秘密，却似乎和我们每个人都有关。因为有个"字"，我们谁也绕不过去，那就是——爱！
老师可以在讲述完这个故事后，布置一项家庭作业，让孩子把这个温情故事带回家，讲给爸爸妈妈听，我们也来玩一玩"拍红"的游戏，让孩子们亲身感受到父母对他们的爱。中国的父母，会把自己的爱用物质来体现，但常常忽略了用直白的语言对孩子说出"我爱你"。而我们的孩子，特别是在进入小学，慢慢感受到学习的压力后，有时会产生一种误解：爸爸妈妈没有以前一样喜欢我了。那么，就用游戏的形式，让亲子间作一场爱的游戏。

5、《凯能行》
推荐理由：孩子进入小学，难免会遇到一些暂时的困难。拼音学习、写字、认读词语、日记、数学运算。。。。。哪一样，都会给孩子带来小小的困惑：我是不是真的"不行"？通过故事中的凯，孩子们能找到自己的影子，相信也能慢慢地找到自己小小的成功，并树立起信心。班级每个人每天都进步了吗？找找最近（一个月或一学期）我进步了吗？或者是比家长、老师和同学们，一起找找自己进步的地方。记得我的孩子刚入学时，拼音的学习特别差劲，拼读、拼写总觉得困难。但是通过找闪光点，不断地发现孩子入学后生活习惯上、自制力上的一些进步点，借此鼓励孩子增强信心；我们一定能克服困难。

6

《安徒生童话 》

这些童话的幻想轻灵美妙，格调浪漫清新，有的抒情而富于哲理，有的诙谐而幽默有趣，这些久经流传而魅力不减的童话会使小读者感受到阅读经典的乐趣。

7《格林童话》
格林童话是一部赢得了一代又一代孩子喜爱的童话集。这些源于民间的优秀童话风格朴实幽默，情节曲折离奇，文字充满了智慧。

（三）编辑和家长的评论

编辑推荐：《幸福的种子》

http://product.dangdang.com/product.aspx? product_id=20163031.

《幸福的种子：亲子共读图画书》将告诉你如何透过共读图画书，引导孩子感受爱和快乐，成为内在充实、有情有爱的人。阅读本书，将使你开阔眼界，改变你的不只是对童书、对育儿的看法，而且还有你的人生形态。图画书不是拿来学习东西的，而是用来感受快乐的。

图画书的文字都经过精心挑选与整理，字字饱含艺术家们在家的情感与理性认识。父母亲用自己的口，将这些文字一句一句地说给孩子听，就像一粒一粒地播下语言的种子。当一粒种子在孩子的心中扎根时,亲子之间就建立起无法切断的亲密关系。真正让父母与子女密切联系在一起的,不是户口簿或出生证明书,而是温柔的、人性化的言语。

念书给孩子们听,就好像和孩子们手牵手到故事国去旅行,共同分享同一段充满温暖语言的快乐时光。即使经过几十年,我们仍然以自己的方式,将这些宝贵的经验和美好的回忆珍藏在内心深处。孩子们长大以后,我才真正了解到,当时我用自己的声音、自己的语言讲了这么多故事的意义在哪里。我也发现,通过念这些书,我已经在他们小时候,把一个做父亲的想对孩子们说的话说完了。

本书告诉您如何透过共读图画书,引导孩子感受爱和快乐,成为内在充实、有情有爱的人。

评论 Krisq:

本来看到题目,以为这是一本和孩子一起看的书,买回家才发现不是。这是一本指导家长如何和孩子一起看图画书的书。内容很亲切,很贴合实际,尤其讲道:给孩子读书,是要让孩子快乐的,读书最重要的时候是读好了回味故事的时候,而我们往往都急不可耐的提出很多问题去问孩子,似乎是考验孩子是否认真听了故事,但是长此以往,孩子往往带着随时要回答问题的思想包袱去听故事,故事也就不那么精彩了……我想起了我小时候最憎恨写读后感,看着很有感触。是啊,给孩子读书,就要一心一意让他/她快乐,只要选择对了书,那么书的精髓自然会在不经意间灌输给孩子了,不是么?

后　记

　　阅读之舟,涉渡之舟。渡口上下,扁舟援引,或遇真识……

　　本书是在我的博士论文基础上修改而成,修订的当日,恰逢世界读书日,让我再次感受到我与"阅读"之间的缘分。在修改之中,看到了《青年时报》(2015年4月23日)的一则消息:截至目前,浙江省开展的少年儿童课外阅读调查显示:只有3.5%的家长每天陪孩子看书。这些消息也使我感到,研究学生的课外阅读,关注学生的阅读体验和阅读影响人,探寻阅读中存在的关键性问题,依然是研究者的责任。这些关注并不在于这样的课题是否前沿时尚,而是型塑学生的人文气质,有效构建学生丰富的精神世界,需要考察导引者的力量,探寻深度启蒙的可能,这依然是永恒的教育问题之一。

　　成书之际,再次感谢我的导师吴刚教授对我的悉心指导。吴老师实证的研究风格和严谨的学术训练,常常使我为自己的学养不足感到非常不安,老师在我写作过程中深入机理的细化分析要求,也不断改变着我曾经的浮泛肤浅的论证风格和粗线条的思维方式,而吴老师对待学生的宽容和细致,又常常使我对自己的怠惰和情绪化非常惭愧。感谢丁钢教授的导引和指点。丁老师融通教育文化的广阔视野,拓展了我对教育研究更多领域的认识和思考,教育叙事研究在我面前开启了一扇新视窗,也激励着我今后汲取多方面的学养,更多努力思考相关的问题。感谢马和民老师在教育社会学研究视角上给予我的诸多启发和指导;感谢李政涛老师在研究思维方式上给予我的宝贵启迪;感谢黄书光老师在教育哲学研究上给予的专题深入思考……

　　我总是试图

　　存留岁月的片段

去回味那些

曾鸣奏过的华彩乐章

追忆那些

经过的星星点点

感受那些曾路遇的光

感谢陪伴我一起度过求学生涯的各位同学和好友,感谢杜芳芳、田静、赵建梅、李瑛、陈小华、欧阳林舟、赖秀龙、董吉贺、李飞等同学在我退缩时给我的不断鼓励,在我情绪低落时给予的宽慰关怀……你们的信任和支持是我走出低洄,坚持下去的有力支撑。感谢殷建华、陈小华等在我调研中的积极支持,感谢张礼永给我论文上的建议,每当忆起与赵金坡、冯旭洋、赖秀龙、李飞、魏莉莉、杨丹等同学的学术沙龙式漫谈,就会回想起那些思维提升的快乐,那些思想交流的喜悦。我也总是相信,几年共读的学业时光不仅仅是彼此知识上的互动互通,更是友情的延展,清风明月,会当有时……

感谢我的家人一直以来对我的默默支持,每每听到女儿小大人一般的诘问:"你今天写了多少字呢?要好好写作业!"心中就会溢满感动和惭愧,你们的付出和宽怀才使我静下心来,完成我的写作跋涉……

本研究得到了浙江省社科联、浙江工业大学出版基金的资助,感谢社科联老师、工大研究生院老师们的鼎力支持,使得书稿能够顺利修订出版。

愿将众多的感谢融汇成前行的力量,改善旧我,铺陈新我,汇通他我,去追寻思的凝重,悟的豁然,分享的欣悦,奉献给众多关心学生阅读的同行者……

高智红

2015 年 4 月 23 日于杭州

责任编辑:李春林
装帧设计:周涛勇
责任校对:杜凤侠

图书在版编目(CIP)数据

谁的选择:重要他人对学生阅读的影响研究/高智红 著.
—北京:人民出版社,2015.6
ISBN 978 - 7 - 01 - 014949 - 3

Ⅰ.①谁…　Ⅱ.①高…　Ⅲ.①阅读课-教学研究-中小学　Ⅳ.①G633.332

中国版本图书馆 CIP 数据核字(2015)第 137010 号

谁 的 选 择
SHEI DE XUANZE
——重要他人对学生阅读的影响研究

高智红　著

人民出版社 出版发行
(100706　北京市东城区隆福寺街 99 号)

北京明恒达印务有限公司印刷　新华书店经销

2015 年 6 月第 1 版　2015 年 6 月北京第 1 次印刷
开本:710 毫米×1000 毫米 1/16　印张:16.75
字数:261 千字　印数:0,001-2,000 册

ISBN 978 - 7 - 01 - 014949 - 3　定价:39.00 元

邮购地址 100706　北京市东城区隆福寺街 99 号
人民东方图书销售中心　电话 (010)65250042　65289539